ROM

REID BRAMBLETT & JEFFREY KENNEDY

DK | Penguin Random House

Highlights

Willkommen in Rom **5**
Rom entdecken **6**
Highlights **10**
Vatikanstadt **12**
Pantheon **18**
Forum Romanum **20**
Galleria Borghese **24**
Kolosseum & Kaiserforen **26**
Musei Capitolini **28**
Museo Nazionale Romano **34**
Santa Maria del Popolo **38**
Villa Giulia **40**
Ostia Antica **42**

Themen

Historische Ereignisse **4**
Antike Stätten **4**
Frühe christliche Kirchen **5**
Renaissance-
 & Barockkirchen **5**
Museen & Sammlungen **5**
Meisterwerke **5**
Schriftsteller in Rom **5**
Palazzi & Landsitze **6**
Plätze & Brunnen **6**
Unterirdische Attraktionen **6**
Parks & Gärten **6**
Unbekanntes Rom **6**
Kinder **7**
Spezialitäten **7**
Restaurants **7**
Osterias, Trattorias
 & Pizzerias **7**
Cafés & Eisdielen **7**
Shoppingmeilen **8**
Kostenlose Attraktionen **8**
Festivals & Veranstaltungen **8**

Inhalt

Stadtteile

Rund um die Piazza Navona	**88**
Rund ums Pantheon	**96**
Vom Campo de' Fiori bis zum Kapitol	**106**
Spanische Treppe & Villa Borghese	**114**
Antikes Rom	**124**
Esquilin & Lateran	**130**
Quirinal & Via Veneto	**136**
Trastevere & Prati	**142**
Außerhalb der Stadtmauern	**154**

Reise-Infos

Anreise & In Rom unterwegs	**162**
Praktische Hinweise	**166**
Hotels	**170**
Textregister	**178**
Bildnachweis & Impressum	**188**
Sprachführer	**190**
Straßenverzeichnis	**192**

Die TOP**10**-Listen in diesem Buch sind nicht nach Rängen oder Qualität geordnet. Alle zehn Einträge sind in den Augen des Herausgebers von gleicher Bedeutung.

Umschlag Vorderseite & Buchrücken Blick über den Ponte Umberto auf den Petersdom
Titelseite Forum Romanum bei Sonnenaufgang
Umschlag Rückseite, im Uhrzeigersinn von links oben Straße in Trastevere, Blick ins Kolosseum, Fontana di Trevi, Decke in den Vatikanischen Museen

---

Die Informationen in diesem TOP10-**Reiseführer werden regelmäßig aktualisiert.**

Angaben wie Telefonnummern, Öffnungszeiten, Adressen, Preise und Fahrpläne können sich jedoch ändern. Der Verlag kann für fehlerhafte oder veraltete Angaben nicht haftbar gemacht werden. Für Hinweise, Verbesserungsvorschläge und Korrekturen ist der Verlag dankbar. Bitte richten Sie Ihr Schreiben an:
Dorling Kindersley Verlag GmbH
Redaktion Reiseführer
Arnulfstraße 124 • 80636 München
reise@dk.com

Willkommen in
Rom

Was die Ewige Stadt – wo Straßenkatzen ehrwürdige Ruinen durchstreunen, Vespas vor Barockportalen stehen, Königsstatuen mit Madonnen-Gemälden konkurrieren und der Espresso wundervoll schmeckt – Auge, Gaumen und Gemüt zu bieten hat, ist fantastisch. Entdecken Sie mit diesem Reiseführer, warum Urlauber, Künstler und Pilger seit der Antike hierherströmen.

Die 2800-jährige Geschichte der einst mächtigsten Stadt der Welt ist fast überall sichtbar: Renaissancemauern umschließen antike römische Säulen, in Barockbrunnen prangen ägyptische Obelisken, christliche Kirchen thronen auf den Fundamenten heidnischer Tempel. Erkunden Sie **Forum Romanum** und **Vatikanstadt**, halten Sie unter dem gewaltigen Portikus des **Pantheon** inne, um dessen Eindrücke wirken zu lassen, oder schlendern Sie über die **Piazza Navona**, um die herrlichen Barockbrunnen zu bewundern.

Bei aller Geschichtsträchtigkeit ist Rom weit mehr als ein Museum. Seine Bewohner sorgen stets für ein lebhaftes Straßenbild. Sie bevölkern Plätze und Cafés, durchstreifen auf ihrer *passeggiata* auch die kleinste Gasse und achten dabei sehr aufs *fare la bella figura* – immer toll aussehen und beeindrucken.

Ob Sie für eine Woche oder nur für ein Wochenende nach Rom kommen: Unser TOP**10** führt Sie zu den wichtigsten Attraktionen und schönsten Orten der Stadt: zu berühmten Sehenswürdigkeiten wie **Sixtinische Kapelle** und **Kolosseum**, zu winzigen Plätzen und unvergesslichen Ansichten, zu den Kirchen mit überwältigenden Werken von **Michelangelo** und **Caravaggio**, zu den besten Adressen für *pizza al taglio* und gute römische Küche. Hinzu kommen nützliche Tipps, wie man etwa Besucherströme meidet oder Rom zum Nulltarif genießt, sowie Routen für Tagestouren und interessante Spaziergänge durch die einzelnen Viertel. Schöne Fotos und detaillierte Karten komplettieren den handlichen und unverzichtbaren Reisebegleiter. **Viel Spaß mit dem Buch und viel Spaß in Rom.**

Im Uhrzeigersinn von oben: **Musei Capitolini, Neptunbrunnen (Piazza Navona), Spanische Treppe, MAXXI, Mosaik im Museo Nazionale Romano, Kolosseum, Fresko in der Sixtinischen Kapelle**

Rom entdecken

Rom strotzt nur so von reizvollen Plätzen, herrlichen Palazzi, imposanten antiken Stätten und hübschen Kirchen. Bei dem Angebot verliert man schnell den Überblick. Hier finden Sie Ideen für einen zwei- und einen viertägigen Aufenthalt in der Stadt. Wer Zeit sparen will, kann Eintrittskarten schon im Vorfeld bestellen – für die Galleria Borghese ist das sogar zwingend.

Legende
— Zwei-Tages-Tour
— Vier-Tages-Tour

Der Petersdom, der sich prachtvoll über Rom erhebt, ist nicht nur eine wunderschöne Kirche, sondern auch eine Schatzkiste mit Meisterwerken der Kunst.

Zwei Tage in Rom

Tag ❶
Vormittags
Besichtigen Sie das **Kolosseum** (siehe S. 26f), bevor es – vorbei an **Forum Romanum** (siehe S. 20 – 23) und **Kaiserforen** (siehe S. 26f) – zu den **Domus Romane di Palazzo Valentini** (siehe S. 64) geht, wo Häuser der Kaiserzeit virtuell aufleben. Dann warten die **Musei Capitolini** (siehe S. 28 – 31) und ein Blick aufs Forum.
Nachmittags
Ein Altstadtbummel führt zu **Piazza Navona** (siehe S. 62), **Pantheon** (siehe S. 18f), Eisdielen und Läden. Für den abendlichen Drink geht's über den **Ponte Sisto** ins lebhafte **Trastevere**.

Tag ❷
Vormittags
Um im **Petersdom** (siehe S. 16f) die Massen zu umgehen, sollte man um 7 Uhr da sein – der Eindruck ist unvergesslich. Die Tickets für die **Vatikanischen Museen** (siehe S. 54) haben Sie da am besten schon besorgt.
Nachmittags
Tanken Sie im Park **Villa Borghese** (siehe S. 117) etwas auf, dann warten Berninis Skulpturen in der **Galleria Borghese** (siehe S. 24f) und Etruskisches in der **Villa Giulia** (siehe S. 40f). An der **Piazza del Popolo** (siehe S. 116f) lädt die Kirche **Santa Maria del Popolo** (siehe S. 38f) zum Besuch, dann kann der Tag an der **Piazza di Spagna** (siehe S. 115) ausklingen.

Vier Tage in Rom

Tag ❶
Vormittags
Nach einem Besuch des **Pantheon** (siehe S. 18f) führt Ihr Weg zu Caravaggios Gemälden in **San Luigi dei Francesi** (siehe S. 89) und **Sant'Agostino** (siehe S. 90) und zur **Piazza Navona** (siehe S. 62), wo Barockbrunnen, Straßenkünstler und Läden locken.
Nachmittags
Gehen Sie zum Palazzo Massimo alle Terme mit der Sammlung des **Museo Nazionale Romano** (siehe S. 34f) – die Fresken der Villa di Livia sollte man

Rom entdecken » 7

Das Kolosseum entstand im 1. Jahrhundert n. Chr. und dient seitdem als Prototyp für alle Stadien der Welt.

Das Pantheon wurde im 1. Jahrhundert v. Chr. erbaut und gilt als der besterhaltene römische Tempel auf der Welt.

nicht verpassen. Entspannen Sie abends im netten Viertel **Monti**.

Tag ❷
Vormittags
Ein Ausflug nach **Ostia Antica** (siehe S. 42f) endet mittags in **Testaccio**.
Nachmittags
Erkunden Sie erst **Santa Maria del Popolo** (siehe S. 38f) und dann die Gegend um **Spanische Treppe & Piazza di Spagna** (siehe S. 115). Richtung Zentrum geht es an der **Fontana di Trevi** (siehe S. 115) vorbei.

Tag ❸
Vormittags
Nach dem Besuch von **Kolosseum** (siehe S. 26f) und **Palazzo Valentini** (siehe S. 64) warten in den **Musei Capitolini** (siehe S. 28–31) Kunstschätze und ein Dachterrassencafé.
Nachmittags
Geschichtsträchtigkeit empfängt Sie in den Ruinen von **Forum Romanum** und **Palatin** (siehe S. 20–23). Im **Jüdischen Viertel** und auf dem lebhaften **Campo de' Fiori** (siehe S. 62) hat Sie die Gegenwart dann wieder.

Tag ❹
Vormittags
Der Besuch von **Vatikanstadt** mit **Petersdom** (siehe S. 12–17) erfordert frühes Aufstehen. Mit der Tram geht es dann mittags zur **Galleria Nazionale d'Arte Moderna** (siehe S. 55).
Nachmittags
Parkwege führen von der **Villa Giulia** (siehe S. 40f) zur **Galleria Borghese** (siehe S. 24f), für deren Besuch die Tickets schon bestellt sein sollten.

Highlights

Bodenmosaik in den Musei Capitolini

Highlights	10
Vatikanstadt	12
Pantheon	18
Forum Romanum	20
Galleria Borghese	24
Kolosseum & Kaiserforen	26
Musei Capitolini	28
Museo Nazionale Romano	34
Santa Maria del Popolo	38
Villa Giulia	40
Ostia Antica	42

TOP 10 Highlights

Der einzigartige Reiz Roms gründet sich nicht zuletzt darauf, dass die ganze Stadt ein Museum ist – voll antiker Stätten, zeitloser Bauwerke und Kunstschätze. Viele Besucher lockt neben der reichen Geschichte auch das religiöse Herz der Stadt.

1 Vatikanstadt
In dem Kleinstaat, Heimat des Papstes, befinden sich der gewaltige Petersdom und die Sixtinische Kapelle mit der berühmten Decke (siehe S. 12–17).

2 Pantheon
Roms besterhaltener antiker Tempel ist ein Meisterwerk der Baukunst. Durch eine Öffnung in der Kuppel, das Opaion, fällt Licht ins Innere (siehe S. 18f).

3 Forum Romanum
Vom Machtzentrum der Antike sind nur einzelne Säulen, gewaltige Bogen und viele behauene Steine geblieben (siehe S. 20–23).

4 Galleria Borghese
Kunst aus griechisch-römischer Zeit, Renaissance und Barock füllt das schöne Haus (siehe S. 24f).

5 Kolosseum & Kaiserforen
Zu den vielen imposanten Bauten der Kaiserzeit zählt auch das herrliche Amphitheater (siehe S. 26f).

Highlights « 11

6 Musei Capitolini
Die Kunstwerke, die im religiösen Zentrum des antiken Rom zu bewundern sind, reichen von griechischen Skulpturen aus dem 4. Jahrhundert bis zu den einst skandalösen Gemälden Caravaggios *(siehe S. 28–31).*

7 Museo Nazionale Romano
Die Sammlung wunderbarer Fresken, Mosaike, klassischer Skulpturen und weiterer Beispiele antiker Kunst wird an fünf Standorten präsentiert *(siehe S. 34–37).*

Villa Giulia 9
Die elegante, im 16. Jahrhundert erbaute Villa birgt die großartige etruskische Nationalsammlung *(siehe S. 40f).*

Santa Maria del Popolo 8
In der über Kaisergräbern errichteten Kirche ist jede Menge Kunst aus Renaissance und Barock zu sehen, darunter Werke von Bernini, Raffael und Caravaggio *(siehe S. 38f).*

10 Ostia Antica
Die Ruinen der einstigen Hafenstadt erstrecken sich über mehrere Quadratkilometer und vermitteln einen lebendigen Eindruck vom Alltag in der Kaiserzeit *(siehe S. 42f).*

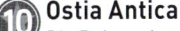

🔟 ⭐ Vatikanstadt

Der Vatikan ist der kleinste souveräne Staat der Welt – auf einem halben Quadratkilometer leben rund 750 Menschen in einer Theokratie mit dem Papst an der Spitze –, doch die Fülle an Sehenswürdigkeiten sucht ihresgleichen: Petersdom, Sixtinische Kapelle, Fresken von Fra Angelico, Raffael und Pinturicchio sowie rund zehn Museen, deren Sammlungen von ägyptischen, griechischen, etruskischen und römisch-antiken Stücken über frühchristliche Sakralkunst und Meisterwerke aus Renaissance und Moderne bis zur Ethnologie reichen.

③ Sixtinische Kapelle
Michelangelos Decke *(rechts)* zählt zu den größten Werken der Welt *(siehe S. 14f)*.

④ Gregorianisch-Etruskisches Museum
Besonders interessant sind die Funde aus dem Regolini-Galassi-Grab (7. Jh. v. Chr.), u. a. eine bronzene Liege und Schmuck einer Adligen *(links)*.

① Stanzen des Raffael
Raffael schmückte die Gemächer von Papst Julius II. mit Fresken aus. Den Philosophen in *Die Schule von Athen* verlieh er die Züge von Renaissancekünstlern, so hat z. B. Leonardo da Vinci die Rolle Platos.

⑤ Kapelle von Nikolaus V.
In der winzig kleinen Kapelle verstecken sich farbenprächtige Fresken, die Fra Angelico 1447–50 schuf und die Märtyrer zeigen.

⑥ Verklärung Christi
Raffael starb, bevor sein riesengroßes Meisterwerk (1517–20) fertig war. Also vollendeten seine Schüler das Gemälde von Christus, wie er den Aposteln in göttlichem Glanz erscheint.

② Museo Pio Clementino
Zu den klassischen Skulpturen hier zählt die hellenistische Laokoon-Gruppe *(rechts)*, die man 1506 auf dem Esquilin fand – Michelangelo war Zeuge der Freilegung. Statuen wie der *Apollo von Belvedere* und der *Torso von Belvedere* dienten den Künstlern der Renaissance als Vorlage.

Vatikanstadt « 13

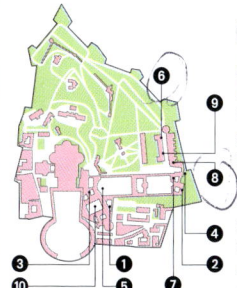

⑨ Gregorianisch-Ägyptisches Museum

Hier sieht man vorwiegend Skulpturen, die aus Ägypten für Tempel, Privatvillen und Gärten mitgebracht wurden, aber auch verzierte Särge (unten) und Grabbeigaben, u. a. einen Läusekamm.

⑧ *Kreuzabnahme*

Die *Chiaroscuro*-Technik Caravaggios betont den Realismus der diagonal strukturierten Komposition (1604) mit bäuerlichen Figuren.

⑩ Appartamento Borgia

Papst Alexander VI. ließ die Gemächer 1492–95 durch Pinturicchio, den Lehrmeister Raffaels, mit Fresken ausschmücken. Heute hängen an den Wänden weniger bedeutende Werke aus der Sammlung moderner Kunst.

⑦ Heiliger Hieronymus

Leonardo da Vincis Gemälde von 1482 gilt – obwohl skizzenhaft und unvollendet – als ein Meisterwerk in Sachen anatomische Darstellung.

Infobox

Karte B2 ■ Metro: Ottaviano
■ www.vatican.va

Vatikanische Museen & Sixtinische Kapelle:
Viale Vaticano 100
■ +39 06 6988 3145
■ www.museivaticani.va
■ Mo – Sa 9 –18 Uhr (letzter Einlass 16 Uhr), letzter So im Monat 9 –14 Uhr; 1. & 6. Jan, 11. Feb, 19. März, Ostern, 1. Mai, 29. Juni, 15. Aug, 8., 25. & 26. Dez geschl.
■ Eintritt: 17 € (erm. 8 €), letzter So im Monat frei

Petersdom:
Piazza San Pietro
■ +39 06 6988 3731
■ tägl. 7 –18.30 Uhr
■ Eintritt Schatzkammer 8 €; Kuppel 8 € (mit Lift 10 €)

■ Aufgrund von Sicherheitskontrollen kommt es am Eingang zu Wartezeiten.

■ Die Vatikanischen Museen bieten Führungen für Sehbehinderte an. Für Rollstuhlfahrer stehen Elektroroller zur Verfügung.

■ Ist der Papst in Rom, hält er mittwochvormittags eine Generalaudienz ab. Gratistickets erhalten Sie bei der Prefettura della Casa Pontificia (Fax +39 06 6988 5863).

Kurzführer

Die Vatikanischen Museen, 15 Gehminuten vom Petersdom entfernt, umfassen zehn Sammlungen, den Papstpalast und die Sixtinische Kapelle. Besuchen Sie auf jeden Fall die Pinakothek gleich rechts beim Eingang. Die Sixtinische Kapelle und andere Sammlungen befinden sich auf der linken Seite.

Sixtinische Kapelle

Die Erschaffung Adams, Michelangelo

① Adam und Eva
Wie Gott dem Menschen in *Die Erschaffung Adams* Leben einhaucht, ist vielleicht die bekannteste Szene der westlichen Kunst – danach zieht er ihm Eva aus den Rippen.

② Schöpfung
Michelangelo malte Gottes *Trennung von Licht und Finsternis*, die *Trennung von Land und Wasser* und die *Erschaffung der Gestirne und Pflanzen*. Die Darstellung von dessen schmutzigen Füßen grenzten allerdings an Blasphemie.

③ Noah
Nach dem Abbau des Gerüsts empfand Michelangelo die turbulenten Szenen von *Noahs Opfer*, *Sintflut* und *Noahs Trunkenheit* als zu fein gezeichnet.

④ Moses
An der Südwand finden sich u.a. Botticellis *Szenen aus dem Leben Mose* und Signorellis *Testament und Tod des Mose*.

⑤ Sibyllen & Propheten
Hebräische Propheten tummeln sich neben Sibyllen – hier als Künder der Ankunft Christi gezeigt.

⑥ Befreiung des Volkes Israel & Vorfahren Jesu
Heroische Szenen aus dem Alten Testament zieren die Eckzwickel des Gewölbes, Porträts der Ahnen Christi die Lünetten über den Fenstern.

⑦ Geschichten aus dem Leben Jesu
Die Nordwand zeigt z.B. Botticellis *Reinigung des Aussätzigen* und Ghirlandaios *Berufung der ersten Apostel*.

⑧ *Schlüsselübergabe*
Auf Peruginos Gemälde an der Nordwand ist zu sehen, wie Christus seinem ersten Vertreter auf Erden die Schlüssel des Himmelreichs und damit die Macht übergibt – Legitimation aller weiteren Päpste. Den Hintergrund bilden klassische Gebäude.

⑨ *Bestrafung von Korach, Datan und Abiram*
Botticelli stellte dar, wie hebräische Priester von der Erde verschluckt werden, weil sie Moses und Aaron deren religiöse Befugnis absprachen.

⑩ *Das Jüngste Gericht*
Dass Michelangelo in seinem Altarbild so viele Figuren unverhüllt dargestellt hatte, war ein Skandal. Über die als obszön empfundenen Stellen wurden später Feigenblätter gemalt. Heilige sind an ihren mittelalterlichen Attributen zu erkennen.

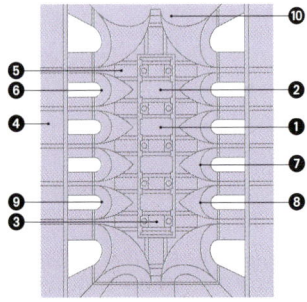

Kunst in der Sixtinischen Kapelle

Die Fresken in der Sixtinischen Kapelle sind mehr als Wanddekor – es sind Kunstwerke von einigen der größten Maler der Renaissance. Die Gemälde erzählen eine Geschichte und machen eine komplexe theologische Aussage. Papst Sixtus IV. gab die Wandfresken zwischen 1481 und 1483 in Auftrag; sie sollten die gefährdete päpstliche Autorität untermauern, indem sie eine direkte Legitimation des Papstes durch die göttliche Macht nachzeichneten. In Botticellis Werk *Bestrafung von Korach, Datan und Abiram*, Teil des Moses-Zyklus, untermauert das grausame Schicksal jener, die sich gegen Moses und Aaron auflehnen, deren Status als auserwählte Repräsentanten Gottes. Bezeichnenderweise tragen beide eine Tiara. Peruginos *Schlüsselübergabe* schlägt die Brücke zwischen Altem und Neuem Testament: Christus übergibt die Macht an Petrus und damit auch an all die nachfolgenden Päpste, die zwischen den Fenstern abgebildet sind. Michelangelos berühmtes Deckenfresko (1508–12) ergänzt die Thematik um Schöpfungsgeschichte und Erlösung.

Freskenmaler

1 **Fra Diamante** (um 1430–1498)
2 **Cosimo Rosselli** (1439–1507)
3 **Sandro Botticelli** (1445–1510)
4 **Bartolomeo della Gatta** (1448–1502)
5 **Domenico Ghirlandaio** (1449–1494)
6 **Luca Signorelli** (um 1450–1523)
7 **Perugino** (um 1445–1523)
8 **Pinturicchio** (um 1452–1513)
9 **Piero di Cosimo** (um 1462–1521)
10 **Michelangelo** (1475–1564)

Sündenfall und Vertreibung aus dem Paradies
Das Bild, Teil von Michelangelos Genesis-Zyklus, zeigt Adam und Eva nach dem Genuss der verbotenen Frucht vom Baum der Erkenntnis.

Szenen aus dem Leben Mose von Sandro Botticelli erzählt von dem Propheten.

Petersdom

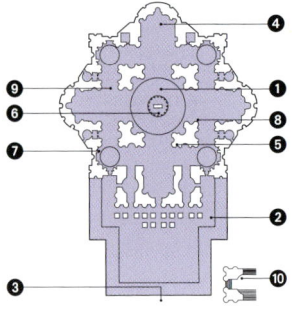

① Kuppel
Als Michelangelo die Kuppel fürs Querschiff entwarf, entschied er sich aus Respekt vor der etwas über 43 Meter breiten Kuppel des Pantheon für einen Durchmesser von 42 Metern. Es gibt einen Fahrstuhl, doch die letzten 330 Stufen bis zur Laterne in 132 Metern Höhe müssen Besucher zu Fuß erklimmen. Die Mühe wird mit einem fantastischen Ausblick belohnt.

② *Römische Pietà*
Michelangelo schuf die Skulptur *(siehe S. 56)* 1499 mit 25 Jahren. Maria erscheint zugleich anmutig und bekümmert, würdevoll und vergeistigt. Seit 1972, als sich ein Mann mit einem Hammer auf die Jungfrau stürzte, ihre Nase und Hand beschädigte und rief: »Ich bin Jesus Christus«, steht das Werk hinter Glas.

Blick auf die Piazza San Pietro

③ Piazza San Pietro
Durch Berninis halb elliptische Kollonaden erscheint der Zugang zur Basilika fast wie ein Paar offener Arme, das die Gläubigen empfängt *(siehe S. 63)*. Das Labyrinth mittelalterlicher Gassen, das den Petersplatz einst umgab, ließ Mussolini für den Bau der Via della Conciliazione zerstören. Der Obelisk auf der Piazza stammt aus Alexandria.

④ Apsis
Die Taube im Zentrum des von Bernini in prunkvollem Barockstil gestalteten Buntglasfensters (1666) symbolisiert den Heiligen Geist. Sie ist von Sonnenstrahlen und zahllosen plastischen Details umgeben. Die *Cathedra Petri* (1665) ist ebenfalls ein Werk Berninis. Der Stuhl aus Holz und Elfenbein im Inneren des Reliquiars wird für den Lehrstuhl des Apostels Petrus gehalten. Berninis farbenprächtiges marmornes Grabmal für Urban VIII. (1644) erinnert an Michelangelos Medici-Grabmäler. Etwas weniger kunstvoll

Römische Pietà, Michelangelo

Vatikanstadt: Petersdom « **17**

gestaltet ist das Grabmal für Papst Paul III. von Guglielmo della Porta.

5 Statue des Heiligen Petrus

Die Bronzeskulptur des Apostels fertigte der Bildhauer Arnolfo di Cambio im 13. Jahrhundert an. Da es Segen verheißt, wenn man den rechten Fuß der Statue berührt, stehen davor immer viele Pilger Schlange.

6 Altarbaldachin

Der sehr prunkvolle *baldacchino* wurde im 17. Jahrhundert von Bernini entworfen. Angeblich ließ Papst Urban VIII. die Deckenverkleidung des Portikus im Pantheon *(siehe S. 18f)* entfernen und daraus die Bronzesäulen fertigen. Für die Tempelschändung bedachten die Römer das Geschlecht der Barberini *(siehe S. 60)*, dem der Papst entstammte, mit der Redensart: »Was die Barbaren nicht verwüsteten, holten die Barberini nach.«

Crux Vaticana

7 Schatzkammer

Zu den sakralen Schätzen gehören das Kreuz von Justinus II. oder *Crux Vaticana*, ein reich mit Edelsteinen besetztes Bronzekreuz aus dem 6. Jahrhundert, ein Ziborium von Donatello (1432) und weitere Fragmente der mittelalterlichen Basilika sowie Antonio Pollaiuolos bronzene Grabplatte (1493) für Papst Sixtus IV., bei der Darstellungen theologischer Tugenden und der Sieben Freien Künste dessen Bildnis umrahmen.

8 Grotten

1950 wurde bei Ausgrabungen in der Nekropole die sogenannte Rote Wand entdeckt. Die frühmittelalterlichen Inschriften zitieren den Apostel Petrus. Die Gebeine in der hinter der Mauer gefundenen Truhe werden für die des Heiligen gehalten. In der Krypta ist auch der 2005 verstorbene Papst Johannes Paul II. bestattet.

9 Grabmal für Alexander VII.

Eines der letzten Werke Berninis (1678) zeigt den im Schatten der Nische sitzenden Papst, umgeben von Figuren, die Gerechtigkeit, Wahrheit, Klugheit und Keuschheit symbolisieren. Ein Skelett unter dem Faltenwurf aus Marmor erinnert mit einem Stundenglas an die Sterblichkeit.

10 Reiterstandbild von Konstantin dem Großen

Berninis eindrucksvolle Statue von Konstantin dem Großen (1670) zeigt den römischen Kaiser auf seinem sich aufbäumenden Pferd, wie er bei der Schlacht an der Milvischen Brücke im Jahr 312 der Himmelserscheinung in Form eines Kreuzes gewahr wird. Nach dem siegreichen Ausgang privilegierte Konstantin I. das Christentum und förderte die Religion im Römischen Reich.

Berninis kunstvoller Altarbaldachin

TOP 10 ⭐ Pantheon

Indem Kaiser Phokas den heidnischen Tempel im Jahr 608 Papst Bonifatius IV. schenkte, hat er unwissentlich dafür gesorgt, eines der Wunderwerke des antiken Rom für die Nachwelt zu erhalten – als christliche Kirche Santa Maria ad Martyres. Diverse Plünderungen setzten dem unter Kaiser Hadrian zwischen 118 und 125 errichteten Bauwerk über die Jahre zu, doch die perfekten Proportionen beeindrucken bis heute.

① Kuppel
Europas größte gemauerte Kuppel ist 43,40 Meter hoch und ebenso breit. Den luftigen Raum erhellen Sonnenstrahlen, die durch das meisterhaft konstruierte Opaion fallen, was dem Pantheon erhabene Schönheit verleiht.

④ Opaion
Die 8,30 Meter große Öffnung am höchsten Punkt der Kuppel (rechts) sorgt für Licht und hat zudem statische Funktion: Die Spannung um den Ring stützt das riesige Gewölbe.

⑥ Türen
Bei den massiven Bronzetüren handelt es sich zwar um Originale, diese wurden aber mehrfach – u. a. im Jahr 1563 unter Papst Pius IV. – derart umfangreich restauriert, dass sie praktisch als neu gegossen gelten können.

② Mauern
Ziegelbogen innerhalb der 6,20 Meter dicken Mauern verteilen das Gewicht der Kuppel und sorgen für Stabilität.

⑤ Portikus
16 Säulen aus rosarotem und grauem Granit tragen den Dreiecksgiebel (oben). Die linken drei ersetzte man im 17. Jahrhundert, der Rest ist original.

⑦ Marmordekor
Roter Porphyr, Giallo antico und andere Marmorarten zieren das Innere. Über die Hälfte der mehrfarbigen Wandplatten sind noch original, der Rest wurde sorgsam reproduziert – so auch der Boden (unten).

③ Königsgräber
In den schlichten Gräbern ruhen zwei Herrscher: Vittorio Emanuele II. (1861–78) einte das Land und wurde erster italienischer König, sein Sohn folgte als Umberto I. auf den Thron und fiel 1900 einem Attentat des Anarchisten Gaetano Bresci zum Opfer.

Pantheon « 19

⑩ Brunnen
Die Form entwarf Giacomo della Porta, die Skulpturen schuf 1575 Leonardo Sormani. Das Becken war einst aus Marmor, der Obelisk von Ramses II. wurde 1711 hinzugefügt *(links)*.

Das erste Pantheon
Marcus Vipsanius Agrippa, der Schwiegersohn von Kaiser Augustus, ließ 27 v. Chr. das erste Pantheon errichten. Der Bau wurde dann 118–125 durch Hadrians Rotunde ersetzt. Die Inschrift *M. Agrippa L. f. cos tertium fecit* (M. Agrippa, Sohn des Lucius, baute dies in seinem dritten Konsulat) zeugt von Hadrians Bescheidenheit. Da der Giebel auf einen kleineren Tempel schließen lässt, überraschen die Ausmaße des Innenraums. Ursprünglich war das Pantheon erhöht, sodass die Kuppel dahinter nicht sichtbar war. Berninis »Eselsohren«, winzige Türme auf dem Giebel, wurden 1883 entfernt.

Infobox
Karte M3 ■ Piazza della Rotonda ■ +39 347 8205 204 ■ Metro: Barberini ■ www.pantheonroma.com

■ tägl. 9–19 Uhr; Gottesdienst: Sa 17 Uhr, So 10.30 Uhr; 1. Jan, 15. Aug & 25. Dez geschl.

■ Eintritt frei

■ Die Cremeria Monteforte *(siehe S. 102)* auf der rechten Seite des Pantheon ist eine gute Eisdiele, nahe dem Platz findet sich das Café La Tazza d'Oro *(siehe S. 79)*.

■ Statt in Rom über Regen zu jammern, gehen Sie lieber zum Pantheon, wo die Tropfen anmutig vom Opaion herab auf den Marmorboden fallen. Schnee ist noch schöner.

⑧ Grab Raffaels
Der hoch geschätzte Renaissancekünstler starb mit 37 Jahren. Die Worte von Pietro Bembo auf dem schlichten Steinsarkophag *(rechts)* lauten: »Hier ruht Raffael, von dem die Natur fürchtete, dass er sie ausstechen könnte; nun aber, da er tot ist, fürchtet sie um den eigenen Fortbestand.« Hier sind weitere Künstler bestattet, u. a. Baldassare Peruzzi.

⑨ Basilica Neptuni
Vom Nachbargebäude im Süden des Pantheon sind nur Relikte verblieben: ein kunstvoll gearbeitetes Gesims und kannelierte Säulen.

Forum Romanum

Wenn man die Ruinen heute sieht, mag man kaum glauben, dass das Forum 1000 Jahre lang Roms ganzen Bürgerstolz symbolisierte. Ihre Anfänge hatte die Stätte vor mehr als 3000 Jahren als Friedhof für die alte Siedlung auf dem Palatin, doch nach Trockenlegung des Marschlands im 6. Jahrhundert v. Chr. spielte sie eine zentrale Rolle – vor allem zur Zeit von Kaiser Augustus, der das Forum prächtig ausschmücken ließ.

1 Tempel der Vesta & Haus der Vestalinnen
Der schöne runde Tempel und der angrenzende Palast bildeten eines der bedeutendsten römischen Kultzentren. Die Priesterinnen, die das heilige Feuer hüteten, genossen höchste Privilegien.

2 Curia Iulia
In dem Bauwerk aus dem 3. Jahrhundert tagte einst der römische Senat. Noch erhalten sind der farbige Marmorboden mit Einlegearbeiten, die Stufen, auf denen die 300 Senatoren saßen, und die Rednertribüne. Große Marmorreliefs (2. Jh.) stellen die Taten Kaiser Trajans dar.

5 Septimius-Severus-Bogen
Der gut erhaltene Triumphbogen *(unten)* erinnert an die Siege des Kaisers im Nahen Osten. Er wurde im Jahr 203 von Geta und Caracalla, den Söhnen des Severus, errichtet.

3 Tempel der Dioskuren
Vom Tempel der Zwillingsbrüder Castor und Pollux sind drei korinthische Säulen erhalten *(links)*. Das Heiligtum sollte den Ort markieren, an dem 499 v. Chr. die Brüder Helenas und Söhne Jupiters und Ledas erschienen waren, um den Römern einen Sieg zu prophezeien.

6 Titusbogen
Diesen Triumphbogen ließ Kaiser Domitian im Jahr 81 n. Chr. zu Ehren seines Bruders Titus, der den jüdischen Aufstand in Judäa niedergeschlagen hatte, errichten. Reliefs zeigen Soldaten, die Jerusalems Heiligtum plündern und sakrale Objekte erbeuten.

4 Maxentiusbasilika
Drei Tonnengewölbe sind die Relikte des größten, 315 errichteten Bauwerks des Forums, das als Justizgebäude und Handelszentrum diente.

Forum Romanum « 21

⑧ Vespasiantempel
Bis zu den Ausgrabungen im 18. Jahrhundert lagen die schönen Ecksäulen des Kaisertempels (79 n. Chr.) unter jahrhundertealtem Schutt begraben.

⑦ Tempel des Antoninus Pius und der Faustina
Antonius Pius ließ den Tempel *(oben)* 41 n. Chr. zu Ehren seiner Frau Faustina errichten. Ungewöhnlich ist der barock anmutende Aufsatz. Achten Sie auf die in den Steinfries gemeißelten Greifen.

⑨ Via Sacra
Die mit flachen Steinen aus schwarzem Basalt gepflasterte Straße führt vom Titusbogen über das Forum Romanum zum Kapitol. Wo einst Triumphzüge stattfanden, tummeln sich nun vor allem Taschendiebe und Müßiggänger.

⑩ Tempel des Saturn
Acht rot-graue ionische Säulen erinnern an an dem Gott des Ackerbaus geweihten Tempel *(links)*, der auch als Schatzkammer diente. Die Saturnalien im Dezember – Feiern zu Ehren Saturns, des Symbols des mythischen Goldenen Zeitalters – ähneln dem Weihnachtsfest.

Infobox
Karte P5 ■ Via dei Fori Imperiali ■ +39 06 3996 7700 ■ Metro: Colosseo ■ www.coopculture.it

■ tägl. 9–16.30 Uhr (Anfang – Ende März: bis 17.30 Uhr, Ende März – Aug: bis 19.15 Uhr, Sep: bis 19 Uhr, Okt: bis 18.30 Uhr); 1. Jan & 25. Dez geschl.

■ Eintritt 18 € (inkl. Palatin & Kolosseum, Ticket gilt 24 Std.), EU-Bürger unter 26 Jahren 2 €, unter 18 Jahren frei; 1. So im Monat frei

■ In unmittelbarer Umgebung des Forums werden an Straßenständen Getränke und Snacks verkauft. In der Via Cavour gibt es einige Cafés und Restaurants, die auch Handfesteres bieten.

■ In den Sommermonaten empfiehlt sich ein Besuch frühmorgens oder gegen Abend, um der größten Hitze zu entgehen.

Kurzführer
Die Via dei Fori Imperiali führt Sie direkt zum Forum Romanum. Wer allerdings bereits auf dem Weg zur Stätte einen schönen Ausblick auf die gesamte Anlage genießen möchte, sollte über einen der Aussichtspunkte kommen, die sich an den beiden Enden finden: Vom Kapitolsplatz im Nordwesten führt eine Treppe hinter dem weißen Denkmal für Vittorio Emanuele vom Largo Romolo e Remo hinab. Im Südosten beginnt der Weg beim Kolosseum *(siehe S. 26f)* und führt den Hügel in nordwestlicher Richtung hinauf.

Palatin

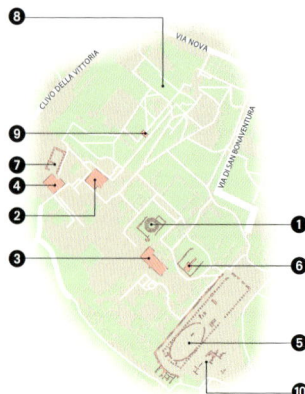

1 Domus Flavia
Das eindrucksvolle Gebäude war einst der Regierungsflügel des von Domitian im Jahr 81 n. Chr. erbauten Kaiserpalasts. Ins Auge fallen vor allem die beiden erhaltenen Brunnen.

2 Villa di Livia
Dieses Anwesen aus dem 1. Jahrhundert v. Chr. war vermutlich Teil der Privatresidenz von Kaiser Augustus und seiner zweiten Frau Livia. Einige Mosaikböden und Wandmalereien sind erhalten geblieben.

3 Palatin-Museum
Das ehemalige Kloster beherbergt eine Fülle antiker Artefakte wie Keramiken, Skulpturen, Fresken und Mosaike. Ein Modell illustriert, wie der Palatin in der Eisenzeit aussah.

4 Hütten des Romulus
Bei Ausgrabungen in den 1940er Jahren ist es gelungen, Spuren dieser drei Hütten aus dem 9. Jahrhundert v. Chr. freizulegen. Der Sage nach wurde die winzige Siedlung von Romulus *(siehe S. 46)*, dem Namensgeber der Stadt Rom, gegründet.

5 Stadion
Die Anlage, Teil des Palasts von Domitian (1. Jh.), war wohl entweder ein großer Garten oder diente als Rennbahn.

6 Domus Augustana
Vom »Haus des Kaisers« im Domitian-Palast sind nur Brunnenfundamente und eine Ziegelmauer verblieben.

7 Kybele-Tempel
Der Kult zu Ehren der Fruchtbarkeitsgöttin Magna Mater gelangte 191 v. Chr. aus Kleinasien nach Rom. Von deren Tempel ist eine enthauptete Statue der Göttin erhalten. Zeremonien beinhalteten die rituelle Kastration der Priester.

8 Farnesinische Gärten
Pflanzen und elegante Pavillons zieren Teile des von Vignola gestalteten Gartens, der im 16. Jahrhundert über den Ruinen des Tiberius-Palasts angelegt wurde.

Farnesinische Gärten

9 Kryptoportikus
Die Reihe unterirdischer Gänge, die den Palatin mit Neros fabelhafter Domus Aurea *(siehe S. 133)* verbinden, sind rund 130 Meter lang. Die Gewölbe zieren fein gearbeitete Stuckreliefs.

10 Domus Severiana
Von diesem Anbau der Domus Augustana aus dem 2. Jahrhundert haben lediglich ein paar gewaltige Bogen und einige Mauerreste überdauert.

Forum Romanum: Palatin « 23

Alltag im antiken Rom

Die meisten Römer lebten in *insulae*, Mietshäusern mit vielleicht sechs Stockwerken. Arme Bürger bewohnten die billigeren, oberen Stockwerke. Ein männlicher Durchschnittsbürger in Rom erhob sich vor Tagesanbruch, ordnete den Faltenwurf seiner Toga und nahm ein Stück Brot zum Frühstück. Dann ging es hinaus auf die belebte Straße. Nach einem Aufenthalt in einer öffentlichen Latrine, wo mit den Nachbarn geplaudert wurde, stattete der Römer seinem Patron, der ihn finanziell unterstützte, einen Besuch ab. Das Mittagessen bestand meist aus Brot und Wein. Am Spätnachmittag stand der Besuch eines öffentlichen Badehauses an, um sich bei Konversation, Lektüre oder Kunstgenuss bis zum Nachtmahl zu entspannen. Das Hauptmahl des Tages wurde, umringt von diensttuenden Sklaven, im Liegen eingenommen. Abgesehen vom Besuch der Bäder verbrachten römische Ehefrauen (Matronen) den Tag zu Hause und erwarteten die Rückkehr des Gatten.

Römische Toga

Glaubenssysteme der römischen Antike

1 Verehrung griechisch-römischer Götter, insbesondere der Kapitolinischen Trias Jupiter, Juno und Minerva

2 Verehrung von Hausgöttern (Penaten) & Ahnengeistern (Genien)

3 Kybele-Kult (Huldigung der Großen Göttermutter)

4 Deifikation von Kaisern, Kaiserinnen & Günstlingen

5 Fruchtbarkeitskulte

6 Mithraismus

7 Attis-Kult

8 Isis-Kult

9 Serapis-Kult

10 Judenchristentum

Die Gelage wohlhabender Römer waren meist sehr extravagant. Auf Liegen und unter berankten Lauben genoss man die von Sklaven herbeigetragenen Speisen.

Galleria Borghese

Die Galleria Borghese zählt zu den größten kleinen Museen der Welt. In dem mit herrlichen Fresken ausgeschmückten Gebäude reihen sich Skulpturen von Bernini und Gemälde von Caravaggio neben herausragenden Werken aus Klassik, Renaissance und Klassizismus. Das ganze Anwesen gehörte einst Kardinal Scipione Borghese, einem Kunstmäzen, der Bernini und Caravaggio in jungen Jahren förderte und eine sehr beachtliche Privatsammlung zusammentragen konnte.

5 *Schlafender Hermaphrodit*
Die Marmorkopie *(links)* einer griechischen Bronzeskulptur zeigt Hermaphroditos. Der Jüngling, den Aphrodite dem Hermes gebar, hat männliche und weibliche Körpermerkmale.

1 *Apollo und Daphne*
Bernini bannte in der Skulptur (1622–25) Dramatik in edlen Marmor: In letzter Sekunde verwandeln die Götter die vor Apollo fliehende Daphne in einen Baum.

3 *David*
Die David-Skulptur (1623/24) des jungen Bernini war dessen barocke Antwort auf Michelangelos Renaissance-Werk. Das finster dreinblickende Gesicht ist ein Selbstporträt.

6 *Pauline Borghese*
Die von Antonio Canova geschaffene Skulptur (1805–08) verursachte seinerzeit einen Skandal. Sie zeigt Napoléons Schwester einer Göttin gleich so gut wie unbekleidet auf einem Kissen ruhend.

2 *Heilige Liebe und profane Liebe*
Tizian malte die allegorische Szene *(oben)* 1514 anlässlich einer Hochzeit. Das Gemälde lehrt die junge Braut, dass die weltliche Liebe Teil der umfassenden göttlichen Liebe ist.

4 *Raub der Proserpina*
Bernini schuf das Meisterwerk *(rechts)* 1621/22 im Alter von 23 Jahren. Während Pluto hier lachend den Kopf zurückwirft, graben sich seine kräftigen Finger ins weiche Fleisch des Mädchens, das sich zu befreien versucht.

Galleria Borghese « 25

⑦ Kranker Bacchus
Caravaggios frühes, sehr detailliertes Selbstbildnis (1593) als Gott des Weines entstand wohl, als der Künstler krank war. Es zeigt eine feinere Pinselführung als spätere Werke.

⑧ Kreuzabnahme
Das Gemälde von 1507 (unten) ist das berühmteste der Sammlung, zählt aber nicht zu Raffaels Meisterwerken. Die Matriarchin Atalanta Baglioni aus Perugia gab es zum Gedenken an ihren ermordeten Sohn (evtl. der vordere Träger) in Auftrag.

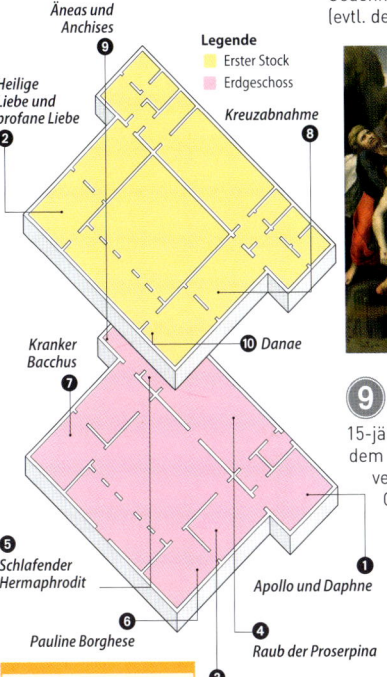

Legende
- 🟨 Erster Stock
- 🟥 Erdgeschoss

Äneas und Anchises ❾
Heilige Liebe und profane Liebe ❷
Kreuzabnahme ❽
Kranker Bacchus ❼
Danae ❿
Schlafender Hermaphrodit ❺
Pauline Borghese ❻
Apollo und Daphne ❶
Raub der Proserpina ❹
David ❸

⑨ Äneas und Anchises
Pietro Bernini leitete seinen 15-jährigen Sohn Gian Lorenzo bei dem Werk (1613) an – es ist noch verhalten und statisch, das Genie aber bereits erkennbar.

⑩ Danae
Correggios sinnliches Meisterwerk (1531) nach Ovids *Metamorphosen* zeigt Amor, wie er die Laken zurückzieht, während Jupiter als goldener Regen seine Liebe über Danae ergießt.

Die Sammlung Borghese
Scipione Borghese nutzte das Haus selbst schon als Ausstellungsort für die exquisite Sammlung antiker Kunstschätze, die er von seinem Onkel, Papst Paul V., erhalten und im Lauf der Jahre selbst um Skulpturen des jungen Bernini ergänzt hatte. Nach Camillo Borgheses Heirat mit Pauline Bonaparte 1809 schenkte Scipione seinem Schwager Napoléon einen Großteil der Skulpturensammlung. Die Werke befinden sich heute im Louvre.

Infobox
- Karte E1 ■ Villa Borghese, über Via Pinciana ■ +39 06 32810 ■ Metro: Spagna ■ www.galleriaborghese.beniculturali.it; www.tosc.it (Reservierungen)
- Di – So 9 –19 Uhr (Do bis 21 Uhr); max. Besuchszeit 2 Std.; 1. Jan & 25. Dez geschl.
- Eintritt 15 €, EU-Bürger unter 26 Jahre 4 €, Jugendliche unter 18 Jahre & Studenten aus der EU 2 €; Preise können variieren
- Im Untergeschoss befindet sich ein vernünftiges Café, besser ist allerdings das Caffè delle Arti (+39 06 3265 1236) in der nahen Galleria Nazionale d'Arte Moderna – dort hat man einen schönen Blick auf den Park.
- Denken Sie daran, rechtzeitig zu reservieren – Sie kommen sonst schlichtweg nicht in die Ausstellung. Die Karten sind oft Wochen im Voraus vergriffen, vor allem bei Sonderausstellungen.

Kolosseum & Kaiserforen

Detail der Trajanssäule

Das an archäologischen Schätzen reiche Gebiet, das Mussolinis Via dei Fori Imperiali jäh durchschneidet, birgt einige der bemerkenswertesten Stätten des antiken Rom. Die mächtige Außenmauer des Kolosseums dominiert das Areal. Der 72–80 n. Chr. unter den flavischen Kaisern errichtete Bau war einst als Amphitheater der Flavier bekannt. Hinzu kommen die Foren der römischen Kaiser, der Konstantinsbogen und Neros Domus Aurea. Die Comune di Roma führt hier laufend Ausgrabungsarbeiten durch, die auch alljährlich neue Funde zutage fördern.

1 Trajansforum & Trajanssäule

Es heißt, die überwältigende Pracht dieses Forums von Kaiser Trajan habe einst jeden Besucher in Ehrfurcht versetzt. Das einzige verbliebene Monument ist die prunkvolle Trajanssäule, deren Basreliefs bestechend detailliert die kaiserlichen Siege im heutigen Rumänien darstellen.

3 Trajansmärkte

Kaiser Trajans Baumeister Apollodorus von Damaskus entwarf im 2. Jahrhundert mit visionärem Blick diese antike »Shoppingmall« (unten). Die mehrstöckigen Gebäude bargen 150 Räume. Ganz oben waren Wohlfahrtseinrichtungen untergebracht, unten fanden sich Magazine und Läden verschiedenster Art.

2 Domus Aurea

Das »goldene Haus«, Roms verschwenderischster Palast (1. Jh. n. Chr.), entsprang der Genusssucht des Kaisers Nero. Die mehrere Hektar große Anlage diente einzig dem Vergnügen. An Wochenenden werden Führungen angeboten (siehe S. 133).

4 Mamertinischer Kerker

Laut Legende wurden die Apostel Petrus und Paulus in diesem auch als Tullianum bekannten Kerker gefangen gehalten. Als Zugang diente ein Loch, als Ausweg meist nur der Tod (siehe S. 65).

5 Kolosseum

In diesem von jüdischen Sklaven errichteten Amphitheater (oben) gipfelte wohl die imperiale Leidenschaft für blutrünstige Spektakel. Als Kaiser Titus das Bauwerk 80 n. Chr. einweihte, rief er 100 Tage währende Spiele aus, bei denen bis zu 5000 wilde Tiere, besonders gern Löwen, getötet wurden. Diese Art von »Sport« wurde erst im Jahr 523 verboten (siehe S. 48).

Kolosseum & Kaiserforen « 27

⑥ Haus der Ritter von Rhodos
Die Priorei (12. Jh.) gehörte dem Johanniterorden. Im Inneren finden sich der ursprüngliche Portikus, drei Läden und die Kapelle des heiligen Johannes.

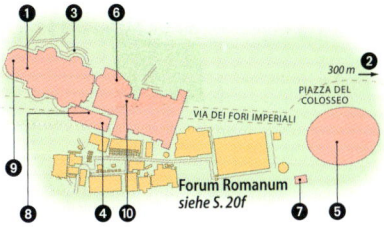

⑦ Konstantinsbogen
Der Triumphbogen wurde anlässlich von Konstantins Sieg über Maxentius errichtet *(siehe S. 46)*. In Sachen Schmuck lehnt sich das Monument des ersten christlichen Kaisers an ältere heidnische Denkmäler an. Die Jagdszenen stammen aus einem dem Antinous, Geliebter Hadrians, gewidmeten Tempel.

⑧ Caesarforum
Dieses Kaiserforum war das erste Roms. Da das julianische Geschlecht seine Herkunft auf die Göttin Venus zurückführte, ließ Caesar 46 v. Chr. den Tempel der Venus Genetrix erbauen und mit Statuen seiner selbst und seiner Geliebten Kleopatra ausstatten.

⑨ Domus Romane
2005 wurden unter dem Palazzo Valentini die Reste zweier römischer Häuser aus der Kaiserzeit entdeckt – Mauerwerk mit Fresken, Mosaikböden, luxuriöse Bäder und Innenhöfe *(siehe S. 49)*.

⑩ Augustusforum
Im Zentrum des Forums von Caesars Nachfolger *(siehe S. 46)* steht der Marstempel *(oben)*. Dieser ist an dem breiten Treppenaufgang und an den vier korinthischen Säulen zu erkennen.

Infobox

Kolosseum: Karte R6
- Piazza del Colosseo
- +39 06 3996 7700
- Metro: Colosseo
- www.coopculture.it (Reservierung empfohlen)

- tägl. 9 – 16.30 Uhr (Anfang – Ende März: bis 17.30 Uhr, Ende März – Aug: bis 19.15 Uhr, Sep: bis 19 Uhr, Okt: bis 18.30 Uhr); 1. Jan & 25. Dez geschl.

- Eintritt 18 € (inkl. Palatin & Kolosseum, Ticket gilt 24 Std.), EU-Bürger unter 26 Jahren 2 €, unter 18 Jahren frei; 1. So im Monat frei

Trajansmärkte: Karte P4
- Via IV Novembre
- www.mercatiditraiano.it

- tägl. 9.30 – 19.30 Uhr; 1. Jan, 1. Mai, 25. Dez geschl.
- Eintritt 14 € (ermäßigt 12 €), unter 6 Jahren frei

Mamertinischer Kerker: Karte P5 ■ Clivo Argentario 1 ■ +39 06 6989 6375
- www.omniavaticanrome.org ■ tägl. 9 – 17 Uhr

- Aufgrund von Sicherheitskontrollen kommt es am Eingang zu Wartezeiten.
- Für einen Imbiss bietet sich das Caffè Valorani, Largo Corrado Ricci 30, an.
- Studenten arbeiten gegen Trinkgeld als Führer.

Kurzführer
Planen Sie drei Stunden ein, um alles zu sehen. Die Via dei Fori Imperiali ist für Autos gesperrt und erlaubt einen Blick auf die Kaiserforen.

Musei Capitolini

Auf dem Kapitol, dem religiösen Herzstück des antiken Rom, steht ein großartiges Museum. Über die Cordonata geht es zu der im 16. Jahrhundert von Michelangelo entworfenen Piazza, wo in der Mitte eines Sterns die Statue von Mark Aurel thront. Die zwei Gebäude an den Seiten bergen wahrlich echte Kunstschätze. Grundstock für die Sammlungen im Palazzo Nuovo und im Palazzo dei Conservatori *(siehe S. 30f)* war eine Schenkung von Bronzen durch Papst Sixtus IV. im Jahr 1471.

Hannibals Überquerung der Alpen als Fresko

1 Maskenmosaik
Das Bodenmosaik mit den griechischen Theatermasken stammt wohl aus dem 2. Jahrhundert n. Chr. Wie hier mit bunten Marmorstückchen Perspektive, Licht und Schatten erzeugt wurden, belegt große Kunstfertigkeit.

2 *Kapitolinische Venus*
Die Skulptur der Venus (1. Jh. v. Chr.), eine Nachbildung der Aphrodite von Praxiteles, zeigt die Göttin der Liebe, wie sie aus dem Bad steigt und versucht, ihre Blöße zu bedecken, da sie wohl beobachtet wird.

3 Halle der Kaiser
In diesem Saal finden sich die Büsten mehrerer römischer Kaiser und Kaiserinnen, darunter auch das grimmige Gesicht des Gewaltherrschers Caracalla aus dem 3. Jahrhundert.

4 *Ruhender Satyr*
Das Bildnis der mythologischen Gestalt, Nachbildung einer Statue von Praxiteles (4. Jh. v. Chr.), zierte wohl einst einen Hain oder Brunnen. Die spitzen Ohren, der Umhang und die Flöte sind Attribute des Gottes Pan. Die Skulptur inspirierte Nathaniel Hawthorne *(siehe S. 58)* zu seinem Roman *Der Marmorfaun*.

Infobox

- Karte N5 ▪ Piazza del Campidoglio ▪ +39 06 0608
- Metro: Colosseo
- www.museicapitolini.org
- tägl. 9.30–19.30 Uhr; 1. Jan, 1. Mai, 25. Dez geschl.
- Eintritt 17 € (ermäßigt 15 €), unter 6 Jahren frei
- Capitolini Card, mit Sonderausstellungen und Centrale Montemartini *(siehe S. 156)* 19 € (ermäßigt 17 €), sieben Tage gültig
- Das Caffè Capitolino hinter dem Palazzo dei Conservatori hat eine Terrasse mit tollem Blick auf die Stadt.
- Das Tabularium, wo in der Antike das römische Staatsarchiv untergebracht war, ist Teil des unterirdischen Gangs zwischen den Palazzi. Es bietet einen interessanten Blick auf das Forum.

Kurzführer
Der Palazzo Nuovo auf der linken Seite der Piazza del Campidoglio birgt überwiegend antike Skulpturen. Die wohl interessantesten Werke befinden sich im ersten Stock. Durch einen unterirdischen Gang gelangt man zum Palazzo dei Conservatori *(siehe S. 30f)*, wo im ersten Stockwerk Schmuckelemente aus dem 16. und 17. Jahrhundert und klassische Skulpturen zu sehen sind. Im obersten Stockwerk werden Gemälde aus der Renaissance und dem Barock gezeigt. Im Innenhof sind antike Marmorfragmente ausgestellt.

Musei Capitolini « 29

Marforio ⑤
Der zottige Riese *(rechts)*, ursprünglich ein Flussgott, stand vermutlich einst im Augustusforum *(siehe S. 27)*. Ein Bildhauer der Renaissance fügte die Attribute des Meeresgottes hinzu und machte ihn zur zentralen Figur des Hofbrunnens.

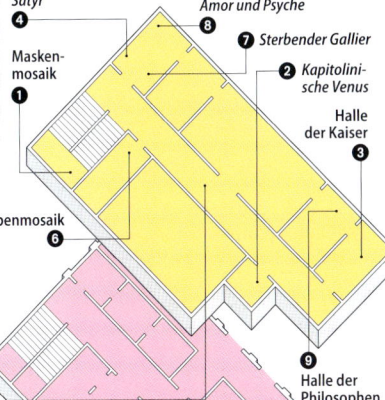

Ruhender Satyr ❹
Amor und Psyche ❽
❼ *Sterbender Gallier*
Masken-mosaik ❶
❷ *Kapitolinische Venus*
Halle der Kaiser ❸
Taubenmosaik ❻
❾ Halle der Philosophen
❿ *Trunkene Alte*

Legende
■ Erster Stock
■ Erdgeschoss

❺ *Marforio*

⑥ Taubenmosaik
Dieses Meisterwerk *(oben)* aus winzig kleinen Glas- und Marmorstückchen *(tesserae)* zierte ursprünglich einen Boden in der Hadriansvilla *(siehe S. 158)*. Bemerkenswert sind vor allem Struktur und Tiefe des Bilds.

⑦ Sterbender Gallier
Das berühmteste Exponat der Sammlung – vermutlich die römische Kopie einer griechischen Bronze aus dem 3. Jahrhundert v. Chr. – kennzeichnet großes Pathos.

⑧ Amor und Psyche
Was für eine Vereinigung – der Gott der Liebe umarmt die Personifikation der Seele *(links)*. Die römische Kopie eines griechischen Originals inspirierte viele sentimentale Variationen des Sujets.

⑨ Halle der Philosophen
Unter den römischen Kopien griechischer Büsten der bedeutendsten hellenischen Dichter und Denker befindet sich auch eine Darstellung des blinden Homer.

⑩ Trunkene Alte
Die Skulptur, Kopie eines griechischen Originals aus dem 3. Jahrhundert v. Chr., ist Teil einer ganzen Serie von Figuren, die alle den Preis des Lasters zeigen.

Palazzo dei Conservatori

Kopf der Kolossalstatue Konstantins I.

① Kolossalstatue von Konstantin I.

Die surreal überdimensionierten Körperteile (um 313–24 n.Chr.), die man in den Ruinen der Maxentiusbasilika fand, sind Fragmente einer sitzenden Statue von Konstantin dem Großen, dem ersten christlichen römischen Kaiser – an den hervortretenden Augen immer deutlich zu erkennen.

② *Kapitolinischer Dornauszieher*

Die bezaubernde Figur entstand vermutlich im 1. Jahrhundert v.Chr. und war ein Teil der Schenkung von Sixtus IV., die dem Museum zugrunde liegt. Das alltägliche Thema mutet griechisch an, der Kopf erinnert an archaische Vorlagen. Die Pose des Knaben inspirierte sehr viele Werke der Renaissance.

③ *Johannes der Täufer*

Mit der Sinnlichkeit und der erotischen Pose des Knaben, der seinen Arm um einen Widder legt, löste Caravaggio um 1600 eine ikonografische Revolution aus. Die Hell-Dunkel-Malerei *(chiaroscuro)* betont die weltliche Dimension des sakralen Motivs.

④ *Kapitolinische Wölfin*

Die Darstellung des ältesten Symbols Roms – ebenfalls Teil der Schenkung von Sixtus IV. – stammt wohl aus etruskischer Zeit (5. Jh. v.Chr.). Die Wölfin hält Wache – sie ist Beschützerin und Nährende zugleich. Die Figuren von Romulus und Remus am Gesäuge wurden erst in der Renaissance hinzugefügt.

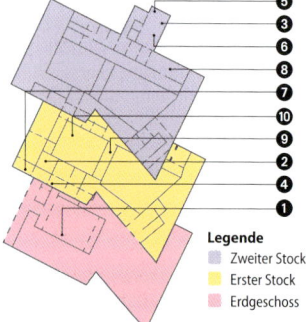

Kapitolinische Wölfin

⑤ *Begräbnis der heiligen Petronilla*

Bei dem Altarbild, das Guercino 1621–23 für den Petersdom fertigte, ist der Einfluss Caravaggios deutlich zu erkennen. Die kraftvollen Hell-Dunkel-Effekte, die Betonung der Muskulatur und die Individualität der Figuren verleihen dem Werk starke weltliche Dimension.

⑥ *Die Wahrsagerin*

Dieses Frühwerk Caravaggios war eigentlich nicht weniger revolutionär als sein *Johannes der Täufer*. Das Thema des Gemäldes ist dem

Legende
Zweiter Stock
Erster Stock
Erdgeschoss

![Der Raub der Sabinerinnen, Pietro da Cortona]

Der Raub der Sabinerinnen, **Pietro da Cortona**

täglichen Straßenleben im Rom des späten 16. Jahrhunderts entlehnt, das der Maler gut kannte.

⑦ Büste von Lucius Iunius Brutus

Die Bronzebüste aus dem späten 4. oder frühen 3. Jahrhundert v. Chr. ist das vielleicht kostbarste Exponat des Hauses. Es ist nicht erwiesen, dass es sich dabei tatsächlich um den ersten römischen Konsul handelt. Die Büste ähnelt nämlich auch Darstellungen griechischer Dichter und Philosophen. Besonders faszinierend wirken die Glasaugen.

⑧ *Der Raub der Sabinerinnen*

Dieses um 1630 entstandene Werk von Pietro da Cortona markiert den Beginn der Barockmalerei, da hier erstmals die Symmetrie zugunsten der Dynamik aufgegeben wurde. Das Gemälde zeigt eine frühe Episode der Geschichte Roms: Da es der neu gegründeten Stadt an Frauen mangelte, raubte man kurzerhand die des benachbarten Stamms *(siehe S. 46)*.

⑨ Büste von Commodus als Herkules

Um auf seine Göttlichkeit hinzuweisen, ließ sich der Kaiser (180–92), der gern im Kolosseum gegen wilde Tiere kämpfte, als Halbgott Herkules darstellen. Die Keule, der Mantel aus Löwenfell und die Äpfel der Hesperiden in der linken Hand sind Symbole für die berühmten Aufgaben des Herkules.

⑩ Reiterstandbild von Mark Aurel

Eine Rekonstruktion der Bronzestatue aus dem 2. Jahrhundert steht vor dem Haus auf der Piazza del Campidoglio. Das überlebensgroße Original kann im Wintergarten des Palazzo dei Conservatori bewundert werden.

Reiterstandbild von Mark Aurel

Museo Nazionale Romano

Roms Nationalmuseum (MNR) verteilt sich auf fünf Standorte, doch wir beschränken uns auf die Skulpturen, Mosaike und Fresken im Palazzo Massimo alle Terme und die bildhauerischen Werke im Palazzo Altemps *(siehe S. 36)*. Stelen und Inschriften finden sich in den Diokletiansthermen, große, für römische Bäder typische Skulpturen in der Aula Ottagona. Die Crypta Balbi widmet sich Roms Stadtentwicklung.

1 Statue von Augustus als Pontifex Maximus
Die Statue stand einst in der Via Labicana. Die Toga über dem Kopf verrät, dass sich Roms erster Kaiser – neben anderen Würden – 12 n. Chr. auch den Titel Pontifex Maximus (Hohepriester) verliehen hatte.

2 Relikte der Nemi-Schiffe
Von den zwei luxuriösen, 1930 aus dem Nemisee geborgenen Schiffen von Kaiser Caligula sind nur ein paar Stücke – Bronzen vom Kopf der Medusa, von Löwen, Wölfen u. Ä. – erhalten.

4 Fresken der Casa della Farnesina
Zu den schönen Fresken der 1879 entdeckten Villa gehört auch die intime Szene von Leukothea, wie sie Dyonisos stillt *(oben)*, umrahmt von weiteren Darstellungen.

7 Sterbende Niobide
Die Figur der Niobide, (Tochter von Königin Niobe), die nach dem Pfeil greift, der sie wie ihre Geschwister töten sollte, wurde 440 v. Chr. für einen griechischen Tempel geschaffen und kam später in Caesars Besitz.

5 Elfenbeinmaske des Apollo
Die 1995 nahe dem Braccianosee entdeckte Maske stammt von einer Chryselephantinskulptur. Sie besaß Gesicht, Hände und Füße aus Elfenbein und war in Gold und edle Stoffe »gekleidet«.

3 Fresken der Villa di Livia
Die Gartenfresken *(oben)*, 20–10 v. Chr. entstanden, zierten im Haus von Augustus' Frau Livia das *triclinium* (Speisesaal), das dort im Souterrain lag, um für Kühle zu sorgen.

6 Diskuswerfer
Bei der Marmorkopie *(rechts)* von Myrons berühmtem *Diskobolos* (450 v. Chr.) hielt man sich im 2. Jahrhundert so exakt ans Original, dass auch die Unvollkommenheiten der Statue übernommen wurden.

Vorhergehende Doppelseite Forum Romanum

Museo Nazionale Romano

⑧ Quattro-Aurighe-Mosaik
Die kaiserliche Familie Severi – offensichtlich sportbegeistert – stattete das Schlafzimmer ihrer Villa (3. Jh. n. Chr.) mit Bodenmosaiken von Wagenlenkern *(unten)* aus. Die Farben entsprechen den vier Rennställen des Circus Maximus.

⑨ Bronzener Dionysos
Die Statue aus dem 2. Jahrhundert n. Chr. ist eine der wenigen großen klassischen Bronzeskulpturen, die bis in die heutige Zeit erhalten sind. Auch die Grazie, die Ausschmückung und die kunstvolle Ausführung machen sie zu einem äußerst bemerkenswerten Exponat im Nationalmuseum von Rom.

⑩ Faustkämpfer
Der *Faustkämpfer vom Quirinal (unten)*, ein seltenes griechisches Original, zeigt – ohne zu idealisieren – einen Mann mittleren Alters, der sich vom Kampf erholt. Kupferakzente wecken die Illusion frischer Wunden.

Infobox

Palazzo Massimo alle Terme: Karte F3; Largo di Villa Peretti 1; Metro: Termini

Palazzo Altemps: Karte L2; Piazza Sant'Apollinare 46; Bus: 30, 70, 81, 87, 116 u. a.

Diokletiansthermen & Aula Ottagona: *siehe S. 137*

Crypta Balbi: *siehe S. 64f*

▪ +39 06 684851 ▪ www.museoonazionaleromano.beniculturali.it

▪ Di – So 11–18 Uhr; 1. Jan & 25. Dez geschl.

▪ Eintritt 10 € (13 € bei Sonderausstellungen), EU-Bürger unter 26 Jahren 4 €, unter 18 Jahren frei, Kombiticket 14 € (alle Standorte, 1 Woche gültig)

▪ Vom Palazzo Massimo alle Terme aus führt die Via Nazionale zu Bars und Restaurants. Nach dem Besuch des Palazzo Altemps bietet sich das Tre Scalini *(siehe S. 94)* an der Piazza Navona an.

▪ Reservieren Sie im Palazzo Massimo, vor allem wegen der Zeittickets für den zweiten Stock. Fragen Sie nach Virtual-Reality-Brillen.

Kurzführer
Im Erdgeschoss des Palazzo Massimo alle Terme stehen Statuen aus der Römischen Republik und der frühen Kaiserzeit sowie kostbare frühe griechische Werke. Die Kunstwerke im ersten Stock spiegeln das politische, kulturelle und wirtschaftliche Kaiserreich bis zum 4. Jahrhundert wider. Im zweiten Stock können antike Mosaike und Fresken bewundert werden. Eine Münzsammlung, Goldschmuck und die Mumie eines achtjährigen Mädchens sind im Untergeschoss zu sehen.

Palazzo Altemps

Dionysos mit Satyr

① Athena Parthenos
Der griechische Bildhauer Antiochos schuf die Statue (1. Jh. v. Chr.) nach der Vorlage der berühmtesten Skulptur der Antike – der lange verloren geglaubten *Athena Parthenos* von Phidias.

② Ludovisi-Sarkophag
Der Sarkophag (Mitte 3. Jh.) ist bemerkenswert gut erhalten. Die Reliefs illustrieren Roms Sieg über die barbarischen Ostgoten.

③ *Orest und Elektra*
Die Statue (1. Jh. n. Chr.) schuf Menelaos, Kopist des griechischen Bildhauers Praxiteles. Daneben zeigen Reste eines Freskos (15. Jh.) Geschenke von der Hochzeit Girolamo Riarios mit Caterina Sforza.

④ Fresken in der Loggia
Der herrliche Lustgarten mit exotischen Früchten, Pflanzen und Tieren wurde um 1595 gemalt.

⑤ Dionysos mit Satyr
Das kaiserliche Rom liebte die griechische Bildhauerei. Es entstanden viele Kopien wie diese Statue von Dionysos mit Satyr und Panther.

Loggia des Palazzo Altemps

⑥ Ludovisischer Thron
Der u-förmige Marmorblock aus dem 5. Jahrhundert v. Chr. wurde 1887 in der Nähe der Villa Ludovisi entdeckt, stammt ursprünglich aber aus einer griechischen Kolonie in Kalabrien. Der Reliefzyklus zeigt vermutlich die Geburt der Aphrodite.

⑦ Apollo mit Laute
Das Museum besitzt zwei Apollo-Statuen aus dem 1. Jahrhundert. Beide sind im 17. Jahrhundert restauriert worden.

⑧ *Gallier Ludovisi*
Die Skulptur des Mannes, der seine tote Frau hält und im Begriff steht, sich selbst mit dem Schwert zu töten, ist Teil einer Serie aus drei Skulpturen, zu der auch der *Sterbende Gallier* (siehe S. 29) gehört. Julius Caesar gab sie zur Feier eines Siegs über die Gallier in Auftrag.

⑨ Ägyptische Statuen
Die drei Bereiche der Sammlung entsprechen dem ägyptischen Einfluss auf Rom: in der Politik, in der Theologie sowie in Sachen Kult. Hauptattraktion ist der Apis-Stier aus Granit (2. Jh. v. Chr.).

⑩ Kopf der Hera Ludovisi
Goethe nannte die Büste seine »erste Liebe in Rom«. Sie ist vermutlich ein Porträt von Antonia, der Mutter von Claudius.

Museo Nazionale Romano: Palazzo Altemps « **37**

Altrömische Kunst

Die Kunst war im alten Rom ebenso konservativ wie die Kultur. Von der Mitte der republikanischen Zeit bis ins Kaiserreich bevorzugte man in der Bildhauerei Nachbildungen griechischer Werke. Die Caesaren ließen Schiffsladungen mit griechischen Statuen aus dem Goldenen Zeitalter einführen und in den römischen Werkstätten wurden mit Togen bekleidete kopflose Figuren in diversen Körperhaltungen produziert, auf die Büsten nach Wunsch aufgesetzt wurden. Porträtbüsten fertigten die Römer vor allem in der frühen Kaiserzeit nahezu in Perfektion. Die römische Wandmalerei war pompejisch geprägt. Der Erste Stil imitierte Marmorpaneele, der Zweite Stil durchsetzte perspektivisch gezeichnete Bauwerke mit Ornamenten, die zum Merkmal des Dritten Stils wurden. Den Vierten Stil zeichnen Trompe-l'Œil-Gemälde aus. Mosaike dienten erst nur als Bodenbelag – in schlichtem Schwarz-Weiß –, bald gab es aber auch farbenprächtige Bilder für Boden und Wände.

Antike Kunst

1 Museo Nazionale Romano *(siehe S. 34–37)*

2 Vatikanische Museen *(siehe S. 12–15)*

3 Musei Capitolini *(siehe S. 28–31)*

4 Centrale Montemartini *(siehe S. 156)*

5 Museo dell'Ara Pacis *(siehe S. 98)*

6 Villa Giulia *(siehe S. 40f)*

7 Trajanssäule *(siehe S. 26)*

8 Mark-Aurel-Säule *(siehe S. 98)*

9 Palatin *(siehe S. 22)*

10 Museo di Scultura Antica Giovanni Barracco *(siehe S. 110)*

Der Ludovisische Thron trägt das Relief von drei Frauen in fein gefältelten, durchscheinend wirkenden Gewändern – vermutlich die Geburt der Aphrodite, die von Dienerinnen aus dem Wasser gezogen wird.

Mosaik einer Katze aus dem 2. Jahrhundert v. Chr. im Museo Nazionale Romano

Santa Maria del Popolo

Kaum eine Kirche spiegelt die römische Kunst und Architektur so perfekt wider wie diese. In Santa Maria del Popolo haben Meister der Frührenaissance wie Bramante und Pinturicchio, der Hochrenaissance wie Raffael und des Barock wie Caravaggio und Bernini ihr Können in sämtlichen Disziplinen – Malerei, Bildhauerei und Baukunst – gezeigt. Selten ist auch, dass die einzelnen Kapellen noch intakt sind, weiterhin all ihre Werke bergen und so ihre Geschichte erzählen.

② *Kreuzigung des Apostels Petrus*
Caravaggio vermied das blutige Pathos früherer Werke – bei diesem Gemälde von 1601 *(links)* sorgt die *Chiaroscuro*-Technik für Dramatik. Die lebensnah gestalteten Figuren gehen ihrer Tätigkeit nach, Petrus wirkt in sich gekehrt und nachdenklich.

① *Anbetung*
Raffaels etwas älterer Zeitgenosse Pinturicchio ließ in sein Werk von 1490 Elemente des klaren umbrischen Stils ihres gemeinsamen Lehrers Perugino einfließen. Es schmückt die Cappella della Rovere, wo sich auch das 1478 von Francesco da Sangallo geschaffene Grabmal von Kardinal Cristoforo della Rovere findet.

③ *Bekehrung des Apostels Paulus*
Auch bei diesem Bild (1601) von Caravaggio erzeugt Licht die angemessene Dramatik, indem es den Ausdruck der Figur verstärkt.

④ Grabmäler
Jacopo Sansovino veränderte bei seinen Figuren (1505–07) die traditionelle Totenlage in »etruskisch-renaissanceartiger« Weise: Die Kardinäle Girolamo Basso della Rovere und Asciano Sforza ruhen auf ihren Kissen, als ob sie schliefen.

Santa Maria del Popolo

⑤ *Daniel* und *Habakuk*
Berninis *Habakuk und der Engel (rechts)* und *Daniel in der Löwengrube* wirken in ihrer Lebendigkeit fast wie Theaterszenen.

⑥ Cappella Chigi, Raffael
In der für Agostini Chigi gestalteten Kapelle mixte Raffael heidnische und christliche Motive. Das Bodenmosaik *(links)* spielt eine Rolle in Dan Browns Roman *Illuminati*.

Santa Maria del Popolo « 39

⑧ Buntglasfenster

Das schöne Fenster *(links)* schuf Guillaume de Marcillat, ein französischer Meister der Glasmalerei, 1501. Das Werk – sein einziges in Rom – zeigt Szenen aus der Kindheit Jesu und aus dem Leben der Jungfrau Maria.

Kirche des Volkes

Es heißt, der Geist des in der Familiengruft am Pincio *(siehe S. 66)* bestatteten Nero habe das Stadtviertel in Gestalt von dämonischen Krähen bedroht, die an dieser Stelle einen Baum bevölkerten. Papst Paschalis II. soll die Bürger beruhigt haben, indem er besagten Baum 1099 durch eine Kapelle ersetzte, die vom Volk *(il popolo)* finanziert wurde. Das Gotteshaus wurde 1227 vergrößert und dann 1472–77 im lombardischen Stil umgebaut. Die Renaissancefassade stammt vermutlich von Andrea Bregno.

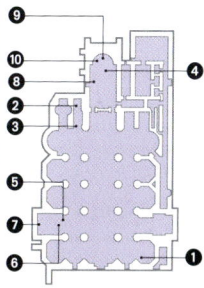

⑦ *Geburt der Mutter Gottes*

Sebastiano del Piombos Altarbild (1530–34) in der Cappella Chigi ist in starker Kontrast zu den heidnischen Motiven der Kuppel: Gott segnet die sieben Himmelskörper, die heidnische Götter symbolisieren.

Infobox

Karte D2 ■ Piazza del Popolo 12 ■ +39 06 361 0836
■ Metro: Flaminio ■ www.agostiniani.it/
parrocchia-santa-maria-popolo

■ Mo–Fr 8.30–12 Uhr & 16–18 Uhr,
Sa & So 16.30–18 Uhr ■ Eintritt frei

■ An der Piazza del Popolo befinden sich auch das Caffè Canova und das Caffè Rosati *(siehe S. 122)*.

■ Wenn keine Messe ist, gehen Sie hinter den Vorhang links vom Altar und schalten Sie das Licht ein, um den Chor und die Apsis besichtigen zu können.

⑨ Apsis

Der lichterfüllte Chor und die Apsis in Form einer Muschel zählten um 1500 zu den ersten Arbeiten, die der Baumeister Donato Bramante im Auftrag von Julius II. in Rom ausführte.

⑩ Chorgewölbe

Pinturicchio, ein recht trendbewusster Künstler seiner Zeit, schmückte sein christliches Deckenfresko (1508/09) mit grotesken antiken Figuren, Bestien und Sibyllen aus.

Villa Giulia

Die Villa erbaute der Barockarchitekt Vignola Mitte des 16. Jahrhunderts als Landhaus für Papst Julius III. – dieser fuhr gern in seiner edlen Barke den Tiber hinauf, um den Fortschritt der Bauarbeiten zu begutachten. Heute widmet sich hier ein Museum dem antiken Volk der Etrusker, deren Oberschicht ganz gewiss Julius' Liebe zum Luxus teilte. Sie beherrschten lange das Gebiet zwischen Arno und Tiber. Der Niedergang der Etrusker begann etwa ab 500 v. Chr.

1 Grabstätte aus Tarquinia
Die Rekonstruktion eines Grabes *(oben)*, wie man es in der etruskischen Nekropole bei Tarquinia fand, zeigt Fresken von einem Bankett, bei dem Tänzer und Akrobaten für Unterhaltung sorgen.

3 Löwensarkophag
Der wunderbare Terrakottasarkophag aus dem 6. Jahrhundert v. Chr. war zu groß für den Brennofen, daher ist er in der Mitte geteilt. Vier brüllende Löwen zieren den Deckel *(unten)*.

5 Euphronios-Krater
Der rotfigurige griechische *krater* – ein Gefäß zum Mischen von Wein und Wasser – fasst ganze 45 Liter und zeigt eine Szene aus dem Trojanischen Krieg, bei der Gott Hermes Hypnos, den Gott des Schlafes, und Thanatos, den Gott des Todes, anweist, den Körper eines Gefallenen fortzutragen *(rechts)*. Das Stück wurde in den 1920er Jahren entdeckt und stand lange im New Yorker Metropolitan Museum of Art. Seit 2008 ist es wieder in Italien.

2 Hydria
Solche Wasserkrüge *(unten)* brachten die Etrusker aus Griechenland mit. Dieser zeigt, wie ein Löwe und ein Panther ein Maultier angreifen.

4 Ficoroni Cista
Bei dem Bronzezylinder handelt es sich quasi um das »Beautycase« der etruskischen Frau, in dem diese ihre Schönheitsprodukte, Spiegel u. Ä. aufbewahrte. Eingraviert sind Szenen aus der griechischen Sage von Jason und den Argonauten.

6 Votivgaben
Nicht unähnlich der katholischen Praxis versuchten es auch die Etrusker, den Gott ihrer Wahl wohlgesonnen zu stimmen. Im Fall von Krankheiten dienten als Gaben Modelle von Körperteilen wie Gesicht, Füßen, Uterus oder anderen Organen.

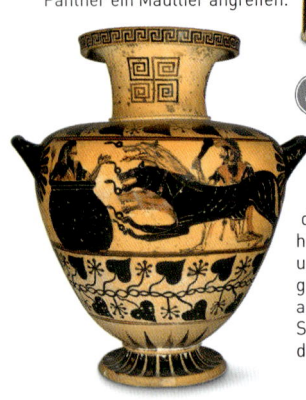

Villa Giulia

⑦ Ehepaar-Sarkophag

Als man den schönen Terrakottasarkophag aus dem 6. Jahrhundert v. Chr. *(rechts)* 1881 entdeckte, war er in 400 Stücke zerbrochen und bedurfte mühsamer Rekonstruktion. Das Porträt des Paares, das auf dem Bett liegt und über einen intimen Scherz zu schmunzeln scheint, ist vielleicht das persönlichste und bewegendste Beispiel etruskischer Kunst.

⑨ Etruskischer Tempel

Der Tempel im Garten ist eine Rekonstruktion (19. Jh.) des Tempels von Alatri.

⑩ Chigi-Kanne

Die Malereien auf dem Gefäß aus dem griechischen Korinth zeigen Jagd- und Kampfszenen, darunter ein Band aus Hopliten (Fußsoldaten) mit verzierten Schilden in Formation.

⑧ Faliskischer Aurora-Krater

Die Falisker, ein Stamm sabinischer Herkunft, lebten im südlichen Latium. Sie verfügten über eine eigene Sprache und eine eigene Kultur. Das kunstvolle Gefäß (4. Jh. v. Chr.) zeigt die Göttin der Morgenröte in einem Triumphwagen.

Infobox

■ Karte D1 ■ Piazzale di Villa Giulia 9 ■ +39 06 322 6571 ■ Metro: Flaminio ■ www.museoetru.it

■ Di – So 9 – 20 Uhr (letzter Einlass 19 Uhr); 1. Jan & 25. Dez geschl.

■ Eintritt 10 € (ermäßigt 2 €), unter 18 Jahren frei, 1. So im Monat frei

■ Die Sammlung der Villa Giulia setzt sich in der Villa Poniatowski *(siehe S. 68)* fort, dort sind auch Wechselausstellungen zu sehen.

■ Das Café der Villa Giulia serviert auf einer Terrasse im Schatten von Orangenbäumen Sandwiches und kalte Getränke sowie Kaffee und Gebäck.

■ Die Audioführer des Hauses sind in italienischer und englischer Sprache verfügbar und sehr zu empfehlen.

Kurzführer

In dem schönen Museum gibt es viel zu sehen. Wer eine Pause braucht, kann sich im hübschen Garten erholen. Das Haus besitzt neben den zwei Hauptebenen noch einen unterirdischen Bereich – ein stimmungsvoller Ort für die nachgebildeten Gräber der etruskischen Nekropolen bei Tarquinia und Cerveteri. Die Sammlung im Erdgeschoss ist geografisch angeordnet. Die Abteilungen widmen sich Hauptausgrabungsstätten wie Cerveteri, Vulci und Veio. Im ersten Stock zeigt ein Raum Objekte, die illegal ausgegraben und verkauft worden sind, bevor sie ins Museum kamen. Außerdem finden sich hier Schenkungen aus Privatsammlungen und eine interessante Abteilung zum Thema Inschriften.

Ostia Antica

Der Hafen des antiken Rom lag direkt an der Tibermündung (*ostium* bedeutet »Mündung«), doch mit der Zeit zog sich das Meer zurück und der Flusslauf änderte sich. Ostia wurde im 4. Jahrhundert v. Chr. als einfache Festung gegründet, aber mit Rom wuchs auch Ostias Bedeutung als Importhafen. Der Niedergang begann im 4. Jahrhundert mit dem Rückgang des Handels und der Versandung des Hafens.

3 Museum
Zu den ansprechend präsentierten Exponaten zählen wertvolle Skulpturen, Sarkophage und Mosaike, die in den Ruinen entdeckt wurden. Ein Prunkstück ist die Marmorstatue von Mithras, wie er den Stier tötet *(links)*.

4 Forum
Das rechteckige Zentrum der antiken Bürokratie war ursprünglich von Säulen umgeben. In der Mitte befand sich ein Schrein für die Laren (Hausgötter).

1 Decumanus Maximus

Man erreicht das Gelände der archäologischen Stätte über die antike Via Ostiensis. Die weiße Marmorgöttin auf der linken Seite markiert den Beginn der Hauptstraße, des Decumanus Maximus.

5 Mithräum
In Hafenstädten blühte der bei römischen Legionären beliebte Kult um Mithras; der Tempel war einer von 18 dem Gott geweihten in Ostia. Die Schlangen auf den Fresken stehen für die Fruchtbarkeit der Erde. Auf den Podien ließ man sich zum Festgelage nieder.

6 Theater

Das Theater war einst doppelt so groß wie heute *(oben)*. Hinter der Bühne stand ein Tempel, der Dionysos oder auch der Erntegöttin Ceres geweiht war.

7 Platz der Korporationen
Den riesigen Platz umrahmen die Ruinen von einem Portikus und rund 70 kleinen Räumen, wo schwarz-weiße Mosaike auf Händler und Handwerker – Seiler, Kerzenmacher, Getreidehändler, Elfenbeinimporteure – hinweisen. Inschriften nennen Reeder und Korporationen.

2 Haus der Diana & Thermopolium
Vom obersten Stockwerk der *insula* (Wohnblock) bietet sich eine herrliche Aussicht. Das gegenüberliegende Thermopolium – eine Taverne – ziert ein hübsches Wandgemälde *(oben)*.

Ostia Antica « 43

⑨ Thermen des Neptun
Eine kleine Terrasse bietet Besuchern Blick auf das im 2. Jahrhundert erbaute Bad *(links)* und seine Mosaike von Meeresgöttern und Ungeheuern. Die Anlage hatte ein raffiniertes Heizsystem, das ebenfalls besichtigt werden kann.

⑩ Thermen der Sieben Weisen
In dem aufwendig gestalteten Badehaus gibt es ein Gemälde der Venus, Bodenmosaike von Jägern, Tieren und Athleten sowie Meeresbilder und lateinische Sprüche.

Haus von Amor und Psyche ⑧
Reiche Römer besaßen Villen wie diese stilvolle *domus* aus dem 3. Jahrhundert *(rechts)*. Erhalten sind dorische Säulen, der kunstvolle Marmorboden und das Nymphaeum (Brunnen).

Infobox
Karte G2 ▪ Viale dei Romagnoli 717 ▪ Metro: B, Tram: 3 & 30 oder Bus: 23, 75, 95 & 280 bis Piramide, dann Zug ab Bahnhof Porta San Paolo ▪ +39 06 5635 8099 ▪ www.ostiaantica.beniculturali.it

▪ Di – So 8.30 – 16.30 Uhr (März: bis 17.15 Uhr, Apr – Sep: bis 19 Uhr, Anfang – Ende Okt: bis 18.30 Uhr; letzter Einlass eine Stunde vor Schließung); 1. Jan & 25. Dez geschl.

▪ Eintritt 14 €, EU-Bürger unter 26 Jahren 4 €, unter 18 Jahren frei

▪ Die zerstörten Mauern gleichen sich – leihen Sie sich an der Kasse einen Audioguide, um die Unterschiede zu erkennen und mehr über die einzelnen Mauern zu erfahren.

▪ Das unter Kaiser Trajan erweiterte Hafenbecken kann besichtigt werden (Informationen unter +39 06 652 9445).

Kurzführer
Die Fahrt mit der Regionalbahn ist kurz, problemlos und nicht teurer als ein Busticket. Vom Bahnhof Ostia Antica führt eine Fußgängerbrücke über die Hauptstraße. Geradeaus geht es am Restaurant vorbei zur Kasse. Um das doch recht große Gelände angemessen zu erkunden, sollte man gut drei Stunden einplanen. Zu empfehlen sind festes Schuhwerk, Sonnenschutz und Getränke.

Themen

Historische Ereignisse	46
Antike Stätten	48
Frühe christliche Kirchen	50
Renaissance- & Barockkirchen	52

Treppe in den Vatikanischen Museen

Museen & Sammlungen	54	Spezialitäten	72
Meisterwerke	56	Restaurants	74
Schriftsteller in Rom	58	Osterias, Trattorias & Pizzerias	76
Palazzi & Landsitze	60	Cafés & Eisdielen	78
Plätze & Brunnen	62	Shoppingmeilen	80
Unterirdische Attraktionen	64	Kostenlose Attraktionen	82
Parks & Gärten	66	Festivals & Veranstaltungen	84
Unbekanntes Rom	68		
Kinder	70		

Historische Ereignisse

1. Romulus und Remus
Laut dem Geschichtsschreiber Livius geht die Gründung Roms auf das Jahr 753 v. Chr. zurück: Die Zwillinge Romulus und Remus, Söhne von Mars und einer Vestalin, wurden von ihrem Onkel ausgesetzt und von einer Wölfin gesäugt. Sie gründeten Dörfer auf dem Palatin. Nach dem Mord an seinem Bruder führte Romulus Rom zu Größe.

2. Raub der Sabinerinnen
Da es in Rom an Frauen fehlte, ließ Romulus 750 v. Chr. die der benachbarten Sabiner entführen. Mit dem Anwachsen Roms vereinigten sich die beiden Reiche. Rom wurde später vom etruskischen Geschlecht der Tarquinier erobert. Die 510 v. Chr. von Patriziern gegründete Republik währte etwa 450 Jahre.

La mort de Jules César, Joseph-Désiré Court

3. Ermordung Caesars
Militärische Siege und die Eroberung Galliens brachten Julius Caesar an die Macht. Er zog im Triumph nach Rom und kürte sich zum Diktator auf Lebenszeit. Am 15. März 44 v. Chr. wurde Caesar ermordet. Sein Adoptivsohn Octavianus herrschte ab 27 v. Chr. und ging als Kaiser Augustus in die Geschichte ein.

4. Großer Brand
64 n. Chr. zerstörte ein Feuer weite Teile Roms. Kaiser Nero ließ viele öffentliche Gebäude wieder aufbauen, eignete sich aber auch große Flächen selbst an, um seine Domus Aurea (siehe S. 26) zu erbauen. Nach seiner Entmachtung 68 n. Chr. beging Nero Selbstmord.

Julius Caesar

5. Schlacht an der Milvischen Brücke
Es heißt, Kaiser Konstantin I. hatte 312 n. Chr. die Vision von einem Sieg unter dem Zeichen des Kreuzes. In der Schlacht an der Milvischen Brücke schlug er seinen Rivalen Maxentius. Unter Konstantin wurde Rom christlich.

6. Niedergang des Kaiserreichs
Ende des 4. Jahrhunderts eroberten über Rhein und Donau einfallende Goten römische Provinzen. Der Niedergang begann. 476 wurde der letzte Kaiser abgesetzt.

Raub der Sabinerinnen, Giambologna

Historische Ereignisse « 47

7 Der päpstliche Hof in Avignon
Mit Übersiedlung des päpstlichen Hofs nach Frankreich im Jahr 1309 stagnierte die Entwicklung Roms. Unbedeutende Prinzen regieren die Stadt und schmückten ihre Paläste mit dem Marmor der Tempel. 1377 kehrte der Papst nach Rom zurück.

8 Plünderung Roms
1527 belagerte der habsburgische Kaiser Karl V. Rom sieben Monate lang, bis Papst Clemens VII. endlich kapitulierte. Der sogenannte *Sacco di Roma* war die erste Eroberung von Rom seit über einem Jahrtausend.

9 Einigung Italiens
Der piemontesische König Vittorio Emanuele II. und General Garibaldi eroberten die Königreiche und Fürstentümer der Halbinsel; 1861 wurde das Königreich Italien gegründet. 1870 konnte dann endlich auch Rom eingenommen werden – der Kirchenstaat unter Pius IX. hatte lange Widerstand geleistet – und Italien war komplett.

Mussolini mit dem Quadrumvirat

10 Mussolinis Faschismus
1922 marschierte »Il Duce« Benito Mussolini, Führer der faschistischen Partei, in Rom ein und wurde Ministerpräsident. In seiner Amtszeit wurden viele der antiken Stätten ausgegraben. Mussolini verbündete Italien mit dem nationalsozialistischen Deutschland. Nach seiner Entmachtung schloss sich das Land den Alliierten an. Die heutige Republik Italien wurde 1946 gegründet.

Einflussreiche Päpste

1 Heiliger Petrus
Jesus selbst berief den Apostel zum Oberhaupt der Kirche (42–67). Nach dessen Märtyrertod in Rom wurde die Stadt zum Zentrum des Christentums.

2 Heiliger Leo der Große
Der Bischof von Rom (440–61) ernannte sich zum Pontifex Maximus (oberster Priester) der christlichen Kirche.

3 Heiliger Gregor der Große
Papst Gregor (590–604) untermauerte die säkulare Macht des Papsttums und bekehrte England zum Christentum.

4 Innozenz III.
Der Papst (1198–1216) wählte Herrscher gezielt aus und erkannte die Mönchsorden an.

5 Bonifatius VIII.
Der besonders machthungrige Papst (1294–1303) proklamierte die Steuerfreiheit der Kirche.

6 Alexander VI.
Der Spross der Familie Borgia missbrauchte sein Pontifikat (1492–1503), um Konkurrenten auszuschalten.

7 Julius II.
Der kunstliebende Papst (1513–21) beauftragte Michelangelo mit der Ausgestaltung der Sixtinischen Kapelle. Raffael verzierte seine Gemächer *(siehe S. 12)*.

8 Paul III.
Paul III. (1534–49) bestätigte den Orden der Jesuiten und schuf die Inquisition.

9 Sixtus V.
Papst Sixtus V. (1585–90) bekämpfte die Korruption und sorgte für das barocke Gewand der Stadt Rom.

10 Johannes Paul II.
Der erste nicht italienische Papst (1978–2005) nach mehr als 400 Jahren wurde als »Reisepapst« berühmt.

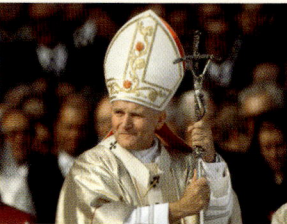

Papst Johannes Paul II.

TOP 10 Antike Stätten

Roms imposantes Kolosseum aus dem 1. Jahrhundert n. Chr.

1 Kolosseum
Die harte Arbeit beim Bau des größten aller Amphitheater mussten jüdische Sklaven erledigen, die nach der Niederschlagung des Aufstands in Judäa nach Rom gebracht worden waren. Die Anlage ist Vorbild für Stadien in aller Welt *(siehe S. 26f)*.

2 Trajansmärkte & Trajanssäule
Die Trajansmärkte, wo in rund 150 Läden Waren wie frischer Fisch, Gewürze, Früchte, Wein, Öl und Webstoffe verkauft wurden, kann als erste »Shoppingmall« der Welt gelten. Von hier aus gelangt man zum Trajansforum mit der imposanten Trajanssäule, deren Basreliefs die Dakerkriege illustrieren – detailliert wie Trajans persönliche Kriegstagebücher *(siehe S. 26)*.

3 Forum Romanum
Bei der unscheinbaren Ruine im Zentrum des Forums handelt es sich um Fundamente des Tempels, den Augustus im 1. Jahrhundert v. Chr. für Julius Caesar erbauen ließ. An der Stelle, wo Caesars Leichnam vermutlich verbrannt wurde, liegen immer Blumen *(siehe S. 20f)*.

4 Pantheon
Einst führte eine steile Treppe zu dem Tempel hinauf, doch das Straßenniveau hat sich seit dem 2. Jahrhundert verändert. Nachdem die ursprüngliche Anlage (1. Jh. v. Chr.) abgebrannt war, ließ Hadrian das Bauwerk errichten, das heute noch steht *(siehe S. 18f)*.

5 Palatin
In den meisten europäischen Sprachen leitet sich das Wort für Palast vom Namen dieses Hügels ab. Der Palatin hatte im alten Rom große Bedeutung; die Geburtsstätte der Stadt war später luxuriöser Wohnsitz der Herrscher. Heute ist der Palatin ein malerisches Ausflugsziel *(siehe S. 22)*.

6 Cestius-Pyramide
Im späten 1. Jahrhundert galt alles Ägyptische als äußerst chic – Kleoptra war Roms Stilikone. Gaius Cestius, ein Prätor und Volkstribun, setzte sich mit dieser Grabpyramide ein Denkmal – sein einziges *(siehe S. 126)*.

Trajanssäule

Antike Stätten « 49

⑦ Mark-Aurel-Säule
Das imposante Monument aus dem 2. Jahrhundert erinnert an die Siege des Kaisers an der Donaufront. Die 30 Meter hohe Säule besteht aus 28 Marmortrommeln. Die 20 Reliefspiralen liefern eine realistische Chronik der Germanenkriege und des Sarmatenkriegs. Ein Bildnis des Kaisers mit Frau auf der Spitze wurde 1589 durch eine Skulptur des heiligen Paulus ersetzt *(siehe S. 98)*.

⑧ Caracalla-Thermen
Die Lieblingsbäder des antiken Rom umfassten neben Dampf- und Kaltbad auch Kunstgalerien, Bibliotheken und Bordelle – und der Eintritt war frei! An den Relikten lassen sich die einzelnen Bereiche noch ablesen *(siehe S. 125)*.

Caracalla-Thermen

⑨ Crypta Balbi
In den 1980er Jahren entdeckte man hier ein 13 v. Chr. auf dem Marsfeld erbautes Theater. Hochwasser, Feuer und Erdbeben setzten dem Komplex zu, über die Jahrhunderte fand er u. a. Bestimmung als Kalkbrennerei, Glashütte und Wohnstatt für Arbeiter. Das Museo Nazionale Roma informiert über die Geschichte des Baus und führt durch die Ausgrabungsstätte *(siehe S. 64f)*.

⑩ Domus Romane
Die Patrizierhäuser aus der Kaiserzeit, die man 2007 – samt Bädern – unter dem Palazzo Valentini entdeckt hat, werden mit cleveren technischen Tricks zum Leben erweckt. Die Wände aus buntem Marmor und die Mosaikböden sind virtuelle Nachbildungen *(siehe S. 64)*.

Römische Kaiser

Kaiser Konstantin I.

1 Augustus
Der erste und wohl brillanteste römische Kaiser (31 v. Chr. – 14 n. Chr.) bescherte nach 17 Jahren Bürgerkrieg Frieden.

2 Nero
Der für seine Exzesse berüchtigte Nero (54 – 68) hielt sich für einen großen Sänger und Schauspieler.

3 Vespasian
Kaiser Vespasian (69 – 79) beendete den Bürgerkrieg und schlug den jüdischen Aufstand nieder.

4 Trajan
Unter dem gerechten Regenten und erfolgreichen Feldherrn (98 – 117) erlangte das römische Imperium seine größte Ausdehnung.

5 Hadrian
Der große Baumeister (117–138) ließ die griechischen Ideale wieder aufleben – inklusive der Bartmode.

6 Mark Aurel
Kaiser Mark Aurel (161–180) kam Platos Ideal vom philosophischen Herrscher am nächsten.

7 Septimius Severus
Der Kaiser (193 – 211) stabilisierte das Reich nach dem Bürgerkrieg, förderte die Kultur und hinterließ ein bedeutendes architektonisches Erbe.

8 Diokletian
Diokletian (284 – 305) begründete die Tetrarchie und verfolgte die Christen.

9 Konstantin I.
Konstantin der Große (306 – 337) führte das Christentum ein und machte Konstantinopel zur Hauptstadt des Reichs.

10 Romulus Augustulus
Die Absetzung des letzten Kaisers (475 – 76) durch den Germanenführer Odoaker bedeutete den Zerfall des Kaiserreichs.

TOP 10 Frühe christliche Kirchen

1 Petersdom
Um die ganze Pracht der in allen Farben funkelnden Ausschmückung erkennen zu können, sollte man den Innenraum dann besichtigen, wenn alle Lichter eingeschaltet sind *(siehe S. 16f)*.

2 Santa Prassede
Papst Paschalis I. ließ das Gotteshaus im 9. Jahrhundert erbauen. Der Bezug auf frühchristliches Gedankengut in Sachen Bau und Ausstattung entsprach dem Zeitgeist. Schon im 1. und 2. Jahrhundert sollen an diesem Ort Christen heimlich Gottesdienste abgehalten haben. Der Chor und die Kapelle des heiligen Zeno wurden von byzantinischen Künstlern mit Mosaiken geschmückt *(siehe S. 132)*.

Santa Prassede

3 Santa Maria in Domnica
Karte E5 ▪ Via della Navicella 10 ▪ +39 06 7720 2685 ▪ Besucher: tägl. ab 18 Uhr; Messe: 9.30 Uhr, 11.30 Uhr & 19 Uhr ▪ www.santamariaindomnica.it

Das steinerne Boot am Brunnen vor der Kirche – vermutlich eine Opfergabe römischer Seeleute für die Göttin Isis – brachte ihr den Beinamen *della Navicella* ein. Eine erste Kirche an dieser Stelle, wo wohl eine römische Feuerwehrkaserne stand, diente für heimliche christliche Gottesdienste. Bemerkenswert sind die lebensnahen Mosaike (9. Jh.) in der Apsis, etwa als Ausdruck der Engel in wehenden Gewändern oder das Schaf, das an den Umhängen der wandelnden Apostel knabbert.

4 Pantheon
Laut Legende durfte der antike Tempel zur Kirche werden, weil im 7. Jahrhundert Christen dort von Dämonen angegriffen worden waren. Der Bau dient noch heute als der Jungfrau und allen Märtyrern geweihte Kirche *(siehe S. 18f)*.

5 Santa Cecilia in Trastevere
Diese Kirche steht auf einem römischen *caldarium* (Dampfbad), in dem der Legende nach die heilige Cäcilia ersticken sollte, weil sie ihrem Mann und dessen Bruder ein christliches Begräbnis ermöglichen wollte. Da sie in der Gefangenschaft unaufhörlich gesungen haben soll, ist Cäcilia

die Heilige der Kirchenmusik. Beim Öffnen ihres Grabs 1599 wurde ihr vollkommen erhaltener Körper entdeckt, der an der Luft schnell zu Staub zerfiel. Vorher hatte Stefano Maderno Skizzen für seine eindringliche Skulptur gemacht, die unterm Altar zu bewundern ist *(siehe S. 144)*.

⑥ Santa Maria in Trastevere

Die vermutlich älteste Kirche Roms ist eine der bezauberndsten. Sie wurde unter Papst Calixtus (217–222) errichtet und war eines der ersten Zentren der Marienverehrung. Santa Maria in Trastevere ist die einzige erhaltene mittelalterliche Kirche Roms, die nicht durch Erneuerungen in der Zeit des Barock verändert wurde *(siehe S. 143)*.

⑦ Santa Maria Maggiore

Eine der schönsten Basiliken Roms wurde im 5. Jahrhundert erbaut. Die ältesten Mosaike stammen noch aus dieser Zeit. Der wunderbare Marmor für die Cappella Sistina wurde – in typisch päpstlicher Manier – einem anderen Gebäude entwendet. Opfer war diesmal das Septizonium, ein monumentales antikes Bauwerk, das Septimius Severus im Jahr 203 errichten ließ *(siehe S. 131)*.

Santa Maria Maggiore

Santa Maria sopra Minerva

⑧ Santa Maria sopra Minerva

Die 1280 über einem Tempel der Minerva, der Göttin der Weisheit, erbaute Kirche war im 16. Jahrhundert Hochburg der Inquisition. Im zugehörigen Kloster fand der Prozess gegen den für Irrlehren angeklagten Galileo Galilei statt *(siehe S. 97)*.

⑨ San Clemente

Das Gotteshaus bietet Besuchern eine Zeitreise durch die Geschichte. Ebenerdig betritt man die Kirche aus dem 12. Jahrhundert, die mit mittelalterlichen Mosaiken, von Kosmaten gefertigten Böden und Chorschranken und Renaissancefresken von Masaccio und Masolino beeindruckt. Darunter befindet sich eine Kirche aus dem 4. Jahrhundert mit verblassten Fresken und darunter dann die Fundamente eines antiken Mithras-Tempels *(siehe S. 131)*.

⑩ Santa Maria in Cosmedin

Diese stimmungsvolle Kirche besitzt einige der schönsten Kosmatenarbeiten – die Handwerkergruppe (12.–14. Jh.) schmückte Kirchenböden und Chorschranken mit bunten Inkrustationen aus Marmor – und eine reizvolle Osterkerze. Eine Glasvitrine birgt den Schädel des heiligen Valentin *(siehe S. 108)*.

TOP 10 Renaissance- & Barockkirchen

Santa Maria del Popolo

1 Santa Maria del Popolo
Der Sage nach ist Nero an der Stelle, an der einst eine große Eiche stand, gestorben und begraben. Der Ort galt lange als verflucht. 1099 soll Papst Paschalis II. die heilige Jungfrau erschienen sein, die ihn anwies, den Baum zu fällen, Neros Gebeine auszugraben und dort eine Kapelle zu errichten *(siehe S. 38f)*.

2 Sant'Agostino
Zu den Kunstwerken der Kirche (Ende 15. Jh.) zählt Sansovinos von der Göttin Juno inspirierte *Madonna del Parto*, vor der Gläubige mit Kinderwunsch Gaben ablegen, und Caravaggios *Madonna di Loreto*, deren Realismus – verdreckte Pilger und dunkle Ränder an den Fußnägeln der Jungfrau – schockierte *(siehe S. 90)*.

3 Santa Maria della Pace
Die Kirche war im Rom der Renaissance bei der feinen Gesellschaft angesagt. Als Stifter bekannt sind Cesare Borgias Kurtisane Fiammetta de' Michelis und der Bankier Agostino Chigi, der eine Kapelle in Auftrag gab und sie von Raffael ausschmücken ließ. Von Bramantes Kreuzgang aus sind die Fresken am besten zu sehen *(siehe S. 90)*.

4 San Luigi dei Francesi
Die 1518–89 erbaute Kirche ist für ihre Caravaggio-Gemälde berühmt. Das mittlere, *Matthäus und der Engel*, musste der Künstler zweimal malen – bei der ersten Version störte die rustikale Gestalt des Heiligen und wohl auch das zu bekannte Gesicht des Engels *(siehe S. 89)*.

5 San Pietro in Montorio
Karte C5 ▪ Piazza San Pietro in Montorio ▪ +39 06 581 3940 ▪ tägl. 8.30–12 Uhr & 15–16 Uhr
Die Kirche auf dem Gianicolo hat ihren Namen von der goldbraunen Färbung des Bodens (monte d'oro). Berühmt ist vor allem ihre Kapelle, der Tempietto di Bramante *(siehe S. 146)*, ein Musterbeispiel der Hochrenaissance. Donato Bramante er-

Tempietto di Bramante

Renaissance- & Barockkirchen « 53

Fresken in Sant'Ignazio di Loyola

baute den Rundtempel nach antikem Vorbild rund um das Jahr 1500 an der Stelle, an der Petrus gekreuzigt worden sein soll.

❻ Sant'Ignazio di Loyola

Der Bau des Gotteshauses begann 1626, als die römisch-katholische Kirche sich mühsam von dem Schlag erholte, den ihr der Protestantismus versetzt hatte. Die Jesuiten wollten keinerlei Reichtum zur Schau stellen, was die schlichte Fassade erklärt. Als es gegen Ende des Jahrhunderts ans innere Dekor ging, waren die Bauherren viel selbstbewusster und gaben prachtvolle Fresken von den Triumphen des heiligen Ignatius von Loyola in Auftrag (siehe S. 98).

❼ Sant'Andrea al Quirinale

Bernini gab bei der Gestaltung der Kirche alles: Er wählte als Grundriss ein breites Oval, das den Blick des Betrachters im Halbkreis zur dem Portal gegenüberliegenden Altarnische führt. Dort halten zwei Engel ein Gemälde des heiligen Andreas am Kreuz. Der scheint aufzublicken zur Stuckversion seiner selbst, die über dem Altar himmelwärts schwebt (siehe S. 139).

❽ Sant'Ivo alla Sapienza

Baumeister Francesco Borromini liebte geometrische Formen, wie der Grundriss dieser Kirche belegt. Der Bau dauerte 20 Jahre und drei Päpste lang – ihre Familienwappen finden sich im Dekor: Bienen für Barberini-Papst Urban VIII., Tauben für Pamphilj-Papst Innozenz X. und drei Hügelreihen mit Stern für Chigi-Papst Alexander VI. (siehe S. 89).

❾ San Carlo alle Quattro Fontane

Berninis Erzrivale Borromini schuf die kleine ovale Kirche mit achteckigem Kreuzgang. Die Kassettierung der Kuppelschale ist ein Spiel geometrischer Formen, das Höhe vortäuscht (siehe S. 139).

❿ Santa Maria della Vittoria

Die mit Gold und Stuck besonders üppig verzierte Barockkirche beheimatet Berninis berühmte Skulptur *Verzückung der heiligen Theresa*, deren völlige Entrücktheit gern als der »bedeutendste Orgasmus der Kunstwelt« interpretiert wird (siehe S. 137).

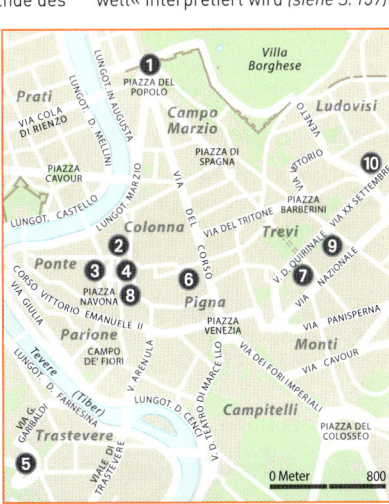

TOP 10 Museen & Sammlungen

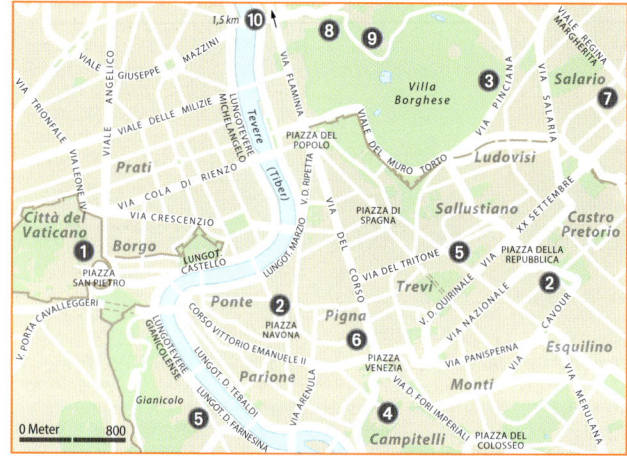

Venus in den Vatikanischen Museen

1 Vatikanische Museen

Die päpstlichen Paläste (13. Jh.) bergen antike griechisch-römische Kunstwerke, das Gregorianisch-Etruskische Museum, die Stanzen des Raffael, moderne religiöse Kunst, eine Gemäldesammlung und nicht zuletzt die berühmte Sixtinische Kapelle (siehe S. 12–15).

2 Museo Nazionale Romano

Das 1889 gegründete Museum präsentiert archäologische Funde, die man seit 1870 bei Ausgrabungen entdeckt hat, und einige ältere Privatsammlungen. Die Exponate verteilen sich auf mehrere Standorte (siehe S. 34–37).

3 Galleria Borghese

Das um 1605 erbaute Lustschloss – Zeugnis von Macht und Einfluss eines Lieblingsneffen des Papstes – beherbergt eine unschätzbare Kunstsammlung. Mit den wunderschön restaurierten Gärten zählt es zu den prachtvollsten Sehenswürdigkeiten Roms (siehe S. 24f).

4 Musei Capitolini

Die päpstlichen Sammlungen an der von Michelangelo gestalteten Piazza sind kleiner als die der Vatikanischen Museen, aber von ebenso unschätzbarem Wert (siehe S. 28–31).

5 Galleria Nazionale d'Arte Antica

Die staatliche Sammlung ist auf zwei Adelsresidenzen – Palazzo Barberini (siehe S. 137) und Palazzo Corsini (siehe S. 146) – aufgeteilt. Die erste birgt den Gran Salone mit Pietro da Cortonas illusionistischem Deckenfresko sowie Werke von Filippo Lippi, Holbein, El Greco und Caravaggio, in der zweiten sind u. a. ein Triptychon von Fra' Angelico sowie Gemälde von Rubens, van Dyck und Caravaggio zu bestaunen.

6 Galleria Doria Pamphilj

Der prächtige Palast der Familie Doria Pamphilj ist voller Meisterwerke von Raffael, Tizian und Velázquez, dessen Bildnis von Papst Innozenz X., einem Pamphilj, für psychologische Tiefe berühmt ist.

Museen & Sammlungen « 55

Blick in die Galleria Doria Pamphilj

Nachfahre Prinz Jonathan Doria Pamphilj persönlich gibt Nutzern des englischen Audioführers seltene Einblicke in die Geschichte der Sammlung *(siehe S. 97)*.

⑦ MACRO
Karte F1 ■ Via Nizza 138 ■ +39 06 696 271 ■ Di–Fr 12–19 Uhr, Sa & So 10–19 Uhr ■ www.museomacro.it

Das Museo d'Arte Contemporanea Roma hat eine Filiale in Testaccio *(siehe S. 127)*, doch Hauptsitz ist diese einfallsreich umgestaltete ehemalige Brauerei, die mit tollen Lichtsystemen und einem luftigen Innenhof mit Glasboden beeindruckt. Dank ständig wechselnder Ausstellungen und immer neuer Installationen wirkt das Museum eher wie eine moderne Kunstgalerie.

⑧ Villa Giulia
Der Landsitz, den Vignola im 16. Jahrhundert für Papst Julius III. gestaltet hat, beheimatet seit 1889 die Sammlung des Museo Nazionale Etrusco. Ein ganz besonders bemerkenswertes Stück etruskischer Handwerkskunst ist der Ehepaar-Sarkophag aus dem 6. Jahrhundert v. Chr. mit dem Abbild eines gelassen lächelnden Paars *(siehe S. 40f)*.

⑨ Galleria Nazionale d'Arte Moderna
In dem Belle-Époque-Gebäude sind sehenswerte Skulpturen von Canova sowie eine Sammlung italienischer und europäischer Gemälde aus dem 19. Jahrhundert ausgestellt, aber auch eine Auswahl moderner Kunst. Unter den Exponaten finden sich Werke von Rodin, Cézanne, van Gogh, Modigliani, Monet, Klimt und Pollock *(siehe S. 118)*.

⑩ MAXXI
Der futuristische Betonkomplex lädt zu häufig wechselnden, themenbezogenen Ausstellungen mit Kunst, Fotografie und Architektur des 21. Jahrhunderts. Ein kleines Kino präsentiert kostenlos Kurzfilme und Videos. Allein das Gebäude ist den Besuch wert: Der Schwerkraft trotzende Auskragungen, scheinbar schwebende Treppen und Kohlefaserlampen erinnern doch stark an Science-Fiction-Filme *(siehe S. 156f)*.

Futuristische Architektur des MAXXI

TOP 10 Meisterwerke

1 Kreuzabnahme
Im Kontrast zu Michelangelos Pietà stellte Caravaggio seine Jungfrau alt und müde dar. Im Gegensatz zum zarten Jesus Michelangelos wirkt Caravaggios Figur aufgrund der diagonalen Komposition doch kräftig genug, dass Nikodemus mit der Last sichtlich zu kämpfen hat *(siehe S. 13)*.

2 Verklärung Christi
Bei Raffaels Tod fand man in seinem Atelier sein letztes, fast vollendetes Werk – die Krönung seiner Kunst der Synthese: Es vereint die Klarheit eines Perugino mit der Farbgebung eines Michelangelo und der Bildkomposition eines Leonardo da Vinci *(siehe S. 12)*.

3 Römische Pietà
Michelangelo verwarf den Realismus der Renaissance zugunsten des künstlerischen Effekts: Eine sehr junge Maria hält den toten, schmerzlich dünnen Sohn auf ihrem breiten Schoß. Als Michelangelo erfuhr, dass das Werk bekannteren Künstlern zugeschrieben wurde, schlich er in die Kapelle des Petersdoms und ritzte seinen Namen in das Band über der Brust der Jungfrau *(siehe S. 16)*.

Michelangelos *Römische Pietà*

4 Die Schule von Athen
Raffael verlieh den Denkern der griechischen Antike die Züge von Künstlern seiner Zeit. Michelangelo fehlte zunächst, doch als Raffael die Decke der Sixtinischen Kapelle gesehen hatte, fügte er das zerrissene Genie als schmollenden Heraklit auf der Treppe hinzu *(siehe S. 12)*.

5 Decke der Sixtinischen Kapelle
Michelangelo, der sich in erster Linie als Bildhauer verstand, erzielte bei dem Fresko auf der nahezu ebe-

Raffaels *Verklärung Christi*

Meisterwerke « 57

Deckenfresko in der Sixtinischen Kapelle

nen Decke mit den Mitteln der Malerei den Eindruck einer Wölbung, auf der sich Propheten aus dem Alten Testament und nackte junge Männer *(ignudi) (siehe S. 14f)*.

❻ *Apollo und Daphne*
Berninis Marmorskulptur fängt fließende Bewegung in besonders anmutiger Weise ein. Der Künstler ließ Haar und Gewand, das im Wind weht, in dem Moment erstarren, in dem die vor Apollo fliehende Nymphe vom wohlwollenden Flussgott Penaios in einen Lorbeerbaum verwandelt wird *(siehe S. 24)*.

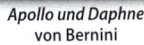

Apollo und Daphne von Bernini

❼ *Berufung des heiligen Matthäus*
Caravaggios Gemälde in San Luigi dei Francesi *(siehe S. 89)* zeigt besonders starke *Chiaroscuro*-Effekte. Ein überaus lebensnah gestalteter Lichtstrahl fällt von Christus auf Matthäus, seinen auserwählten Chronisten, der in einer Runde von Männern sitzt. Das ist der Moment, in dem Matthäus vom Zöllner zum Evangelisten wird.

❽ *Heiliger Hieronymus*
Komposition und anatomische Präzision des unvollendeten Werks von Leonardo da Vinci faszinieren. Die Umrisse des Heiligen beschreiben eine Spirale, die in den Bergen beginnt, über den Höhleneingang und den Löwen zu Hieronymus' ausgestrecktem rechten Arm verläuft und über dessen linken Arm und die Hand in die Bildmitte reicht *(siehe S. 13)*.

❾ *Moses*
Die Skulptur in der Wand von San Pietro in Vincoli *(siehe S. 131)* ist ein Abglanz des kunstvollen Grabmals von Julius II., für das Michelangelo die Figur (vielleicht ein Selbstbildnis) ursprünglich schuf, das aber nie fertiggestellt wurde. Die »Hörner« sollten möglicherweise einen Lichteffekt erzeugen.

❿ *Verzückung der heiligen Theresa*
Berninis heilige Theresa wird vom Pfeil eines lachenden Engels durchbohrt. Die Familie Cornaro gab das Werk in Santa Maria della Vittoria *(siehe S. 137)* in Auftrag – einige Vertreter davon sitzen links und rechts in den Theaterlogen.

Schriftsteller in Rom

Johann Wolfgang von Goethe

1 Johann Wolfgang von Goethe

Goethe (1749–1832), vielleicht der erste »Kulturlauber« in Rom, lebte 1786–88 in der Via del Corso. Die Casa di Goethe ist heute Museum *(siehe S. 118)*. Die *Italienische Reise* diente späteren Besuchern als Leitfaden für solche Bildungsreisen.

2 John Keats

Der Vertreter der englischen Romantik (1795–1821) kam 1820 nach Rom, um die antiken Stätten und den italienischen Lebensstil zu studieren – und um zu gesunden. Sein Wunsch ging nicht in Erfüllung: Keats starb mit 25 Jahren in seiner Wohnung an der Spanischen Treppe *(siehe S. 115)*.

3 Henry James

Der New Yorker Schriftsteller (1843–1916) verbrachte die Hälfte seines Lebens in Europa. Rom ist Schauplatz in den Romanen *Daisy Miller* und *Bildnis einer Dame* sowie im Reisetagebuch *Italian Hours*. In einem Brief schrieb er 1869: »Endlich – zum ersten Mal – lebe ich! Es übertrifft alles: Das Rom der Fantasie – der Bildung – kommt nicht an die Wirklichkeit heran.«

4 Nathaniel Hawthorne

Bei seinem Italienaufenthalt von 1857 bis 1859 war der amerikanische Schriftsteller (1804–1864) von einer antiken Skulptur in den Musei Capitolini so beeindruckt, dass er seinen letzten Roman *Der Marmorfaun* in Rom ansiedelte.

5 Alberto Moravia

Der brillante moderne italienische Autor (1907–1990) schrieb über Rom u. a. in den Werken *Römische Erzählungen*, *Die Gleichgültigen* und *La Noia*.

6 Mark Twain

Dieser amerikanische Schriftsteller (1835–1910) hielt sich bei seiner *Grand Tour* durch Europa 1867 nur recht kurz in der Ewigen Stadt auf. Seine

Mark Twain

Schriftsteller in Rom

Impressionen hielt er in satirischer Weise im Reisebuch *Die Arglosen im Ausland* fest.

7 Edward Gibbon
Als der englische Parlamentarier (1737–1794) im Jahr 1764 erstmals das Forum Romanum betrat, war er fasziniert von der Lebendigkeit der Geschichte. Er beschloss, die Geschichte Roms niederzuschreiben, und vollendete 1788 sein wegweisendes Werk *Verfall und Untergang des Römischen Reiches*.

8 Gore Vidal
Der sehr produktive amerikanische Schriftsteller (1925–2012) lebte jahrzehntelang in Italien – in Rom und im südlich von Neapel gelegenen Ravello. Die Erlebnisse in Rom inspirierten Werke wie *The Judgment of Paris* und *Julian* wie auch seine Memoiren *Palimpsest*.

Der romantische Dichter Lord Byron

9 Lord Byron
Der Exzentriker (1788–1824) und wohl bedeutendste Vertreter der englischen Romantik verbrachte Jahre in Italien, u. a. in Gesellschaft der Shelleys. *Ritter Harolds Pilgerfahrt* und *Don Juan* basieren auf seinen Erfahrungen in Rom.

10 Mary Shelley
Die englische Schriftstellerin (1797–1851) lebte zeitweise mit ihrem Mann Percy Bysshe Shelley (1792–1822) in Rom. Hier vollendete sie ihr schauriges Meisterwerk *Frankenstein*, während Percy *Die Cenci* über den Skandal der römischen Patrizierin Beatrice Cenci verfasste.

Klassische römische Schreiber

1 Plautus
Plautus' (250–184 v. Chr.) *Komödien der Irrtümer* beeinflussten Shakespeare.

2 Caesar
Der Feldherr, Diktator und Autor (100–44 v. Chr.) beschreibt in *De Bello Gallico* den Gallischen Krieg, in *De Bello Civili* den Kampf gegen Pompeji.

3 Cicero
Die Reden des Republikaners (106–43 v. Chr.) geben Einblick ins politische Leben in Rom.

4 Virgil
Virgils (70–19 v. Chr.) Epos *Äneis* verbindet die Gründung Roms mit dem Trojanischen Krieg.

5 Ovid
Der größte Dichter der römischen Klassik (43 v. Chr.–17 n. Chr.) verfasste mit den *Metamorphosen* eine Sammlung römischer Mythen. Dass er in *Ars Amatoria* die Kunst der Verführung beschrieb, brachte ihn ins Exil.

6 Tacitus
Tacitus (55–117) schildert in *Annalen und Historien* die Geschichte des Kaiserreichs.

7 Juvenal
Die Römer erfanden die Satire; Juvenal (60–130) perfektionierte das Genre.

8 Plinius der Jüngere
Die Briefe *(Epistulae)* des Plinius (61–113) geben Einblick in die kaiserliche Gesellschaft.

9 Suetonius
Der Schriftsteller (70–125) verfasste die *Kaiserviten*.

10 Petronius
Mit *Satyricon* schuf Petronius (70–130) eine Satire über das Leben in Rom.

Virgil

TOP 10 Palazzi & Landsitze

Fresko in der Villa Farnesina

1 Villa Farnesina
Das elegante Haus wurde von den größten Künstlern der Renaissance ausgestaltet. Um die Fresken zu schützen, sind die Loggien heute verglast – früher herrschte das auf die antike Architektur zurückgehende Ideal ineinandergreifender Innen- und Außenräume *(siehe S. 143)*.

2 Palazzi der Piazza del Campidoglio
Als Kaiser Karl V. im Jahr 1536 Rom besuchte, war Papst Paul III. so beschämt über den Zustand des Kapitols *(siehe S. 107)*, dass er Michelangelos Hilfe erbat. Die Arbeiten begannen 1546. Michelangelo starb lange vor der Fertigstellung, doch die Piazza mit dem Aufgang zum Palazzo Senatorio, den Fassaden und den antiken Skulpturen entspricht seinem Entwurf. Heute finden sich hier die Museo Capitolini *(siehe S. 28–31)*.

3 Palazzo Barberini
Nachdem Maffeo Barberini Papst Urban VIII. geworden war, ließ er im Jahr 1623 am Stadtrand einen Palast errichten. Der von Carlo Maderno entworfene Bau mit drei Arkadenreihen gleicht einem großen Landhaus. Bernini schuf das Treppenhaus auf der linken, Borromini den spiralförmigen Treppenaufgang auf der rechten Seite *(siehe S. 137)*.

4 Villa Torlonia
Via Nomentana 70 ■ +39 06 0608 ■ Di–So 9–19 Uhr ■ www.museivillatorlonia.it
Den noblen Landsitz ließ sich Prinz Giovanni Torlonia, ein reicher Bankier, im 19. Jahrhundert erbauen. Berühmt wurde das Anwesen in den 1920er Jahren durch seinen Mieter Mussolini. »Il Duce« lebte hier bis zu seinem Sturz 1943. Der Park birgt neben einigen kleinen Museen auch Technotown *(siehe S. 70)*.

5 Palazzo Farnese
Der Renaissancepalast zeigt beispielhaft die Genialität von Antonio da Sangallo dem Jüngeren und Michelangelo. Der Sitz einer der berüchtigtsten Familien Roms wurde 1517 von Alessandro Farnese, dem späteren Papst Paul III., in Auftrag gegeben *(siehe S. 110)*.

6 Galleria Doria Pamphilj
Der riesige Palast, der einen ganzen Block der Via del Corso einnimmt, gehört noch der Familie Do-

Galleria Doria Pamphilj

Palazzi & Landsitze « 61

ria Pamphilj. Die labyrinthische Gestaltung kam den Bewohnern 1940 zugute, als sie den hier einstürmenden Nazis entkommen konnten. Der Palazzo samt Kunstsammlung *(siehe S. 54f)* – u. a. Velázquez' *Porträt von Innozenz X.* und Caravaggios *Ruhe auf der Flucht nach Ägypten* – steht Besuchern offen *(siehe S. 97)*.

7 Palazzo Spada
Der 1550 für einen wohlhabenden Kardinal erbaute Palast beherbergt eine Kunstgalerie. Auf der reich verzierten Renaissancefassade illustrieren Reliefs die glorreiche Vergangenheit der Stadt. Das Prunkstück ist der mit Stuckfiguren der zwölf olympischen Götter geschmückte Innenhof *(siehe S. 110)*.

8 Palazzo della Cancelleria
Die Fassade und die Höfe des wunderschönen Palasts aus der Frührenaissance sind außergewöhnlich klar gegliedert *(siehe S. 110)*.

9 Villa Giulia
Julius III. ließ sich diesen luxuriösen Landsitz bauen; er diente gesellschaftlichen Anlässen und als Refugium, in dem der Papst seiner Vorliebe für Knaben frönte. Im Haus befand sich einst die päpstliche Statuensammlung. Die von Vignola, Vasari und Ammanati entworfene An-

Verzierte Arkaden, Villa Giulia

lage (16. Jh.) besitzt viele Loggien, Brunnen und Gärten *(siehe S. 40f)*.

10 Palazzo Venezia
Roms erster großer Renaissancepalast wurde 1455–64 für den venezianischen Kardinal Pietro Barbo, den späteren Papst Paul II., erbaut und Alberti oder Maiano, zwei florentinischen Baumeistern, zugeschrieben. Das Museumscafé bietet schönen Blick auf den Palmenhof mit Brunnen (18. Jh.). Vor der Tür herrscht moderner Großstadtverkehr, den ein Polizist mit weißen Handschuhen dirigiert *(siehe S. 110)*.

TOP 10 Plätze & Brunnen

1 Piazza Navona
Das lange Oval des schönsten Platzes in Rom entspricht der Form des von Domitian errichteten Stadions (siehe S. 92), über dem die Piazza angelegt wurde. Die Fußgängerzone mit Cafés und Brunnen lockt Straßenkünstler an. Bernini entwarf die zentrale Fontana dei Quattro Fiumi und versah den südlichsten Brunnen mit einer Mohrenfigur (siehe S. 89).

2 Campo de' Fiori
Das »Blumenfeld« ist vormittags während des Markts und am Abend, wenn die Lokale und Bars öffnen, in bunte Farben getaucht. Die Statue von einem mit Kapuze bekleideten Mann zeigt Giordano Bruno und markiert die Stelle, wo der Priester während der Gegenreformation auf dem Scheiterhaufen sterben musste (siehe S. 107).

3 Piazza del Popolo
Baumeister Giuseppe Valadier verwandelte 1811–23 den einstigen Schauplatz öffentlicher Hinrichtungen in eine elegante Piazza. Er ließ im Umkreis eines der ältesten Obelisken in Rom vier Brunnen im ägyptischen Stil errichten. Der Monolith (1200 v. Chr.) gelangte unter Kaiser Augustus nach Rom und zierte zunächst den Circus Maximus. Papst Sixtus V. ließ den Obelisken auf die Piazza bringen (siehe S. 116f).

4 Fontana di Trevi
Der Sage nach kehrt jeder Besucher, der eine Münze in den Brunnen wirft, nach Rom zurück. Der von Nicola Salvi 1732 entworfene Trevi-Brunnen schmiegt sich elegant an die Rückseite eines Palasts. Er bildete einst das Ende des Aquädukts,

Fontana di Trevi

Plätze & Brunnen « 63

den Agrippa 19 v. Chr. an einer von einer Jungfrau wundersam entdeckte Quelle ansetzte *(siehe S. 115)*.

Fontana della Barcaccia, Piazza di Spagna

5 Piazza di Spagna
Die schöne, von rost-, senf- und cremefarbenen *palazzi* umgebene Piazza di Spagna zieht Besucher aus aller Welt an. Seit dem 18. Jahrhundert, als Künstler, Komponisten und Schriftsteller von Goethe und Byron über Keats und Shelley bis zu Liszt und Wagner die Stadt bevölkerten, ist der Platz das »Besucherzentrum« von Rom. Früh am Tag, wenn noch nicht so viel los ist, sieht man mehr von der Piazza selbst *(siehe S. 115)*.

6 Fontana delle Tartarughe
Giacomo della Porta entwarf den anmutigen Brunnen zwischen 1581 und 1584. Die Schildkröten *(tartarughe)*, die den Rand erklimmen, wurden 1658 wohl von Bernini hinzugefügt *(siehe S. 109)*.

7 Piazza Barberini
Bernini fertigte die Fontana del Tritone (1642/43), bei der der Meeresgott aus einer Muschel Wasser speit, im Auftrag von Urban VIII. an. Eine Biene, dessen Familiensymbol, ziert den Fuß des Brunnens. Noch mehr Barberini-Bienen zeigt Berninis zweiter Brunnen am Anfang der Via Veneto *(siehe S. 138)*.

8 Piazza San Pietro
Ein von Bernini gestalteter Säulengang rahmt den Petersplatz ein. Dessen elliptische Form wird durch die optische Illusion der fliehenden Säulen betont. Zwischen den beiden Brunnen – der linke ist von Bernini, der rechte von Dominico Fontana – sind die Brennpunkte der Ellipse eingezeichnet, von denen sich der beste Blick auf die Kolonnaden bietet *(siehe S. 16)*.

9 Piazza Farnese
Auf einem der elegantesten Plätze Roms stehen zwei Brunnen, deren riesige Granitbecken aus den Caracalla-Thermen *(siehe S. 125)* stammen. Der Palazzo Farnese, der den Platz überblickt, wird abends beleuchtet: Man kann dann von draußen die schönen Deckenfresken von Annibale Carracci bestaunen *(siehe S. 110)*.

Brunnen auf der Piazza Farnese

10 Piazza Santa Maria in Trastevere
Den reizenden Platz säumen Cafés, Läden, ein vornehmes Restaurant und ein Palast aus dem 17. Jahrhundert. Die Mosaike der angrenzenden mittelalterlichen Kirche sind abends in romantisches Licht getaucht. Auf den Stufen des von Carlo Fontana 1682 erbauten Brunnens machen nicht nur Rucksackurlauber gern Pause *(siehe S. 143)*.

TOP 10 Unterirdische Attraktionen

San Clemente

1. San Clemente
An dieser faszinierenden Kirche kann man verschiedene Ebenen der Entwicklung Roms nachverfolgen. Das heutige Gotteshaus aus dem 12. Jahrhundert birgt herrliche Mosaike. Errichtet wurde es auf den Resten einer Basilika aus dem 4. Jahrhundert mit zum Teil erhaltenen Fresken. Deren Fundamente standen wiederum auf einem rund 2000 Jahre alten römischen Mithräum *(siehe S. 131).*

2. Katakomben an der Via Appia Antica
Die unterirdischen Grabstätten wurden außerhalb der Stadtmauer angelegt, damit die Geister der Toten die Lebenden nicht stören konnten. San Sebastiano hat einige gut erhaltene Stuckaturen, die Wände in San Callisto zeigen frühchristliche Kunst. Die Domitilla-Katakomben, die größten Roms, bergen als einzige noch Gebeine. Die Gänge zieren klassische und christliche Fresken, u. a. eins der ersten Bilder von Jesus als gutem Hirten. Viele der Kammern aus dem 1. und 2. Jahrhundert haben keinen christlichen Bezug – auch andere Religionen bestatteten ihre Toten auf diese Art *(siehe S. 156).*

3. Unterm Kolosseum
Im späten 19. Jahrhundert kam bei Ausgrabungen unter dem Kolosseum ein Netz aus Schächten und Gängen ans Licht. Hier hielt man die Tiere in Käfigen, bevor sie nach oben gezogen und in die Arena gelassen wurden. Bogenschützen sicherten den Bereich *(siehe S. 26f).*

4. Domus Romane di Palazzo Valentini
Karte P4 ■ Zutritt über Via Foro Traiano 85 ■ Mi–Mo 10–19 Uhr ■ Eintritt ■ www.palazzovalentini.it/domus-romane

Unter dem Palazzo fand man auch Geröllschichten, die auf eine Müllkippe aus der Renaissance schließen lassen – interessante Hinweise auf den damaligen Speiseplan. Eine Ausstellung widmet sich Trajansforum und Trajanssäule *(siehe S. 49).*

5. Krypta des Petersdoms
1950 entdeckte man unterm Petersdom die »Rote Mauer«, hinter der der heilige Petrus begraben worden sein soll *(siehe S. 17).*

Fresko in der Crypta Balbi

6. Crypta Balbi
Karte M4 ■ Via delle Botteghe Oscure 31 ■ Di–So 11–18 Uhr ■ Eintritt ■ www.coopculture.it

Ausgrabungen legten hier Relikte aller Epochen frei, darunter auch das Fragment einer Krypta von

Unterirdische Attraktionen « 65

13 v. Chr. – einen Portikus mit tiefen Säulenhallen, der an ein Theater grenzte *(siehe S. 49)*. Das Museo Nazionale Romano präsentiert Schautafeln und mehrere Fresken aus dem Mittelalter.

(7) Mamertinischer Kerker

Das Gefängnis wurde im 7./6. Jahrhundert v. Chr. angelegt. Berühmte Insassen waren der rebellische Keltenanführer Vercingetorix und Petrus, der laut Legende einen Gesichtsabdruck hinterließ, wo ihn die Wachen an die Wand gestoßen haben *(siehe S. 26)*.

(8) Antike Bauten unter Santi Giovanni e Paolo

Karte E5 ▪ Clivo di Scauro / Piazza Santi Giovanni e Paolo ▪ +39 06 7020 1975, Anmeldung unter +39 06 7045 4544 ▪ tägl. 10–14 Uhr (Do–Mo bis 18 Uhr) ▪ Eintritt

Die Häuser unter der Kirche *(siehe S. 133)* waren im Besitz zweier Beamten Konstantins, die im Jahr 362 als Märtyrer starben. Zu den Gebäuden gehört auch ein mit Fresken verziertes Nymphäum aus dem 1.–4. Jahrhundert.

(9) Krypta von Santa Maria della Concezione

Karte E2 ▪ Via Veneto 27 ▪ tägl. 7–13 Uhr & 15–18 Uhr ▪ Eintritt

Zu den Grundsätzen des Kapuzinerordens gehört die Konfrontation mit der Sterblichkeit. Wohl deshalb liegen in den Katakomben unter der Kirche die Schädel und Gebeine von Tausenden Mönchen. Auf einem Schild am Eingang der Krypta heißt es: »Was ihr seid, sind wir gewesen; was wir sind, werdet ihr sein.«

(10) Mithräum unter Santa Prisca

Karte D5 ▪ Via di Santa Prisca 13 ▪ +39 06 3996 7700 ▪ Führungen nach Anmeldung jeden 2. & 4. Sa 11 Uhr & 12 Uhr ▪ Eintritt

Das Mithräum aus dem 3. Jahrhundert diente dem bei römischen Soldaten und dem einfachen Volk beliebten Kult um Sonnengott Mithras.

Aussichtspunkte

Forum Romanum

1 Piazza del Campidoglio
Rechts vorbei am Palazzo Senatorio geht es zum Forum-Romanum-Postkartenpanorama – abends sogar mit Flutlicht *(siehe S. 60)*.

2 Il Vittoriano
Besteigen Sie das auch »Hochzeitstorte« genannte Monument oder nehmen Sie den Lift, um den Ausblick über die Kaiserforen zu genießen *(siehe S. 110)*.

3 Gianicolo
Auf dem Hügel liegt Besuchern die Ewige Stadt zu Füßen *(siehe S. 145)*.

4 Spanische Treppe
Die Treppe über der belebten Piazza di Spagna bietet guten Blick *(siehe S. 115)*.

5 Café der Musei Capitolini
Der Blick über die antiken Stätten im Herzen Roms ist herrlich *(siehe S. 28)*.

6 Kuppel des Petersdoms
Von Michelangelos Kuppel aus sind die Kolonnaden und das Castel Sant'Angelo hervorragend zu bewundern *(siehe S. 16)*.

7 Santa Maria del Priorato
Durch das Schlüsselloch des Portals an der Prioratskirche des Malteserordens bietet sich eine einmalige Ansicht von der Kuppel des Petersdoms *(siehe S. 126)*.

8 Castel Sant'Angelo
Von den Burgwällen schweift der Blick weit über Tiber und Ponte Sant'Angelo *(siehe S. 144)*.

9 Pincio
Städtebauer Valadier setzte den Blick von den Gärten auf dem Hügel über die Piazza del Popolo bis zum Petersdom perfekt in Szene *(siehe S. 66)*.

10 Villa Mellini
Karte B1
Von Roms Observatorium über der Piazzale Clodio sieht man die Stadt auch einmal aus Nordwesten.

🔟 Parks & Gärten

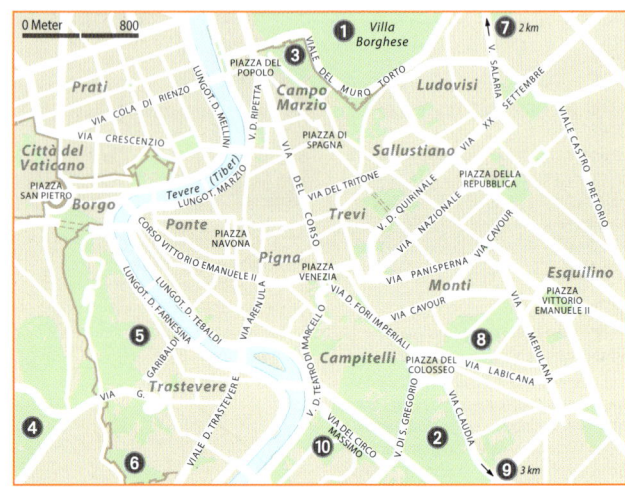

① Villa Borghese
Der elegante Park voll schattiger Lichtungen und schöner Brunnen lockt Spaziergänger, Jogger, Skater und Picknicker an. Man kann auch Fahrräder mieten oder auf dem See Boot fahren *(siehe S. 117)*.

Villa Celimontana

② Villa Celimontana
Karte E5 ▪ **Piazza della Navicella 12** ▪ **tägl. bis Sonnenuntergang**
Seit San Filippo Neri 1552 den Besuch der Sieben Kirchen einführte und die Familie Mattei den Pilgern ein einfaches Mahl bot, haben Picknicks hier Tradition. Im Sommer findet im Park ein Musikfestival statt.

③ Pincio
Karte D2 ▪ **Piazzale Napoleone I.** ▪ **rund um die Uhr**
Der Blick auf Rom bei Sonnenuntergang ist fantastisch, aber auch tagsüber ist in den terrassierten Gärten (19. Jh.) auf dem Hügel viel zu entdecken: eine Wasseruhr, die Büsten verschiedener Honoratioren und ein Obelisk, den Kaiser Hadrian über dem Grab seines Geliebten Antinous errichten ließ *(siehe S. 65)*.

④ Villa Doria Pamphilj
Roms größte Grünfläche erstreckt sich vom Gianicolo entlang der antiken Via Aurelia. Der Fitnessparcours ist bei Joggern beliebt. Die mit Villen, Brunnen, Seen und Orangerien bestückten Hügel eignen sich hervorragend für einen Spaziergang oder für ein Picknick unter Schirmkiefern *(siehe S. 146)*.

⑤ Orto Botanico
Der Park des Palazzo Corsini und der schöne Botanische Garten der Universität Rom laden ein, die Seele mal baumeln zu lassen. Die Luft ist erfüllt vom Duft der mehr als 7000 heimischen und exotischen

Parks & Gärten « 67

Pflanzenarten, die auf dem Gelände gedeihen und nach Zugehörigkeit zu verschiedenen Ökosystemen angeordnet sind (siehe S. 146).

⑥ Villa Sciarra
Karte C5 ■ Via Calandrelli ■ tägl. bis Sonnenuntergang

Die Wege des kleinen Parks säumen Brunnen, Gartenlauben, Loggien, Statuen und Teiche. In den schattigen Hainen kann man schöne Spaziergänge machen, die Liegewiesen werden gern für Picknicks genutzt. Der Park ist auch für Kinder reizvoll.

⑦ Villa Ada
Via Salaria 265 ■ tägl. bis Sonnenuntergang

Die große öffentliche Parkanlage war einst Jagdrevier von König Vittorio Emanuele III. Das Gelände umfasst hügelige Rasenflächen, ruhige Gewässer und einen kleinen Wald.

⑧ Parco del Colle Oppio
Karte E4 ■ Via Labicana ■ rund um die Uhr

Nach einer anstrengenden Tour durch Kolosseum und Kaiserforen bieten diese Grünflächen Erholung, aber auch weitere antike Stätten: Große Teile des Parks sind quasi die Dachterrasse von Neros Domus Aurea (siehe S. 133) – Luken kennzeichnen die einzelnen Räume. Auch die Ruinen der Trajansthermen befinden sich hier.

⑨ Parco della Caffarella
Via della Caffarella ■ rund um die Uhr ■ www.caffarella.it

Das große Areal mit Wiesen und Feldern vereint den Reiz eines Parks mit der natürlichen Landschaft von Agrarland. Auf dem Gelände finden sich Relikte verschiedener antiker römischer Bauten und auch eine kleine Kirche. Kinder können sich hier auf einem netten Spielplatz austoben.

Brunnen im Parco Savello, Aventin

⑩ Aventin
Karte D5 ■ Via del Circo Massimo ■ rund um die Uhr

Der südlichste der Sieben Hügel ist üppig grün und verkehrsberuhigt. Die kleinen Parks zwischen den schönen Häusern aus dem Fin de Siècle bieten Zuflucht vom Trubel der Stadt. Ganz oben stößt man im Parco Savello auf Orangenbäume. Der Rosengarten am Fuß des Aventin steht in Mai und Juni in Blüte.

Parco del Colle Oppio

TOP 10 Unbekanntes Rom

Fontana delle Rane, Piazza Mincio

① Quartiere Coppedè
Zwischen Via Salaria & Via Tagliamento

Das schmucke Wohnviertel schuf Jugendstilarchitekt Gino Coppedè. Inspiriert war er bei der fantasievollen Arbeit von assyrischer und antiker griechischer Baukunst und vom Märchenstil der Gotik. In der Fontana delle Rane auf der Piazza Mincio haben schon die Beatles geplanscht.

② Museo delle Anime del Purgatorio
Karte L1 ■ Lungotevere Prati 12 ■ +39 06 6880 6517 ■ tägl. 7.30–11 Uhr & 16.30–19.30 Uhr

Die neugotische Kirche Sacro Cuore del Suffragio beheimatet ein kurioses Museum. Der Priester Victor Jouët war nach einem Feuer 1897 überzeugt, in den Brandspuren ein trauriges Gesicht zu sehen – die Manifestation einer Seele im Fegefeuer. Er begann damit, ähnliche Phänomene von »Kontaktaufnahmen« aufzuspüren, Objekte und dramatische Geschichten zu sammeln und diese auszustellen. Am gruseligsten sind die auf Oberflächen eingebrannten Handabdrücke.

③ Villa Poniatowski
Via di Villa Giulia 34
■ +39 06 322 6571 ■ Fr 15–18 Uhr ■ Eintritt (Ticketverkauf in der Villa Giulia) ■ www.museoetru.it

Die mit Fresken verzierten Räume beherbergen Funde aus der Zeit der Etrusker, u. a. ein aus einem Baumstamm geschnitztes Grabmal, Goldschmuck und Gefäße für Schminke.

④ San Teodoro al Palatino
Karte P6 ■ Via di San Teodoro 7
■ So–Fr 9.30–12.30 Uhr

Die Rundkirche (6. Jh.) wurde wohl über einem antiken Rundtempel im Hof eines Kornspeichers erbaut und dem heiligen Theodor geweiht, der hier gemartert worden sein soll. Das Apsismosaik von Christus auf dem Himmelskörper ist noch original.

⑤ Auditorium di Mecenate
Karte F4 ■ Largo Leopardi 2
■ +39 06 0608 ■ Führungen (tel. Reservierung am Vortag) ■ www.sovraintendenzaroma.it

Gaius Maecenas, Lebemann und ein Förderer der Kunst (daher der Begriff Mäzen), war zur Zeit von

Kaiser Augustus für seine opulenten Feste bekannt. Der Raum war wohl einst ein sommerlicher Speisesaal. An den Wänden finden sich noch Reste der Trompe-l'Œil-Malerei, die Fenster mit Gartenblick vortäuschte.

⑥ Museo delle Mura
Karte F6 ■ Via di Porta San Sebastiano 18 ■ Di – So 9 – 14 Uhr
■ www.museodellemuraroma.it

Das imposante Tor, die Porta San Sebastiano, war einst Teil der Aurelianischen Mauer *(siehe S. 156)*. Nun ist dort ein kleines Museum untergebracht, in dem Drucke und Modelle deren Geschichte illustrieren.

Überreste des Theaters des Pompeius

Fresko in den Catacombe di Priscilla

⑦ Catacombe di Priscilla
Via Salaria 430 ■ +39 06 4542 8493 ■ Di – So 9 – 12 Uhr & 14 – 17 Uhr (nur mit Voranmeldung) ■ Eintritt
■ www.catacombepriscilla.com

Selten verschlägt es Besucher in die Priscilla-Katakomben (1. Jh. n. Chr.), wo man von Benediktinerinnen zu den gut 40 000 christlichen Gräbern und dem ersten bekannten Bildnis von der Jungfrau mit Kind geführt wird.

⑧ Theatrum Pompeium
Karte L4 ■ Da Pancrazio: Piazza del Biscione 92; Do – Di 12.30 – 14.30 Uhr & 19.30 – 23 Uhr

Am Bogen des Largo del Pallaro lässt sich die Form des 61 – 55 v. Chr. erbauten Theaters des Pompeius noch erahnen. Teile des alten Mauerwerks sind nur noch im Gewölbekeller des Restaurants Da Pancrazio zu sehen.

⑨ Mausoleo di Santa Costanza
Karte J3 ■ Via Nomentana 349
■ +39 06 8620 5456 ■ tägl. 9 – 12 Uhr & 15 – 18 Uhr ■ Eintritt

Die Kirche (4. Jh.), ursprünglich als Mausoleum für Kaiser Julians Gemahlin Helena erbaut, besitzt an der runden Decke gut erhaltene frühchristliche Mosaike. Heute finden hier vor allem Hochzeiten und feierliche Zeremonien statt.

⑩ Cinecittà si Mostra
Via Tuscolana 1055 ■ +39 06 722 931 ■ Mi – Mo 10 – 18 Uhr (Tour auf Englisch: Sa & So 11.30 Uhr) ■ Eintritt
■ www.cinecittasimostra.it

Auf den Touren durch die Filmsets des legendären Filmstudios sieht man einen für Scorseses *Gangs of New York* (2002) geschaffenen Broadway und ein antikes Rom aus Styropor, Gips und Kunstharz, das für die TV-Serie *Rom* (2005 – 07) gebaut wurde, aber auch schon in *Doctor Who* zu sehen war.

Cinecittà si Mostra

🔟 Kinder

Kindermuseum Explora

① Explora
Karte D1 ■ Via Flaminia 80/86 ■ +39 06 361 3776 ■ Einlass für 1¾ Std. Di–So um 12 Uhr, 15 Uhr & 17 Uhr (Sa & So auch 10 Uhr); Begleitung erforderlich ■ Reservierung empfohlen ■ Eintritt ■ www.mdbr.it

Lebensgroße interaktive Dioramen und Modelle erklären Kindern die Welt. Die kleinen Besucher können hier auch eine eigene Fernsehshow auf die Beine stellen.

② Villa Borghese
Scipione Borgheses Renaissancepark und den benachbarten Pincio *(siehe S. 66)* mit Statuen und Brunnen kann man prima mit dem Fahrrad erkunden – Leihstationen gibt es überall im Park. An einem kleinen See liegen Paddelboote vor Anker. Kindern macht auch der kleine Jahrmarkt Spaß *(siehe S. 117)*.

③ MAXXI
Die irakische Architektin Zaha Hadid hat das großartige Gebäude des Museums entworfen, in dem es für Kinder herrlich viel zu entdecken gibt. Toll sind allein schon die Kurven, Schrägen und Rampen des Baus sowie die futuristischen Treppen und Übergänge, doch auch die Ausstellungen sprechen so manches Kind an – vor allem mit den interaktiven Audioführern *(siehe S. 156f)*.

④ Bioparco
Karte E1 ■ Piazzale del Giardino Zoologico 1 ■ tägl. 9.30–17 Uhr (Apr–Okt: Mo–Fr bis 18 Uhr, Sa & So bis 19 Uhr) ■ Eintritt ■ www.bioparco.it

Die Tierhaltung ließ lange zu wünschen übrig, doch dank Renovierung hat sich Roms Zoo auf dem Gelände der Villa Borghese in einen hübschen »biologischen Garten« verwandelt.

Kinderzug im Bioparco

⑤ Technotown
Via Lazzaro Spallanzani 1A ■ +39 06 0608 ■ Di–So 9.30–19 Uhr ■ Eintritt ■ www.technotown.it

In einem unscheinbaren Gebäude (20. Jh.) auf dem prächtigen Landsitz Villa Torlonia *(siehe S. 60)* versteckt sich ein großartiger multimedialer Spielplatz. Die lehrreichen und unterhaltsamen interaktiven Exponate reichen von Robotern bis zu dreidimensionalen Bildern.

Kinder « 71

⑥ Time Elevator
Karte N3 ▪ Via dei Santi Apostoli 20 ▪ +39 06 6992 1823 ▪ tägl. 10.30–20.15 Uhr (letzte Show um 19.30 Uhr) ▪ Eintritt ▪ www.time-elevator.it

In dieser »Zeitmaschine« werden Filme mit Flugsimulator, Surroundsound und 5-D-Technik präsentiert. Das kann beim einen oder anderen Magenkitzeln verursachen.

⑦ Casina di Raffaello
Karte D1 ▪ Via della Casina di Raffaello, Villa Borghese ▪ +39 06 0608 ▪ tägl. 10–14.30 Uhr (Fr–So bis 19 Uhr) ▪ Eintritt ▪ www.casinadiraffaello.it

Das von der Stadt betriebene Haus bietet Kindern zwischen drei und zehn Jahren lehrreiche Spiele, ein Theater, eine Spielzeugbibliothek und eine Buchhandlung sowie wöchentliche Veranstaltungen und Workshops. Der Eintritt in den Park ist kostenlos.

⑧ Museo Nazionale di Castel Sant'Angelo

Die gewundenen Gänge, die versteckten Ausgucke, der Burggraben und nicht zuletzt die Kerker begeistern die meisten Kinder. Das Museum, das anhand der zahlreichen ausgestellten Waffen und Kunstwerke die jahrtausendealte Geschichte des Bauwerks erklärt, macht den Besuch aber auch für Erwachsene zu einem interessanten Erlebnis *(siehe S. 144)*.

⑨ Kochkurse
Die Kochschule des Restaurants Eataly *(siehe S. 129)* bietet regelmäßig italienische Kochkurse für Kinder an. Manche finden in englischer Sprache statt.

Traditionelle Handpuppen, Gianicolo

⑩ Puppentheater auf dem Gianicolo
Karte B4 ▪ Teatro di Pulcinella, Gianicolo ▪ Vorstellung meist um 10.30 Uhr

Die Puppenspiele machen auch ohne Italienischkenntnisse Spaß – die landestypischen Charaktere sind recht temperamentvoll. Dies ist die letzte der Puppenbühnen, die in den Parks von Rom einst zahlreich für kostenlose Unterhaltung sorgten.

TOP 10 Spezialitäten

1. Saltimbocca
Saltimbocca bedeutet »Spring in den Mund!« – und ist tatsächlich so gut, dass man sich dies wünscht. Die Kalbsschnitzel mit Salbei und Parmaschinken werden in Weißwein sautiert.

2. Bucatini all'amatriciana
Der Name stammt von der in den Abruzzen liegenden Stadt Amatrice, Heimat des leckeren Gerichts. Die Sauce wird aus Tomaten, Schinkenspeck – *pancetta* (Bauchspeck) oder auch *guanciale* (vom Schweinenacken) –, Paprika und geriebenem Pecorino zubereitet. Sie wird traditionell mit Makkaroni *(bucatini)* vermischt serviert. Die ursprüngliche Version *amatriciana bianca* enthielt keine Tomaten. Sie wurde mit Petersilie und Butter zubereitet.

Coda alla vaccinara

4. Coda alla vaccinara
Das Rezept für in Sellerie-Tomatensud geschmorten Ochsenschwanz entsprang wie *pajata* dem Versuch, das »fünfte Viertel« *(quinto quarto)* – Schlachtabfälle – zu verwerten. Sie waren für die Arbeiter in den Schlachthäusern Teil der Bezahlung. Das Restaurant Checchino dal 1887 *(siehe S. 129)*, das das Gericht auf die Speisekarte setzte, zählt zu Roms edelsten Lokalen.

5. Carciofi alla giudia
Die flach gepressten und frittierten Artischocken sind ein für die jüdische Küche Roms typisches Gericht. Dazu werden mit Mozzarella und Sardellen gefüllte, gebratene Zucchiniblüten gereicht.

6. Spaghetti alla carbonara
Die Nudeln werden heiß mit rohem Ei, schwarzem Pfeffer und geriebenem Parmesan vermengt. Dann kommt *pancetta* (Bauchspeck) hinzu.

Carciofi alla romana

3. Carciofi alla romana
Artischocken römischer Art werden mit Petersilie und Knoblauch gefüllt und in einer Mischung aus Olivenöl und Wasser geschmort.

Spaghetti alla carbonara

Die These, dass das Rezept nach dem Krieg auf Basis der Rationen der US Army – Speck und Ei – entstand, ist nicht belegt. Das einfache Gericht ist nun jedenfalls ein Klassiker der italienischen Küche.

⑦ Pajata

Das Rezept klingt vielleicht befremdlich, ist aber sehr köstlich: Stücke der noch mit Milch gefüllten Eingeweide eines Kalbs werden mit Tomatensauce und Pasta serviert.

⑧ Abbacchio scottadito

Der Name für das gebratene Milchlamm meint, dass man sich dabei vor Gier oft »die Finger verbrennt«. Wenn es nach der Saison im Frühjahr kein Lamm mehr gibt, wird *agnello* (Hammel) verwendet.

Gnocchi in feiner Sauce

⑨ Gnocchi

Die aus Norditalien stammenden Kartoffelklößchen sind in der italienischen Küche weitverbreitet. In Rom werden Gnocchi aus Grieß- oder Maismehl hergestellt, dann in Butter und Parmesan geschwenkt und überbacken. Meist wird jedoch die ursprüngliche Variante serviert. Besonders lecker sind sie mit Tomatensauce, mit Gorgonzola oder mit *burro e salvia* (Salbei und zerlassene Butter).

⑩ Cacio e Pepe

Das schmackhafte Gericht ist wirklich einfach: Spaghetti werden *al dente* (»für den Zahn«, also bissfest) gekocht und mit geriebenem *pecorino romano* – einem würzigen Hartkäse aus Schafsmilch –, schwarzem Pfeffer und Olivenöl vermengt.

Weine & Spirituosen

1 Frascati
Der trockene, fruchtige Weißwein von den Hügeln südlich von Rom ist der einzige Spitzenwein aus Latium.

2 Castelli Romani
Der dem Frascati verwandte Wein wird in benachbarten Städten aus Trebbiano-Trauben hergestellt.

3 Colli Albani
Die Rebsorte Trebbiano, die an den Hängen von Latiums ruhendem Vulkan gedeiht, ist Basis dieses Weins.

4 Grappa
Der Tresterbrand ist Italiens stärkster *digestivi* (Verdauungsschnaps) und gelegentlich etwas scharf.

Ein Glas Grappa

5 Est! Est! Est!
Ein bischöflicher Weinkoster, der den süßen Weißwein im nördlichen Latium goutierte, brachte seine Begeisterung angeblich mit einem dreifachen »*Est!*« (»Das ist er!«) zum Ausdruck.

6 Torre Ercolana
Basis des Rotweins aus Latium sind die Rebsorten Cabernet und Cesanese.

7 Chianti
Der beliebte Rotwein aus der Toskana wird auch in den Bars und Restaurants von Rom gern getrunken.

8 Lacrima Christi
Dieser Weißwein – »die Tränen Christi« – kommt von den Hängen des Vesuvs nahe Pompeji (siehe S. 158).

9 Orvieto Classico
Der Renaissancekünstler Signorelli ließ sich gern mit dem köstlichen trockenen Weißwein aus dem südlichen Umbrien bezahlen.

10 Campari
Der Bitterlikör wird gern mit Soda oder Limonade gespritzt und als Aperitif gereicht.

Campari

🔟 Restaurants

1 La Pergola
Im vielleicht besten Restaurant von Rom wurde Spitzenkoch Heinz Beck für seine außergewöhnlichen, innovativen mediterranen Gerichte mit drei Michelin-Sternen ausgezeichnet. Das La Pergola liegt auf dem Hügel Monte Mario und bietet einen atemberaubenden Blick auf den Petersdom und die gesamte Skyline der Stadt. Der Weinkeller gehört zu den renommiertesten Europas *(siehe S. 153)*.

2 Imàgo
Das elegante Restaurant in der 6. Etage des Hotel Hassler *(siehe S. 170)* an der Spanischen Treppe bietet Panoramablick und kreative italienische Fusionsküche, für die Küchenchef Francesco Apreda seinen ersten Stern erhalten hat *(siehe S. 123)*.

3 Il Pagliaccio
Das kleine unauffällige, aber exklusive Restaurant in der Altstadt hat zwei Sterne. Die italienischen Speisen mit internationalem Touch sind entsprechend raffiniert und lecker. Reservieren Sie frühzeitig – es gibt nur 28 Plätze *(siehe S. 95)*.

Il Pagliaccio

4 La Rosetta
In seinem stilvollen Restaurant wählt der renommierte Küchenchef Massimo Riccioli die Zutaten persönlich aus. Das Seafood kommt täglich aus den nahen Häfen, Brot und Desserts werden vom eigenen Maître Pâtissier zubereitet. Das Angebot umfasst Fischtapas, Langusten mit Artischocken, Spaghetti mit Tintenfisch sowie ein viergängiges Probiermenü *(siehe S. 103)*.

5 Esposizioni
Karte Q2 ■ Palazzo delle Esposizioni, Via Milano 9A ■ +39 06 3170 9960 ■ €€€

Im Wintergarten auf dem Dach des Palazzo delle Esposizioni sind hervorragende Küche, toller Service, reizendes Ambiente und großartige Aussicht geboten.

Glass Hostaria

⑥ Glass Hostaria
Exquisite Fusionsküche kombiniert mit schicker, moderner Dekoration haben der Köchin Cristina Bowerman und ihrem Lokal im Herzen von Trastevere einen Michelin-Stern eingebracht. Auf der einfallsreichen Speisekarte stehen je nach Saison wechselnde italienische Gerichte mit Aromen aus anderen Teilen der Welt. Trotz des minimalistischen Interieurs ist das Ambiente angenehm freundlich (siehe S. 153).

⑦ Osteria La Gensola
Das wunderbare sizilianische Restaurant in Familienbesitz bietet eine ausgewogene Speisekarte mit Fokus auf Fisch und Seafood, die fangfrisch und perfekt zubereitet sind. Es gibt auch eine gute Auswahl an Fleischgerichten sowie originell interpretierte traditionelle römische Küche. Die Atmosphäre ist sehr gemütlich. Der Service ist aufmerksam und freundlich (siehe S. 153).

⑧ Antica Pesa
Die Bilder am Eingang bezeugen, dass hier schon viele Hollywoodstars zu Gast waren. Stilvolle Einrichtung, alte Fresken und der grüne Garten schaffen ein zauberhaftes Ambiente. Es gibt feine klassisch römische Gerichte wie *bucatini all'amatriciana*. Die Weine sind edel und hochpreisig (siehe S. 153).

⑨ Il Convivio Troiani
Die Eleganz des Restaurants spiegelt sich in den anspruchsvollen klassischen Gerichten aus regionalen Biozutaten wider. Die drei Brüder, die dieses Lokal leiten, haben es sich zur Aufgabe gemacht, die italienische Küche zu würdigen. Die einfallsreiche Speisekarte mit Gerichten nach traditionellen Rezepten brachte dem Il Convivio Troiani einen wohlverdienten Michelin-Stern ein. Es gibt auch einen hervorragenden Weinkeller (siehe S. 95).

Gäste im Eataly

⑩ Eataly
Der Flagship-Store der weltweit vertretenen Feinkostkette – Mitglied der Organisation Slow Food – bietet Fisch aus nachhaltigem Fang, handgemachte Pasta aus Gragnano, Naturkost-Eiscreme von Alpine und vieles mehr. Im oberen Stockwerk wird all dies liebevoll zubereitet und serviert (siehe S. 129).

Preiskategorien siehe S. 95

🔟 Osterias, Trattorias & Pizzerias

1 Felice
Man kennt die Trattoria in Testaccio aus zwei Gründen – brummige Besitzer und großartige traditionelle römische Küche. Dass dabei Fleisch und Innereien im Mittelpunkt stehen, mag daran liegen, dass sich hier mal ein Schlachthaus befand. Für den Genuss von Lammbraten, *tonnarelli cacio e pepe*, *carciofi alla romana* oder anderen Klassikern sollte man reservieren *(siehe S. 129)*.

2 Roscioli
Karte L4 ▪ Via dei Giubbonari 21/25 ▪ +39 06 687 5287 ▪ So geschl. ▪ €€

Familie Roscioli backt nicht nur das vielleicht beste Brot in ganz Rom *(siehe S. 112)*, sie führt auch diesen beliebten Feinkostladen mit Osteria, wo es guten Wein, leckere Snacks und handfeste Mahlzeiten gibt. Von der *carbonara* wird geschwärmt.

Casa e Bottega

Feinkost im Roscioli

3 Da Giovanni
Die kleine, preiswerte Trattoria serviert in schöner Atmosphäre einfache Pastagerichte und Gemüsesuppen – ideal, wenn man sich gerade Vatikanstadt und Petersdom angesehen hat. Dekoration, Essen und Personal könnten den 1950er Jahren entsprungen sein *(siehe S. 152)*.

4 Casa e Bottega
Die schicke moderne Osteria ist nicht weit von der Piazza Navona entfernt. Wie hier hochwertige Zutaten – z. B. die Feinschmeckereier des bekannten »Eierkönigs« Paolo Parisi – gekonnt verarbeitet werden, hebt Klassiker der römischen Küche wie *spaghetti carbonara* auf ein neues Niveau *(siehe S. 95)*.

5 Sora Margherita
Die schnörkellose kleine Osteria ist irgendwie Kult. Wenn man sich dieses Lokal in Schwarz-Weiß denkt, wähnt man sich in einem Film des Italienischen Neorealismus. Das herzhafte Essen wird nach römisch-jüdischen Rezepten zubereitet – es gibt z. B. hausgemachte Pasta (die *cacio e pepe* sind lecker), gefüllte Zucchiniblüten und Endivien-Anchovis-Auflauf *(siehe S. 113)*.

Pizza Margherita

Osterias, Trattorias & Pizzerias « 77

⑥ Casa Bleve
Anacleto Bleve ist ein renommierter Experte, wenn es um Essen und die Nutzung bester regionaler Erzeugnisse geht. Für seine Osteria in einem Palazzo aus dem 16. Jahrhundert wurde er diesbezüglich ausgezeichnet. Ein wahres Fest für alle Sinne sind die *sfizi di Casa Bleve*, eine Komposition aus *antipasti* wie etwa mit Ricotta und Pistazien gefüllte Kürbisblüten. Fragen Sie nach *burrata* – der besonders cremige Mozzarella wird regelmäßig aus Apulien eingeflogen und hier mit Feigenmarmelade serviert. Die Weinkarte bietet eine ganz hervorragende Auswahl *(siehe S. 95)*.

⑦ La Gatta Mangiona
Via Federico Ozanam 30/32 ▪ **+39 06 534 6702** ▪ **mittags & Mo geschl.** ▪ **€**

Um eine der besten Pizzas Roms zu genießen, sollte man sich nach Monteverde Nuovo zur »verfressenen Katze« aufmachen – herrlicher Boden mit dickem Rand und Zutaten von klassisch bis einfallsreich.

⑧ La Pratolina
Nach einem kulturreichen Tag in den Vatikanischen Museen ist diese lebhafte Pizzeria der richtige Ort fürs Abendessen. Die ovalen Pizzas, die langsam im Lavasteinofen aufgehen, gibt es in vielen köstlichen Variationen. Besonders zu empfehlen ist *genovese*, eine Pizza belegt mit Büffelmozzarella, Pesto, frischen Tomaten und Schinken *(siehe S. 152)*.

⑨ Pizzarium Bonci
Karte A2 ▪ **Via della Meloria 43** ▪ **+39 06 3974 5416** ▪ **So geschl.** ▪ **€**

Die vermulich beste *pizza a taglio* (als Schnitte auf die Hand) in ganz Rom macht *pizzaiolo* Gabriele Bonci, als »der Michelangelo der Pizza« bekannt. Die Beläge reichen von Margherita bis zu Variationen mit Ricotta, Zucchini und Pfeffer. Außerdem gibt es köstliche Antipasti wie *suppli* (so etwas wie Kroketten) und heimische Biere.

⑩ Da Remo
Das quirlige Lokal in Testaccio tischt Pizza *scrocchiarella* (mit knusprig dünnem Boden) in sämtlichen klassischen Varianten auf. Familien mit Kindern freuen sich außerdem über den Spielplatz vor der Tür *(siehe S. 129)*.

Pizzabäcker im Da Remo

Preiskategorien siehe S. 95

Cafés & Eisdielen

Antico Caffè Greco

1 Antico Caffè Greco
Das 1760 eröffnete Kaffeehaus ähnelt den Literatencafés in Paris – tatsächlich waren Goethe, Byron, Casanova und Richard Wagner hier schon zu Gast. Obwohl es nahe der Spanischen Treppe an einer der geschäftigsten Shoppingmeilen Roms liegt, hat es sein Flair bewahrt. In den eleganten und dennoch gemütlichen Räumen, die Fotos und Drucke aus dem 19. Jahrhundert zieren, stehen kleine Tische *(siehe S. 122)*.

2 Caffè Sant'Eustachio
Ein verchromter Schild verbirgt die Kaffeemaschine, damit niemand das Geheimrezept für die wohl besten Cappuccinos in Rom erfährt. Bekannt ist nur, dass das Wasser aus einem antiken Aquädukt kommt. Das Café ist stets gut besucht *(siehe S. 102)*.

3 San Crispino
Karte P2 ■ Via della Panetteria 42 ■ +39 06 679 3924
Die elegante kleine *gelateria* sticht unter den sonst eher mittelmäßigen Eiscafés rund um die Fontana di Trevi hervor. Spezialität des Hauses ist das Honigeis, aber es gibt auch feine Sorten mit frischen Früchten, Nüssen oder einem Schuss Likör.

4 Tre Scalini
Die Eisdiele ist für ihr köstliches *tartufo* berühmt. Anders als in anderen *gelaterie* serviert man die Eisspezialität – eine mit Karamell und Kirschen gefüllte Kugel Schokoladeneis im Schokostreuselkleid – hier noch hausgemacht *(siehe S. 94)*.

5 Giolitti
Roms bekannteste Eisdiele gibt es seit dem 19. Jahrhundert. Sie lockt entsprechend viele Urlauber an, ist aber auch wirklich sehr gut *(siehe S. 102)*.

6 Café Doney
Das Café Doney ist noch immer das beliebteste Café an der berühmten Via Veneto. Wie das gegenüberliegende Café de Paris er-

Caffè Sant'Eustachio

Cafés & Eisdielen « 79

lebte es seine Glanzzeit in den 1950er Jahren, als es Zentrum des gesellschaftlichen Lebens war. Damals waren hier regelmäßig Prominente und Filmsternchen zu Gast. Das Lebensgefühl jener Zeit wird in Fellinis Film *La Dolce Vita* wunderbar porträtiert *(siehe S. 140)*.

Leckeres gelato

⑦ La Tazza d'Oro
In diesem Laden wird Kaffee aus besten brasilianischen Bohnen zubereitet. Trotz der Lage nahe dem Pantheon verfügt die schlichte Cafébar über authentische Atmosphäre. Stammgäste trinken am langen Tresen Espresso. Der Kaffee ist übrigens nicht nur außergewöhnlich gut, er ist auch überraschend preiswert *(siehe S. 102)*.

⑧ Gelarmony
Karte C2 ■ Via Marcantonio Colonna 34 ■ +39 06 320 2395

Die äußerst beliebte *gelateria* bezieht die Zutaten für ihre ansprechend präsentierten Eiskreationen aus Sizilien. Unter den 60 gebotenen Geschmacksrichtungen ist Pistazie besonders zu empfehlen.

⑨ Grom
Die Früchte für die kunstvoll zubereiteten Eissorten stammen aus dem betriebseigenen biologischen Anbau. Kein Wunder, dass sich vor der *gelateria* oft lange Warteschlangen bilden *(siehe S. 102)*.

⑩ Caffè Rosati
An der Piazza del Popolo konkurriert das Rosati mit dem gegenüberliegenden Canova um die Gunst der Gäste. Zwei Söhne der Familie Rosati gründeten das Café 1922 als Ableger des Familienbetriebs; der dritte Bruder führte das ursprüngliche Lokal in der Via Veneto weiter. Die Jugendstileinrichtung stammt noch aus den Anfängen des Cafés. Die Besitzer parken gern ihre Ferraris u. Ä. vor der Tür *(siehe S. 122)*.

La Tazza d'Oro

Shoppingmeilen

1 Piazza di Spagna
Markenverliebte schätzen die Gegend, wo jeder Modedesigner von Rang einen Laden hat *(siehe S. 120)*: Fendi, Versace, Ferré, Gucci, Bulgari, Prada, Hermès, Ferragamo, Chanel, Trussardi, Valentino, Krizia und Missoni. Tiffany & Co. und einige schöne Einrichtungsläden warten in der schicken Via del Babuino und auch die Kunst- und Antiquitätenläden in der Via Margutta lohnen einen Blick, vor allem Nr. 45, Nr. 86 und Nr. 109.

2 Monti
Karte R4

Hinter den Kaiserforen liegt der angesagte Stadtteil Monti, wo Kauflustige jede Menge Vintage-Mode, aber auch Läden mit Schmuck und Wohnaccessoires von jungen Designern finden. Groß ist das Angebot in Via dei Serpenti und Via Leonina.

3 Via del Corso
Karte N1–3

Die zentrale Achse Roms, schlicht »Corso« genannt, trennt den Norden vom Süden und bietet die gesamte Shoppingbandbreite – stylishe Kleidung, Handtaschen, Schuhe, Musik und Schreibwaren. Das wichtigste Shoppingareal ist die Jugendstilpassage Galleria Alberto Sordi.

Trödelladen, Via dei Coronari

4 Via dei Coronari
Die Rosenkranzverkäufer am einstigen Pilgerweg zum Petersdom sorgten für den Namen der Straße, an der sich heute die Antiquitätenläden reihen. Die angebotenen Stücke, meist importiert, sind in der Regel überteuert *(siehe S. 92)*.

5 Via del Governo Vecchio
Karte K3

Die Straße Richtung Piazza Navona war lange für ihre Vintage-Läden berühmt; inzwischen gibt es hier auch Mode von jungen Designern.

Galleria Alberto Sordi, Via del Corso

Shoppingmeilen « 81

6 Trastevere
Mit der Demografie wandelt sich das Angebot: Neben Läden mit Lebensmitteln, Schmuck, unkonventioneller Mode und Büchern finden sich hier nun auch Designershops. Die Piazza San Cosimato bietet einen Bauernmarkt, an der Porta Portese ist sonntags Flohmarkt *(siehe S. 147)*.

7 Via Appia Nuova
In San Giovannis beliebter Shoppingmeile sind Nobelboutiquen wie Leam *(siehe S. 134)* zu finden.

8 Via Cola di Rienzo
In der Straße – hier tummeln sich viel weniger Menschen als in der Via del Corso – findet sich viel Mode der mittleren Preisklasse. Wer internationale Feinkost sucht, ist bei Castroni am besten aufgehoben, Franchi *(siehe S. 147)* ist für seine tolle Käseauswahl bekannt.

Via Cola di Rienzo

9 Via Nazionale
Karte R2

Zu den Läden, die sich an der Hauptverkehrsader zwischen Piazza Venezia und Stazione Termini angesiedelt haben, gehören u. a. Desigual, G Star und Furla.

10 Campo de' Fiori
Roms lebhafter Obst- und Gemüsemarkt beherrscht die Gegend, die für gute Feinkostläden der traditionellen und der innovativen Art bekannt ist. Die Via Giubbonari bietet günstige Mode, an Via dei Ballauri und Via dei Pellegrini gibt es einige recht schicke Läden *(siehe S. 107)*.

Märkte

Flohmarkt an der Porta Portese

1 Porta Portese
Karte C5 ▪ Via Ippolito Nievo ▪ So
Auf dem großen Flohmarkt sind Antiquitäten (echte und gefakte), Trödel, Kunst, Kleidung und Pflanzen zu haben.

2 Campo de' Fiori
Karte L4
Auf dem mittelalterlichen Platz wird Obst, Gemüse und Fisch verkauft.

3 Nuovo Mercato Esquilino
Der riesige Markt bietet Fisch, Fleisch und eine unfassbare Auswahl an Delikatessen aus aller Welt *(siehe S. 134)*.

4 Mercato di Via Sannio
Von Montag bis Samstag werden hier vormittags Vintage-Mode und gefakte Designerstücke angeboten *(siehe S. 134)*.

5 Mercato dell'Antiquariato
Vormittags sind auf der Piazza Borghese antiquarische Bücher, alte Drucke und Reproduktionen zu haben *(siehe S. 101)*.

6 Mercato di Testaccio
Karte D6 ▪ Mo – Sa
Der überdachte Markt bietet Frühaufstehern Augen- und Gaumenfreuden.

7 Mercato dei Fiori
Karte B2 ▪ Via Trionfale ▪ Di vorm.
Das Angebot des Blumenmarkts ist frisch und preiswert.

8 Borghetto Flaminio
Karte D1 ▪ Piazza della Marina 32 ▪ Sep – Juli: So ▪ Eintritt
Ein ehemaliger Busbahnhof ist sonntags Schauplatz eines Flohmarkts.

9 Piazza San Cosimato
Karte C5 ▪ Mo – Sa
Der lebhafte Markt in Trastevere bietet vormittags frisches Obst und Gemüse.

10 Mercato Celio
Karte E4 ▪ Via Santi Quattro ▪ Mo – Sa
Der Bauernmarkt ist mittlerweile recht winzig, aber sehr charmant – und er hat eine lange Tradition.

Kostenlose Attraktionen

Arnaldo Pomodoros *Sfera con sfera (Kugel in Kugel)* vor den Vatikanischen Museen

1 Museen
Staatliche und städtische Museen sind für Personen unter 18 Jahren kostenlos. Alle staatlichen Museen, inklusive archäologischer Stätten wie Forum Romanum und Kolosseum, verlangen am ersten Sonntag im Monat keinen Eintritt. Die Vatikanischen Museen sind am letzten Sonntag im Monat gratis.

2 Mittelalterlicher Lügendetektor
Die *Bocca della Verità* – berühmt durch *Ein Herz und eine Krone* mit Audrey Hepburn und Gregory Peck – steht im Narthex der Kirche Santa Maria in Cosmedin *(siehe S. 108)*. Wer die Hand in das Mundloch steckt und dabei eine Lüge ausspricht, dem wird die Hand abgebissen – so die Sage.

3 Blick von Il Vittorianio auf Kaiserforen & Forum Romanum
Vom Monumento a Vittorio Emanuele II – kurz Il Vittoriano – bietet sich einer der besten Ausblicke Roms *(siehe S. 65)*. Zutritt und Aufstieg sind kostenlos, nur für den Lift wird eine Gebühr verlangt *(siehe S. 110)*.

4 Besterhaltener römischer Tempel
Das Pantheon ist die einzige antike Stätte in Rom, für die kein Eintritt verlangt wird. Der römische Tempel wurde in byzantinischer Zeit zur christlichen Kirche *(siehe S. 18f)*.

5 Mussolinis Muskelmänner
Die 60 Athleten aus Stein, die das Stadio dei Marmi säumen, ließ Mussolini aufstellen, weil er die Olympischen Spiele nach Rom holen wollte. Das Beispiel faschistischen Kitschs ist frei zugänglich *(siehe S. 157)*.

6 Caravaggio-Tour
Sechs von Caravaggios herrlichen Gemälden sind kostenlos zu bestaunen. Man findet sie in den Kirchen Sant'Agostino *(siehe S. 90)*, San Luigi dei Francesi *(siehe S. 89)* und Santa Maria del Popolo *(siehe S. 38f)*.

Bocca della Verità

7 Skulpturen von Michelangelo
Beispiele für Michelangelos Kunst sind in zwei Kirchen gratis zu bewundern: Santa Maria sopra Minerva *(siehe S. 97)* birgt die Skulptur *Auferstandener Christus*, sein athle-

Kostenlose Attraktionen « 83

tischer *Moses (siehe S. 57)* wurde für San Pietro in Vincoli *(siehe S. 131)* geschaffen und steht noch heute da. Es kostet 50 Cent, dort die Beleuchtung einzuschalten, aber meist hat das ein anderer Besucher bereits getan.

⑧ Byzantinische Pracht

Besonders prächtige byzantinische Mosaike gibt es in den Kirchen Santa Maria in Domnica *(siehe S. 50)* und Santa Prassede *(siehe S. 132)*. Wer für die Beleuchtung nichts ausgeben will, muss hoffen, dass das ein anderer tut.

⑨ Petersdom

Den Kirchenraum, die Krypta und die Grotten kann man kostenlos betreten. Besonders schön ist es im Petersdom in aller Früh, dann sind nur einige Nonnen, Mönche und Pilger hier. Ab 9 Uhr kommen Besucher in Strömen *(siehe S. 16f)*.

⑩ Moderne Architektur

Für die Ausstellungen im MAXXI *(siehe S. 156f)* wird Eintritt verlangt, doch große Teile des beeindruckenden Gebäudes sind auch ohne Ticket zugänglich. Zudem gibt es gelegentlich kostenlose Videopräsentationen. Im MACRO *(siehe S. 55)* mit der schönen Dachterrasse ist der Eintritt frei.

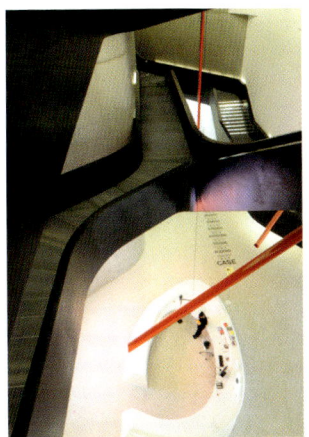

Verschlungene Wege im MAXXI

Rom für wenig Geld

Angebot beim Bäcker

1 Man muss nicht immer ein Café oder Restaurant besuchen – Roms Bäckereien und Feinkostläden bieten tolles Essen für weniger Geld.

2 In Restaurants und Trattorias ist der Hauswein meist eine gute Wahl. Er wird in Karaffen verschiedener Größe serviert und ist preiswerter als Flaschenwein.

3 Selbstversorger sollten auf die Märkte gehen, die es in jedem Viertel gibt: Sie sind viel preiswerter als die Feinkostläden und Minimärkte im Zentrum.

4 Versäumen Sie nicht den in Rom beliebten *aperitivo* – eine Art Happy Hour, bei der man zum Festpreis ein Getränk und eine Auswahl an kleinen Gerichten erhält.

5 Der 48 oder 72 Stunden gültige Roma Pass bietet die Nutzung öffentlicher Verkehrsmittel, freien Eintritt in das erste (48-Stunden-Pass) oder die beiden ersten Museen (72-Stunden-Pass) sowie weitere Ermäßigungen *(siehe S. 169)*.

6 Wer sich den Roma Pass geleistet hat, sollte ihn für den Besuch der teuersten Museen nutzen.

7 Alle Kirchen können gratis besichtigt werden. Für manche Kunstwerke muss allerdings ein Lichtschalter betätigt werden. Dies kostet in der Regel 50 Cent oder einen Euro.

8 Bei manchen Sehenswürdigkeiten (z. B. Museo Nazionale Romano) gilt die Eintrittskarte für mehrere Standorte.

9 Am ersten Sonntag im Monat ist der Besuch der staatlichen Museen in Rom kostenlos.

10 Tages- oder Wochenkarten für öffentliche Verkehrsmittel rechnen sich, wenn man sie voll ausnutzt und seine Ausflüge entsprechend plant.

TOP 10 Festivals & Veranstaltungen

Rom feiert Geburtstag

① Geburtstagsfeier
Die Römer sind stolz auf ihre Geschichte. Jedes Jahr am 21. April feiern sie die Stadtgründung im Jahr 753 v. Chr. *(siehe S. 46)*. Es gibt Musik, Feuerwerk und Umzüge, der Bürgermeister hält eine Rede und der Eintritt in die Musei Capitolini *(siehe S. 28–31)* ist frei.

② Sommer-Opernfestival
Italien war im 17. Jahrhundert die Wiege der Oper und auch in Rom hat diese Gattung eine lange Tradition. Das Sommerprogramm des Teatro dell'Opera in den Caracalla-Thermen *(siehe S. 125)* wird von Veranstaltungen und Workshops in der ganzen Stadt ergänzt. Ziel ist es, Oper für alle zugänglich zu machen.

③ Sport
www.sixnationsrugby.com
■ www.runromethemarathon.com
■ www.piazzadisiena.it
Die erste Jahreshälfte steht im Zeichen des Sports. Im Februar steigt das Rugbyturnier Six Nations im Olympiastadion, im März folgt der Rom-Marathon und im Mai an der Villa Borghese der CSIO Piazza di Siena, ein Fest des Pferdesports.

④ Darstellende Kunst
www.romaeuropa.net
Theater, Musik und Tanz haben in Rom Tradition. Im Sommer verwandelt die Festa dell'Unità einen Park in eine Bühne für Musik, Filme, Tanz und Spiele. Das Festival Romaeuropa findet jeden Herbst an mehreren Schauplätzen statt.

⑤ Tanz
www.fiestafestival.it
Bei Lateinamerika denkt man zuerst an Spanien und Portugal, doch es gibt in Mittel- und Südamerika auch viele Menschen mit italienischen Wurzeln. Mit ¡Fiesta! im Parco Rosati wird jeden Sommer die lateinamerikanische Kultur gefeiert, wobei der Tanz im Mittelpunkt steht.

⑥ Kultur
www.fondoambiente.it
Die Giornate FAI di Primavera am letzten Märzwochenende ermöglichen es Besuchern, Gebäude zu besichtigen, die normalerweise nicht zugänglich sind. Ein paar Wochen danach bietet die Settimana della Cultura eine Woche lang freien Eintritt in die meisten Museen, Galerien und antiken Stätten.

⑦ Kulinarisches
Rom ist ein Paradies für Feinschmecker, vor allem aber im Sommer in den Bars und Cafés auf der Tiberinsel. Dort gibt es dann auch Livemusik und ein Freiluftkino.

Bars und Cafés am Fluss, Lungotevere

Festivals & Veranstaltungen « 85

 Musik
www.rockinroma.com
www.auditorium.com

Der laue Sommer in Rom ist wie geschaffen für Konzerte unter freiem Himmel. Los geht es am 1. Mai mit einem Gratiskonzert im Lateran. Von Juni bis August bringt Rock in Roma Stars aus aller Welt auf die Pferderennbahn von Capannelle. Beim Luglio Suona Bene im Juli treten Pop-, Jazz- und Folkmusiker im Auditorium Parco della Musica auf.

Luglio Suona Bene

 Mode
www.altaroma.it

Mailand mag Italiens Modehauptstadt sein, doch auch die zweimal jährlich stattfindenden Modewochen in Rom, organisiert von Altaroma, zeugen von Kreativität. Im Januar und in den Sommermonaten schreiten Models über die Laufstege der Stadt. Selbst römische Wahrzeichen, wie die Spanische Treppe, werden vorübergehend zu Laufstegen.

 Filmfestival
www.romacinemafest.it

Die Festa del Cinema di Roma im Oktober ist die Antwort der italienischen Hauptstadt auf die Filmfestspiele in Venedig. Bei dem vom Auditorium Parco della Musica *(siehe S. 156)* veranstalteten Event erlebt man Filmpremieren und jede Menge internationale Stars der Leinwand. Viele Vorführungen sind öffentlich, allerdings sollten Tickets hierfür so früh wie möglich reserviert werden.

Religiöse Feierlichkeiten

Pfingsten im Pantheon

1 Dreikönigstag
Karte L3 ▪ Piazza Navona ▪ 6. Jan
Freundliche Hexen verteilen Süßigkeiten.

2 Karneval
Feb ▪ www.carnevaleroma.com
Mit Masken und Streichen wird gefeiert.

3 Ostern
März/Apr
Der Papst leitet die Karfreitagsprozession am Kolosseum und erteilt am Ostersonntag den Segen am Petersplatz.

4 Pfingsten
Karte M3 ▪ Pantheon
Durch das Opaion des Pantheon *(siehe S. 18f)* regnet es bei den Feierlichkeiten am Pfingstsonntag Rosenblätter.

5 Festa dei Santi Pietro e Paolo
Karte D6 ▪ Piazza San Paolo & Via Ostiense ▪ 28./29. Juni
Feuerwerke feiern die Begründer der katholischen Kirche.

6 Tag der Madonna della Neve
Karte F3 ▪ Santa Maria Maggiore
▪ 5. Aug
Man erinnert an eine päpstliche Vision von Schneefall im August (4. Jh.).

7 Allerheiligen
1. Nov
An Gräbern gedenkt man Verstorbener.

8 Weihnachtsmarkt
Karte L3 ▪ Piazza Navona
▪ 1. Dez – 6. Jan
Es gibt Zuckerwatte, Krippenfiguren und Weihnachtsschmuck.

9 Christmette
24. Dez
Die Mitternachtsmesse wird in den meisten Kirchen gefeiert; für den Petersdom benötigt man eine Eintrittskarte.

10 Urbi et Orbi
25. Dez
Der Papst erteilt mittags von der Loggia des Petersdoms den Weihnachtssegen.

Stadtteile

Spanische Treppe am Abend

Rund um die Piazza Navona	**88**
Rund ums Pantheon	**96**
Vom Campo de' Fiori bis zum Kapitol	**106**
Spanische Treppe & Villa Borghese	**114**
Antikes Rom	**124**
Esquilin & Lateran	**130**
Quirinal & Via Veneto	**136**
Trastevere & Prati	**142**
Außerhalb der Stadtmauern	**154**

TOP 10 Rund um die Piazza Navona

Das ist Barock in ganzer Pracht: Fassaden und Brunnen von großen Baumeistern wie Borromini und Bernini sowie Kirchenkunst von Caravaggio und Rubens. Das Straßenmuster wurde zwischen 16. und 18. Jahrhundert überholt, dennoch gibt es Spuren des antiken Rom, z. B. in den Grundrissen von Palazzo Massimo alle Colonne und Piazza Navona. Zeitgemäßes Leben zeigt sich in den schicken Läden und Cafés der Gegend.

Ganges, Fontana dei Quattro Fiumi

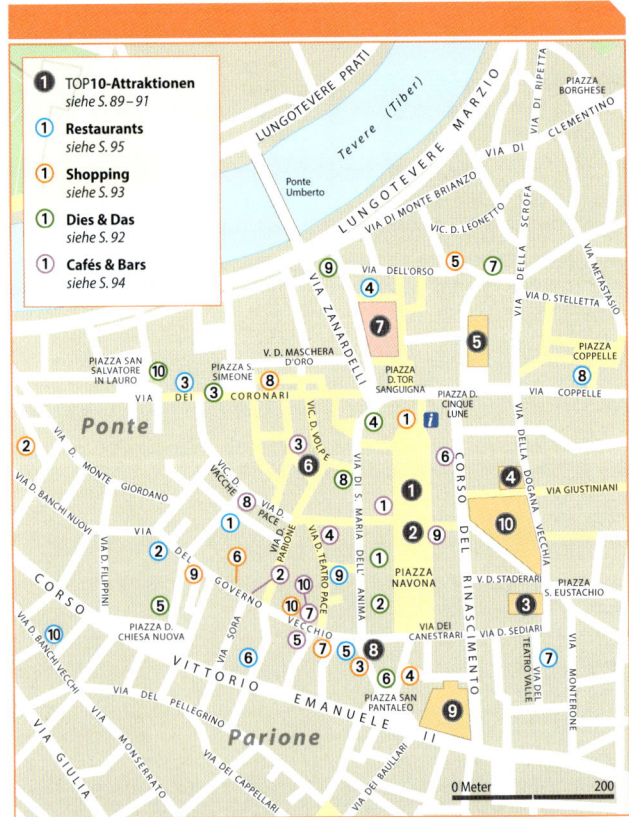

① TOP10-Attraktionen
siehe S. 89–91

① Restaurants
siehe S. 95

① Shopping
siehe S. 93

① Dies & Das
siehe S. 92

① Cafés & Bars
siehe S. 94

Rund um die Piazza Navona

Brunnen auf der Piazza Navona

1 Piazza Navona
Karte L3

Brunnen, Palazzi, die Kirche Sant' Agnese und einige vornehme Cafés wie das Tre Scalini *(siehe S. 94)* machen den autofreien Platz zu einem der schönsten der Stadt *(siehe S. 62)*.

2 Fontana dei Quattro Fiumi
Karte L3 ▪ Piazza Navona

Die Statuen der Flussgötter an dem im Jahr 1651 von Bernini im Zentrum der Piazza gestalteten Brunnen stehen für die vier damals bekannten Kontinente: der Ganges für Asien, die Donau für Europa, der Río de la Plata für Amerika, der Nil für Afrika. Da die Quelle des Nils noch unbekannt war, verhüllte man den Kopf der Figur. Der Obelisk ist eine römische Kopie. In die Säule aus ägyptischem Granit sind die Namen Vespasian, Titus und Domitian eingraviert.

3 Sant'Ivo alla Sapienza
Karte L3 ▪ Corso del Rinascimento 40 ▪ Sep – Juni: So 9 – 12 Uhr

Giacomo della Porta entwarf die Renaissancefassade des Palazzo della Sapienza (1303), wo einst die Universität von Rom ansässig war. Der Hof des Palasts zählt zu den schönsten in ganz Rom. Am Ende der Doppelarkaden steht die Kirche Sant'Ivo alla Sapienza. Die von Francesco Borromini gestaltete Fassade zeigt allerlei konvexe und konkave Formen *(siehe S. 53)*, die Kuppellaterne steigt spiralförmig an. Das Interieur enttäuscht dagegen – trotz des Altarbilds von Pietro da Cortona.

4 San Luigi dei Francesi
Karte L2 ▪ Piazza San Luigi dei Francesi 5 ▪ +39 06 688 271 ▪ Mo – Fr 9.30 – 12.45 Uhr & 14.30 – 18.30 Uhr, Sa 9.30 – 12.15 Uhr & 14.30 – 18.30 Uhr, So 11.30 – 12.45 Uhr & 14.30 – 18.30 Uhr

Die französische Nationalkirche in Rom besitzt in der zweiten Kapelle auf der rechten Seite beschädigte Fresken (1616/17) von Domenichino, doch die meisten Besucher zieht es in die letzte Kapelle links, die drei großformatige Werke von Caravaggio beherbergt. Der plebejische Ansatz des Künstlers traf nicht den Geschmack der Gegenreformation. Im ersten Entwurf von *Matthäus und der Engel* glich die vom Engel geführte Hand des Heiligen der eines Arbeiters. Die Auftraggeber verlangten eine Überarbeitung *(siehe S. 52)*. Die den Gemälden *Martyrium des heiligen Matthäus* und *Berufung des heiligen Matthäus (siehe S. 57)* zugrunde liegenden Skizzen zeigen Caravaggios Übergang von symbolischer zu realistischer Gestaltung.

Hauptschiff von San Luigi dei Francesi

> **Roms »sprechende Statuen«**
>
> In der Renaissance nutzte man Statuen als Stimmen des Protests bei politischen Skandalen und gegen päpstliche Ausschweifungen. Dazu wurden den Figuren Kärtchen mit kritischen Äußerungen – natürlich anonym – um den Hals gehängt. Bekannte »sprechende Statuen« (statue parlanti) in Rom sind Pasquino, Marforio (siehe S. 29), Babuino in der Via del Babuino und Madama Lucrezia auf der Piazza San Marco.

⑤ Sant'Agostino
Karte L2 ■ **Piazza di Sant' Agostino 80** ■ tägl. 7.30–12 Uhr & 16.30–19.30 Uhr

Den dritten Pfeiler auf der rechten Seite schmückt Raffaels Gemälde *Der Prophet Jesaja* (1512), die Skulptur *Madonna del Parto* schuf Jacopo Sansovino. Die Hauptattraktion der Kirche ist Caravaggios *Madonna di Loreto* (1603–06). Der strenge Realismus des Malers war nicht vereinbar mit der Tradition, Maria auf dem Dach des fliegenden Hauses, das in Loreto landete, darzustellen. Das Haus ist durch einen Türstock aus Travertin und eine Stuckmauer nur angedeutet. Maria steht, ihr übergroßes Kind tragend, in der Türöffnung und wird von zwei zerlumpten Pilgern angebetet.

⑥ Santa Maria della Pace
Karte L2 ■ **Arco della Pace 5** ■ tägl. 9.30–18.30 Uhr

Baccio Pontelli baute die Kirche im Auftrag von Papst Sixtus IV. von 1480 bis 1484 um. Die Barockfassade (1656/57), deren Portikus eine winzige Piazza umrahmt, stammt von Pietro da Cortona. Raffaels Fresken der *Vier Sibyllen* (1514) in der ersten Kapelle rechts sind von Michelangelos Decke in der Sixtinischen Kapelle (siehe S. 14f) beeinflusst. Die Kapelle beim Seitenschiff schmückte Peruzzi aus. Der nach antikem Vorbild gestaltete Kreuzgang war Bramantes erster Auftrag in Rom. In der Kirche finden häufig Konzerte statt (siehe S. 52).

Fresken im Palazzo Altemps

⑦ Palazzo Altemps
Der Palast aus dem 15. Jahrhundert wurde um 1585 von Martino Longhi restauriert. Dieser schuf wohl auch die Stuckarbeiten und den Hof – jene waren lange Antonio da Sangallo dem Jüngeren oder Peruzzi zugeschrieben worden. Der schöne Palazzo ist heute Heimstatt einer Skulpturenausstellung des Museo Nazionale Romano (siehe S. 34–37).

⑧ Pasquino
Karte L3 ■ **Piazza Pasquino**

Die gesichts- und armlose Statue war Teil der Skulpturengruppe *Menelaos mit Patroklos* – eine römische Kopie eines hellenistischen Vorbilds. Das 1501 an den jetzigen Standort verbrachte Fragment zählte einst zu Roms bedeutendsten »sprechenden Statuen« (siehe Kasten).

Pasquino, Piazza Pasquino

Rund um die Piazza Navona « 91

⑨ Palazzo Massimo alle Colonne
Karte L3 ▪ Corso Vittorio Emanuele II 141 ▪ nur 16. März 7–13 Uhr

Der 1532 von Baldassare Peruzzi erbaute Palast markiert den Übergang von der durch Bramante und Sangallo vertretenen römischen Architektur des Hochrenaissance zu dem gezierten Stil des Manierismus, der in den Barock überleitete. Da er die klassizistische Bauweise sehr verehrte, wollte Peruzzi den Bogen des antiken Stadions von Domitian (siehe S. 92) beibehalten und wählte eine gewölbte Fassade.

⑩ Palazzo Madama
Karte L3 ▪ Piazza Madama 11 ▪ +39 06 6706 2177 ▪ derzeit keine Führungen

Der Renaissancepalast wurde im 16. Jahrhundert für den aus der Familie der Medici stammenden Papst Leo X. erbaut. Die barocke Ziegelfassade und die Fensterrahmen aus Marmor wurden im 17. Jahrhundert hinzugefügt. Da der Palast seit 1870 als Sitz des italienischen Senats fungiert, ist der Zutritt für die Öffentlichkeit beschränkt.

Palazzo Madama

Spaziergang

▶ **Vormittags**

Starten Sie im Hof des Palazzo della Sapienza. Die Fassade von **Sant'Ivo alla Sapienza** ist sehenswert. Gehen Sie rechts um die Kirche herum, verlassen Sie den Hof und folgen Sie der Via della Dogana Vecchia. Biegen Sie nach rechts auf die **Piazza Sant'Eustachio** (siehe S. 100) ab. Lassen Sie sich den Innenraum der gleichnamigen Kirche (18. Jh.) nicht entgehen. Die Piazza bietet einen schönen Ausblick auf die Kuppellaterne von Sant'Ivo. Die Cafés Sant'Eustachio und La Tazza d'Oro sind einladend.

Kehren Sie zur Via della Dogana Vecchia zurück und biegen Sie anschließend rechts ab, um in der Kirche **San Luigi dei Francesi** die kunstvollen Gemälde von Caravaggio zu bewundern. Folgen Sie der Straße dann bis zur Via delle Coppelle und biegen Sie links zur Kirche **Sant'Agostino** ab, die weitere Werke des Künstlers beherbergt. Über die Piazza della Cinque Lune und den Corso del Rinascimento gelangen Sie dann zur **Pasticceria Cinque Lune** (siehe S. 94). Lassen Sie sich dort von den Gebäckstücken und Kuchen in der Auslage verführen.

Gleich um die Ecke befindet sich der **Palazzo Altemps** mit den antiken Skulpturen des Museo Nazionale Romano (siehe S. 34–37). An der **Piazza Navona** können Sie Straßenkünstlern zusehen und an plätschernden Brunnen entspannen. Genießen Sie *tartufo* bei **Tre Scalini** (siehe S. 94), bevor Sie den Vormittag mit einem Schaufensterbummel in der **Via dei Coronari** (siehe S. 92) beschließen.

Siehe Karte S. 88

Dies & Das

① Sant'Agnese in Agone
Karte L3 ▪ Piazza Navona
▪ Mo–Fr 9–13 Uhr & 15–19 Uhr,
Sa & So 9–13 Uhr & 15–20 Uhr

Der Legende nach sollte die heilige Agnes als junges Mädchen in einem Bordell nackt zur Schau gestellt werden, als durch ein Wunder ihr Haar so schnell wuchs, dass es ihre Blöße bedeckte. Die von Borromini gestaltete Fassade vereint konkave und konvexe Formen.

② Palazzo Pamphilj
Karte L3 ▪ Piazza Navona 14
▪ nur für Führungen (Anmeldung unter +39 06 683 981)

Der unter Papst Innozenz X. erbaute Palast (17. Jh.), Sitz der brasilianischen Botschaft, birgt ein herrliches Fresko von Pietro da Cortona.

③ Via dei Coronari
Karte K2

Die von Antiquitätenläden gesäumte Straße ist zu den Messen im Mai und im Oktober viel besucht (siehe S. 80).

④ Santa Maria dell'Anima
Karte L2 ▪ Via di Santa Maria dell'Anima 66 ▪ tägl. 7.30–13 Uhr & 14–18 Uhr

In der Kirche sind Giulio Romanos Altarbild und Peruzzis Grabmal für Hadrian VI. (1523) sehenswert.

⑤ Chiesa Nuova
Karte K3 ▪ Piazza della Chiesa Nuova / Via del Governo Vecchio 134
▪ tägl. 7.30–12 Uhr & 16.30–19 Uhr (Sommer: bis 19.30 Uhr)

Pietro da Cortona bemalte Kuppel und Apsis der Kirche, die Gemälde im Sanktuarium schuf Rubens 1575.

⑥ Palazzo Braschi
Karte L3 ▪ Piazza San Pantaleo 10 ▪ +39 06 0608 ▪ Di–So 10–19 Uhr ▪ Eintritt ▪ www.museodiroma.it

Der letzte für eine Papstfamilie erbaute Palast (1791–1811) – heute das Museo di Roma – spiegelt den Renaissancestil der Piazza wider.

⑦ Sant'Antonio in Campo Marzio
Karte L2 ▪ Via dei Portoghesi 2 ▪ Mo–Fr 8.30–13 Uhr & 15–18 Uhr, Sa 8.30–12 Uhr & 15–18 Uhr, So 9–12 Uhr

Vor der barocken, auch Sant'Antonio dei Portoghesi genannten Kirche steht die Torre della Scimmia – ein seltenes Relikt aus dem Mittelalter.

⑧ Stadion von Domitian
Karte L3 ▪ Via di Tor Sanguigna 13 ▪ tägl. 10–19 Uhr (Sa bis 20 Uhr) ▪ Eintritt ▪ www.stadiodomiziano.com

Der Grundriss des ältesten Stadions in Rom (86 n. Chr.) ist an der Form der Piazza Navona zu erkennen, die über seinen Ruinen erbaut wurde.

⑨ Museo Napoleonico
Karte L2 ▪ Piazza di Ponte Umberto I ▪ +39 06 0608 ▪ Di–So 10–18 Uhr ▪ Eintritt ▪ www.museonapoleonico.it

All die Bilder, Möbel und objets d'art, die hier zu sehen sind, gehörten einst der Familie Bonaparte.

⑩ San Salvatore in Lauro
Karte K2 ▪ Piazza S. Salvatore in Lauro 15 ▪ tägl. 10–13 Uhr & 16–19 Uhr

Die Kirche birgt Pietro da Cortonas Anbetung der Hirten (1630).

Santa Maria dell'Anima

Shopping

1. Al Sogno
Karte L2 ■ Piazza Navona 53
Nostalgie in Form von kostbaren Puppen und Puppenhäusern, Teddybären und Holzspielzeug aller Art. Kinder haben es hier schwer, weil sie nichts anfassen sollen.

Die Welt der Puppen, Al Sogno

2. Murano Max
Karte L3 ■ Via dei Banchi Nuovi 6
Mundgeblasene Glaswaren, u.a. Vasen, Geschirr und Schmuck, aus den Ateliers von Murano sind in allen denkbaren Farben erhältlich.

3. SBU Store
Karte L3 ■ Via di San Pantaleo 68–69
Eines der angesagtesten Herrenmodehäuser Roms verkauft im Erdgeschoss eines historischen Gebäudes alles von der lässigen Jeans bis hin zum Anzug.

4. Antica Cappelleria Troncarelli
Karte L2 ■ Via della Cuccagna 15
Das winzige Bekleidungsgeschäft ist eine Institution und hat sich seit der Gründung 1857 so gut wie gar nicht verändert. Nur die Ware ist heute schicker.

5. Massimo Maria Melis
Karte L2 ■ Via dell'Orso 57
Massimo Melis entwarf einst Kostüme für den Film – heute kreiert er atemberaubenden Schmuck nach Art der Antike, z.B. in Gold gefasste Steine, Münzen oder Siegel aus etruskischer und römischer Zeit.

6. Cinzia Vintage
Karte K3 ■ Via del Governo Vecchio 45
Einer der traditionellen Secondhandläden der Straße bietet hier noch immer alles von der alten Levis bis zu Designerschnäppchen.

7. Altroquando
Karte L3 ■ Via del Governo Vecchio 82–83
Die Buchhandlung für Kunst und Fotografie dient auch als Bühne für Veranstaltungen (u.a. Filme). Es gibt auch Magneten und Poster.

8. Kouki
Karte K2 ■ Via dei Coronari 26
Perlen werden hier in Tütchen verkauft. Auf Wunsch macht man aus Ihrer Auswahl gleich eine Kette.

9. Nicotra di San Giacomo
Karte C3 ■ Via del Governo Vecchio 128
Der elegante, einzigartige Schmuck wird in Handarbeit hergestellt und verbindet italienische Tradition mit zeitgenössischer Mode.

10. Delfina Delettrez
Karte L3 ■ Via del Governo Vecchio 67
Die Stücke dieser Schmuckdesignerin – einer Nachfahrin der Familie Fendi – sind oft in Modemagazinen wie *Vogue* zu sehen.

Siehe Karte S. 88

Cafés & Bars

Gäste im berühmten Tre Scalini

① Tre Scalini
Karte L3 ■ Piazza Navona 28

Das historische Café an der Piazza Navona ist bekannt für sein *tartufo*, eine köstliche hausgemachte Spezialität *(siehe S. 78)*.

② Abbey Theatre
Karte K3 ■ Via del Governo Vecchio 51/53

Das gemütliche irisch geprägte Pub bietet abseits vom Trubel des Nachtlebens Guinness sowie eine irische und italienische Tageskarte.

③ Caffetteria-Bistrot Chiostro del Bramante
Karte K3 ■ Arco della Pace 5

Die Wände des Museumscafés ziert moderne Kunst, die Tische im Freien bieten Blick auf das barocke Kloster. Neben Kaffee und heißer Schokolade locken leckere Salate.

④ La Botticella
Karte L3 ■ Via di Tor Millina 32

Die Römer lieben es, hier in lebhafter Atmosphäre Bier zu trinken und traditionell zu essen. Das Ambiente erweckt das Gefühl, man sei im Rom vergangener Tage.

⑤ Two Sizes – Tiramisù
Karte K3 ■ Via del Governo Vecchio 88

Die kleine Bar serviert Tiramisu in zwei Größen und in den Geschmacksrichtungen Kaffee, Erdbeere, Erdnussbutter, Karamell und Pistazie.

⑥ Pasticceria Cinque Lune
Karte L3 ■ Corso del Rinascimento 89

Die Bäckerei alter Schule ist vollgepackt mit Kuchen, Feingebäck und Keksen. Spezialität des Ladens ist *imperatore* – ein Gebäck mit Ricotta und feinen Kräutern, das pur oder mit Schokolade zu haben ist.

⑦ Enoteca Il Piccolo
Karte K3 ■ Via del Governo Vecchio 74

Für ein Glas Wein und leckere hausgemachte Snacks und Salate oder einen *vin brulè* (Glühwein) im Winter ist die freundliche kleine Bar der perfekte Ort.

⑧ Bar del Fico
Karte K3 ■ Piazza del Fico 26

Das beliebte Bar-Restaurant bietet ein umfangreiches *Aperitivo*-Büfett *(siehe S. 83)*, leckere Cocktails und tollen Sonntagsbrunch.

⑨ Caffè Domiziano
Karte L2 ■ Piazza Navona 88

Bei dem wunderbaren Blick, den die Terrasse des Cafés bietet, ist es gar nicht so schlimm, dass der Service ein wenig langsam ist.

⑩ Mimì e Cocò
Karte K3 ■ Via del Governo Vecchio 73

Die gemütliche Weinstube mit gedämpfter Beleuchtung serviert Wurst, Käse und große Weine.

Restaurants

Preiskategorien
Preis für ein Drei-Gänge-Menü pro Person mit einer halben Flasche Wein, inkl. Steuern und Service.

€ unter 40 € ■ €€ 40–60 € ■ €€€ über 60 €

① Da Francesco
Karte K3 ■ Piazza del Fico 29 ■ +39 06 686 4009 ■ €

Urlauber schätzen das Vorspeisenbüfett mit Parmaschinken, Meeresfrüchtesalat und diversen vegetarischen Köstlichkeiten. Auch Pasta und Pizzas sind zu empfehlen.

② Da Tonino
Karte K3 ■ Via del Governo Vecchio 18/19 ■ +39 333 587 0779 ■ So geschl. ■ €

Die Pastaportionen der lebhaften Trattoria sind riesig. Hauptgerichte reichen von geschmortem Kalb bis zu Lamm mit Bratkartoffeln.

③ Casa e Bottega
Karte K2 ■ Via dei Coronari 183 ■ +39 06 686 4358 ■ €

Das schicke, aber zwanglose Lokal lockt mit besten Zutaten und Bistroambiente (siehe S. 76).

④ Il Convivio Troiani
Karte L2 ■ Vicolo dei Soldati 31 ■ +39 06 686 9432 ■ So geschl. ■ €€€

Das edle Restaurant in Roms historischem Zentrum serviert italienische Köstlichkeiten der Saison und edle Weine (siehe S. 75).

⑤ Cul de Sac
Karte L3 ■ Piazza Pasquino 73 ■ +39 06 6880 1094 ■ €

Eine der ältesten Weinbars der Stadt ist aus gutem Grund immer gut besucht und eine bessere Wahl als die Bars an der nahen Piazza Navona.

⑥ Pizzeria La Montecarlo
Karte K3 ■ Vicolo Savelli 13 ■ +39 06 686 1877 ■ Mo geschl. ■ €

Den Betreibern liegt die Gastronomie im Blut – den Eltern gehört die alteingesessene Pizzeria da Baffetto in der Via del Governo Vecchio, wo die Warteschlangen stets lang sind.

⑦ Casa Bleve
Karte L3 ■ Via del Teatro Valle 48 ■ +39 06 686 5970 ■ So geschl. ■ €€€

In Anacleto Bleves Osteria kommen nur Zutaten von kleinen regionalen Erzeugern auf den Tisch (siehe S. 77).

⑧ Casa Coppelle
Karte M2 ■ Piazza delle Coppelle 49 ■ +39 06 6889 1707 ■ €€

Das zwanglose Restaurant serviert Köstlichkeiten der französischen und römischen Küche wie *tarte tatin* mit Artischocken und ein tolles Risotto mit Gorgonzola und Birnen.

Lo Zozzone

⑨ Lo Zozzone
Karte L3 ■ Via Teatro della Pace 32 ■ +39 06 6880 8575 ■ €

Die knusprige *pizza bianca* (nur mit Olivenöl und Salz), die mit feinen Zutaten aus der Feinkosttheke belegt ist, kann man auch auf der Terrasse essen oder mitnehmen.

⑩ Il Pagliaccio
Karte J3 ■ Via dei Banchi Vecchi 129A ■ +39 06 6880 9595 ■ So, Mo & Di mittags geschl. ■ €€€

Das modern eingerichtete mediterrane Restaurant bietet verschiedene Probiermenüs und Spezialitäten à la carte (siehe S. 74).

Siehe Karte S. 88

TOP 10 Rund ums Pantheon

Zur Zeit des Römischen Reichs war der Campo Marzio (Marsfeld), das Areal an der Biegung des Tiber, ein Exerzierplatz. Dann war die Gegend lange vergessen – sie erhielt erst im Barock durch all die Paläste ihr elegantes Gesicht. Mussolini rekonstruierte in den 1920er und 1930er Jahren den antiken Charakter des Viertels und ließ Bauten zur Verherrlichung des Faschismus erstehen.

Brunnendetail, Piazza della Rotonda

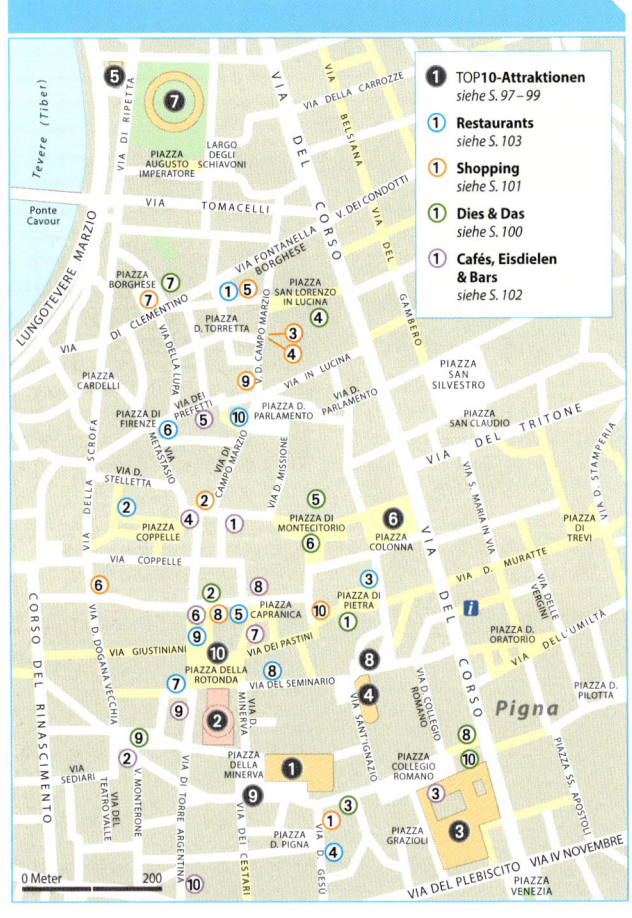

- **1** TOP10-Attraktionen siehe S. 97–99
- **1** Restaurants siehe S. 103
- **1** Shopping siehe S. 101
- **1** Dies & Das siehe S. 100
- **1** Cafés, Eisdielen & Bars siehe S. 102

Rund ums Pantheon

Pantheon mit Brunnen und Obelisk von Ramses II.

1 Santa Maria sopra Minerva
Karte M3 ▪ Piazza della Minerva 42 ▪ tägl. 10.30–12.30 Uhr & 15–19 Uhr

Die einzige gotische Kirche Roms entstand wohl auf den Ruinen des Tempels der Minerva. Die ursprünglich nackte Figur des *Auferstandenen Christus* (1514–21) von Michelangelo wurde später mit einem Lendentuch aus Bronze versehen. Die Fresken in der letzten Kapelle rechts schuf Filippino Lippi. An der rechten Wand sind Porträts der Päpste Leo X. und Clemens VII. zu sehen. Die von Antonio Sangallo dem Jüngeren gestalteten Medici-Gräber befinden sich in der Apsis neben den Grabstätten von Fra Angelico und Katherina von Siena *(siehe S. 51)*.

2 Pantheon
»Schlicht, erhaben, streng, nüchtern, sublim« – sogar Lord Byron rang nach Worten, um das antike Meisterwerk zu beschreiben. Das Pantheon ist der einzige Tempel Roms, der die Jahrtausende nahezu unversehrt überstand *(siehe S. 18f)*.

3 Galleria Doria Pamphilj
Karte N3 ▪ Via del Corso 305 ▪ +39 06 679 7323 ▪ Mo–Do 9–19 Uhr, Fr–So 10–20 Uhr (Reservierung erforderlich) ▪ Eintritt ▪ www.doriapamphilj.it

Die wohl beste Privatsammlung Roms zeigt Gemälde von Rubens, Correggio, Tintoretto, Carracci und Brueghel. Zudem sind Caravaggios *Maria Magdalena*, *Ruhe auf der Flucht nach Ägypten* und *Johannes der Täufer* (eine Kopie von dem in den Musei Capitolini), Tizians *Salome mit dem Haupt Johannes' des Täufers* und Berninis Büste von Papst Innozenz X. zu sehen *(siehe S. 54f & S. 60f)*.

Santa Maria sopra Minerva

Sant'Ignazio di Loyola

⑤ Museo dell'Ara Pacis
Karte D2 ■ Lungotevere in Augusta ■ +39 06 0608 ■ tägl. 9.30–19.30 Uhr ■ Eintritt ■ www.arapacis.it

Kaiser Augustus ließ den »Altar des Friedens« 13–19 v. Chr. errichten, um nach der Unterwerfung von Teilen Westeuropas, der Levante und Nordafrikas die Pax Romana (Römischer Frieden) zu feiern. Im Lauf der Jahrhunderte wurden immer wieder Fragmente des Altars ausgegraben. In den 1920er Jahren ließ Mussolini die wiederhergestellte Ara Pacis beim Mausoleum des Augustus aufstellen. Heute birgt ein von Richard Meier entworfenes Museum – der erste moderne Bau in Roms Zentrum seit über 70 Jahren – den Altar.

④ Sant'Ignazio di Loyola
Karte N3 ■ Piazza di Sant'Ignazio ■ tägl. 7.30–19 Uhr (So ab 9 Uhr)

Die Barockkirche der Jesuiten wurde 1685 vollendet. Die später hinzugefügte Kuppel gestaltete Andrea Pozzo. Die Trompe-l'Œil-Technik auf der flachen, kreisförmigen Decke über der Vierung lässt die Kuppel voluminös erscheinen. Die meisterhafte Gestaltung der Perspektive ist am besten von der in den Boden eingelassenen gelben Marmorplatte aus zu sehen. Andrea Pozzo schuf auch die Fresken des heiligen Ignatius im Kirchenschiff *(siehe S. 53)*.

⑥ Mark-Aurel-Säule
Karte N2 ■ Piazza Colonna

Die 29,5 Meter hohe Säule wurde 180–93 zu Ehren des Kaisers Mark Aurel errichtet, als Vorbild diente die Trajanssäule *(siehe S. 26)*. Die unteren Reliefspiralen zeigen die Germanenkriege, die oben den Sarmatenkrieg (174–76). 1588 ließ Papst Sixtus V. die Statuen des Kaisers und seiner Frau durch die des Apostels Paulus ersetzen.

> **Tempel-Recycling**
>
> Die Römer waren bei der »Weiterverwertung« von Tempeln recht einfallsreich: Das Pantheon wurde zur Kirche, das Hadrianeum zur Börse. San Clemente entstand über einem Mithräum, Santa Maria sopra Minerva über dem Tempel der Minerva. Die Wände der Kirchen San Lorenzo in Miranda und San Nicola in Carcere aus dem 11. Jahrhundert stützen alte Tempelsäulen.

Mark-Aurel-Säule

⑦ Mausoleum des Augustus
Karte D2 ■ Piazza Augusto Imperatore

Das imposante Kaisergrab ließ Augustus 27 v. Chr. erbauen. Auch die Kaiser Tiberius und Nerva sowie Honoratioren wie Agrippa und Marcellus wurden in der Anlage beigesetzt. Die Urnen wurden später geraubt, die Travertin-Fassade für Palastbauten geplündert. Die antike Rotunde

Rund ums Pantheon « 99

diente als Arena für Bärenkämpfe, als Garten und als Konzerthalle. In den 1920er Jahren wurde das Dach in antikem Stil restauriert und mit Gras und Zypressen bepflanzt. Mussolini ließ die faschistisch geprägte Piazza anlegen. Das Mausoleum ist nur von außen zu besichtigen.

Mausoleum des Augustus

Piazza di Sant'Ignazio
Karte N3

Francesco Raguzzini entwarf das barocke Ensemble 1727/28 im Auftrag der Jesuiten. Zu der meisterhaften Gestaltung des Platzes zählen auch die kunstvollen Eisenbalkone und der matte, rosafarbene Putz der Gebäude.

Obelisco della Minerva
Karte M3 ▪ Piazza della Minerva

Berninis Elefant belegt, dass der Baumeister Humor hatte. Die Skulptur, die einen kleinen ägyptischen Obelisken aus dem 6. Jahrhundert auf dem Rücken trägt, wurde 1667 nach dessen Entwurf von Ercole Ferrata angefertigt. Sie spielt auf Hannibals Kriegselefanten an, die beim karthagischen Angriff auf das Römische Reich 218 v. Chr. Rammböcke über die Alpen transportierten.

Piazza della Rotonda
Karte M3

Bis 1847 war der Platz vor dem Pantheon ein lebendiger Markt, heute ist er ein beliebter Ort zum Kaffeetrinken. Vor Giacomo della Portas Brunnen (1575), den ein kleiner Obelisk zu Ehren von Ramses II. schmückt, warten Pferdekutschen.

Spaziergang

Beginnen Sie den Tag mit einem Cappuccino im **Caffè Sant'Eustachio** (siehe S. 102), dann folgen Sie der Salita de' Crescenzi bis zur **Piazza della Rotonda** und zum **Pantheon**. Auf der Piazza della Minerva finden sich der Obelisco della Minerva und die Kirche **Santa Maria sopra Minerva** mit Meisterwerken von Filippino Lippi und Michelangelo.

Wo die Via Santa Caterina da Siena in die Via Pie' di Marmo übergeht, ist rechts der berühmte antike Marmorfuß zu sehen. Die Straße führt auf die Piazza vor der **Galleria Doria Pamphilj**. Nach der Würdigung der Sammlung haben Sie sich eine Pause im schicken **Caffè Doria** (siehe S. 102) verdient. Über den östlichen Ausgang der Piazza geht es auf die Via Lata und über den Corso zu **Santa Maria in Via Lata** (siehe S. 100). Links des Corso liegt die Piazza di Sant'Ignazio. In der Kirche **Sant'Ignazio di Loyola** sind die Trompe-l'Œil-Fresken einen Blick wert. Hinter den kleinen Palazzi des Platzes liegt die Piazza di Pietra. Von dort führt eine Gasse zur **Mark-Aurel-Säule**. Speisen Sie mit Leuten vom nahen Parlament in der traditionellen Trattoria **Da Gino al Parlamento** (siehe S. 103) oder gönnen Sie sich leckeres Eis bei **Giolitti** (siehe S. 102).

Die Via del Leone führt Sie zum **Palazzo Borghese** (siehe S. 100) mit dem Mercato dell'Antiquariato (siehe S. 101) und weiter zur Piazza Augusto Imperatore mit dem **Mausoleum des Augustus** und dem **Museo dell'Ara Pacis**.

Siehe Karte S. 96

Dies & Das

Besucher des Hadrianeum

① Hadrianeum
Karte N2 ▪ Piazza di Pietra 9A
▪ nur für Veranstaltungen

Elf Säulen stehen noch von diesem Tempel, den Hadrians Sohn im Jahr 145 n. Chr. zu Ehren seines Vaters bauen ließ.

② Santa Maria Maddalena
Karte M2 ▪ Piazza della Maddalena 53 ▪ Mo–Fr 7–12 Uhr & 17–20 Uhr, Sa & So 9.30–12 Uhr & 17–20 Uhr

Giuseppe Sardi schuf im Jahr 1735 die prächtige Rokokofassade der schönen Kirche.

③ Pie' di Marmo
Karte N3 ▪ Via San Stefano del Cacco, Via del Pie' di Marmo

Von der Statue, zu der der riesige Marmorfuß einmal gehörte, weiß man nichts, sie war aber wohl gut acht Meter groß.

④ San Lorenzo in Lucina
Karte M2 ▪ Piazza San Lorenzo in Lucina 16A ▪ tägl. 8–20 Uhr

Die Kirche aus dem 5. Jahrhundert wurde in den Jahren 1090 bis 1118 renoviert. Guido Reni malte das Altarbild, Bernini entwarf die zweite Kapelle auf der rechten Seite.

⑤ Palazzo di Montecitorio
Karte M2 ▪ Piazza di Montecitorio 33 ▪ +39 06 676 01 ▪ 1. So im Monat (außer Juli –1. Woche im Sep)

Im Palast von Bernini befindet sich die Abgeordnetenkammer. Die südliche Fassade ist original (17. Jh.), die nördliche zeigt Jugendstil.

⑥ Piazza di Montecitorio
Karte M2

Der Obelisk, der den Platz ziert, war einst Teil der Sonnenuhr des Augustus neben der Ara Pacis (siehe S. 98).

⑦ Palazzo Borghese
Karte M1 ▪ Via Borghese & Via di Ripetta ▪ nicht öffentlich zugänglich

Vignola begann 1560 mit dem Bau des wegen der ungewöhnlichen Form auch »Cembalo« genannten Palasts. Flaminio Ponzio fügte die Terrasse Richtung Tiber an.

⑧ Fontanella del Facchino
Karte N3 ▪ Via Lata

Der kleine Mauerbrunnen in Gestalt eines Wasserverkäufers stammt aus dem 16. Jahrhundert.

⑨ Piazza Sant'Eustachio
Karte M3

Auf dem Platz gibt es zwei Cafés, die um den Titel für den besten Cappuccino Roms konkurrieren, und einen Glockenturm aus dem Jahr 1196. Der Blick auf Sant'Ivo alla Sapienza (siehe S. 89) ist herrlich.

⑩ Santa Maria in Via Lata
Karte N3 ▪ Via del Corso 306
▪ tägl. 17–22.30 Uhr (Sommer: ab 18 Uhr)

Pietro da Cortona schuf um 1660 Fassade und Vestibül des Gotteshauses, Bernini den Hochaltar (1639–43). Eindrucksvolle Fresken (6. Jh.) sind heute in der Crypta Balbi (siehe S. 64f) zu bewundern.

Santa Maria in Via Lata

Shopping

Künstlerbedarf bei Ditta G. Poggi

① Ditta G. Poggi
Karte M3 ▪ Via del Gesù 74

In einem von Roms bekanntesten Läden für Künstlerbedarf bekommt man von Ölfarben über Zeichenkohle bis zu Skizzenblöcken und Stiften so ziemlich alles.

② Davide Cenci
Karte M2 ▪ Via di Campo Marzio 1–8

Den Damen- und Herrenausstatter gibt es seit 1926. Neben den eigenen klassischen, aber überaus eleganten Kollektion führt er internationale Marken wie Burberry, Ralph Lauren, Giorgio Armani, Fay, Church's und Brooks Brothers.

③ Campo Marzio
Karte M2 ▪ Via di Campo Marzio 41

Der Laden führt neben luxuriösen Schreibgeräten wie silbernen Füllfederhaltern und Kalligrafie-Sets auch Notizbücher, iPad- und Handyhüllen sowie Notebooktaschen, Aktenmappen und Handgepäck aus Leder.

④ Vittorio Bagagli
Karte M2 ▪ Via di Campo Marzio 42

Der Laden verkauft seit 1855 edle Haushaltswaren. Es gibt Utensilien von Alessi, Geschirr von Solimene und Kaffeemaschinen von Pavoni.

⑤ Michele di Loco
Karte M1 ▪ Via del Leone 7

Das unkonventionelle edle Schuhwerk für Männer und Frauen kreierten ein paar ausgesuchte Designer. Nahe dem Campo de' Fiori (Via dei Baullari 22) gibt's noch einen Laden.

⑥ Mercato dell'Antiquariato
Karte M1 ▪ Piazza Borghese

An die 17 Stände bieten auf dem reizenden Antiquitätenmarkt bis Mittag alte Drucke und Bücher.

⑦ Città del Sole
Karte L1 ▪ Via della Scrofa 65

Die italienische Kette führt pädagogisch wertvolles Spielzeug von hoher Qualität. Das Augenmerk liegt auf innovativem Design und natürlichen Materialien.

⑧ Il Papiro
Karte M3 ▪ Via del Pantheon 50

Die römische Filiale der florentinischen Kette bietet schöne Produkte aus marmoriertem Papier, edle Füller und Werkzeug für Kalligrafien.

⑨ Campomarzio70
Karte M2 ▪ Via di Campo Marzio 70

Die Parfümerie führt exklusive italienische Marken und feinste Kosmetikartikel. Auch Düfte aus echter Handarbeit gehören zum Sortiment.

⑩ Bartolucci
Karte M2 ▪ Via dei Pastini 98

Die zauberhaften Spielwaren, Uhren und Möbelstücke – darunter wunderschöne Schaukelpferde und Pinocchios – haben italienische Kunsthandwerker aus Holz gefertigt.

Siehe Karte S. 96

Cafés, Eisdielen & Bars

① Giolitti
Karte M2 ■ Via degli Uffici del Vicario 40

Es heißt, dass das renommierte Café die beste Eiscreme in Rom serviert – prüfen Sie's nach *(siehe S. 78)*.

Tische vor Giolitti

② Caffè Sant'Eustachio
Karte M3 ■ Piazza Sant'Eustachio 82

Das Café ist für seinen Cappuccino berühmt, die Zubereitung ist streng geheim *(siehe S. 78)*.

③ Caffè Doria
Karte N3 ■ Galleria Doria Pamphilj, Eingang Via della Gatta 1A

Genießen Sie tollen Kaffee, Gebäck, leichte Mittagsgerichte und abendliche Drinks und Snacks im Ambiente eines noblen englischen Teesalons.

④ Grom
Karte M2
■ Via della Maddalena 30A

Die Eiscreme wird nach alten Rezepten zubereitet, die Zutaten sind 100 Prozent bio *(siehe S. 79)*.

⑤ Enoteca al Parlamento Achilli
Karte M1 ■ Via dei Prefetti 15

Abgeordnete aus dem nahen Parlamentsgebäude besuchen gern die stimmungsvolle Weinbar.

⑥ San Crispino
Karte M2 ■ Piazza della Maddalena 3

San Crispino kreiert seit Anfang der 1990er Jahre Eis aus rein biologischen Zutaten. Eiscreme, Sorbets und Baisers sind in allen Filialen der Stadt so gut wie eh und je.

⑦ La Tazza d'Oro
Karte M2 ■ Via degli Orfani 84

Die Römer lieben dieses Kaffeehaus, das schon seit 1946 besteht. Der Kaffee gilt als der beste in ganz Rom *(siehe S. 79)*.

⑧ Enoteca Capranica
Karte M2 ■ Piazza Capranica 104

Die Weinbar mit Restaurant bietet sowohl ein *Aperitivo*-Büfett *(siehe S. 83)* als auch Mittagessen. Die Dekoration aus unzähligen Weinflaschen verweist auf einen sehr gut bestückten Weinkeller.

⑨ Cremeria Monteforte
Karte M3 ■ Via della Rotonda 22 ■ Dez & Jan geschl.

Die Eisdiele mit dem Pinocchio aus Holz am Eingang liegt zwar im Besuchertrubel vor dem Pantheon *(siehe S. 18f)*, doch sie bietet das wohl beste Erdbeereis der Stadt sowie interessante Geschmacksrichtungen wie Schokolade-Orange.

⑩ Pascucci
Karte M4 ■ Via di Torre Argentina 20

Diese Bar verkauft Roms beste Milchshakes und Smoothies in unzähligen Geschmacksrichtungen und Variationen.

Italienische Eiscreme

Restaurants

Preiskategorien
Preis für ein Drei-Gänge-Menü pro Person mit einer halben Flasche Wein, inkl. Steuern und Service.

€ unter 40 € ■ €€ 40–60 € ■ €€€ über 60 €

1 Matricianella
Karte M1 ■ Via del Leone 3/4
■ +39 06 683 2100 ■ So geschl. ■ €€

Die Altstadt-Trattoria serviert *carciofi alla giudia* (gebratene Artischocken jüdischer Art), *fritto vegetale* (gebratenes Gemüse) und *saltimbocca* (Kalb mit Schinken und Salbei).

2 Il Bacaro
Karte L2 ■ Via degli Spagnoli 27
■ +39 06 687 2554 ■ €€

Die Inneneinrichtung ist modern, doch auf der von Weinreben umgebenen Terrasse fühlt man sich wie im alten Rom. Die traditionellen Gerichte stammen aus ganz Italien. Reservierung ist unerlässlich.

3 Osteria dell'Ingegno
Karte N2 ■ Piazza di Pietra 45
■ +39 06 678 0662 ■ €

In der beliebten Weinbar gibt es tolle Wurst- und Käseplatten.

4 Trattoria Enoteca Corsi
Karte M4 ■ Via del Gesù 88
■ +39 06 679 0821 ■ Sa abends & So geschl. ■ €

Neben einer großen Weinauswahl gibt es traditionelle Gerichte zu erschwinglichen Preisen.

5 Clemente alla Maddalena
Karte M2 ■ Piazza della Maddalena
■ +39 06 683 3633 ■ €€

Das elegante Restaurant serviert ausgezeichnete italienische Küche.

6 Obicà
Karte M1 ■ Via dei Prefetti 26A
■ +39 06 683 2630 ■ €

Das Café-Restaurant ist auf Gerichte mit Büffelmozzarella von hoher Qualität spezialisiert.

7 Armando al Pantheon
Karte M3 ■ Salita dei Crescenzi 31 ■ +39 06 6880 3034 ■ Sa abends & So geschl. ■ €€

Der Familienbetrieb ist für Klassiker der römischen Küche bekannt, bietet aber auch leichtere Gerichte.

Armando al Pantheon

8 Taverna del Seminario
Karte M3 ■ Via del Seminario 105 ■ +39 06 8110 9909 ■ €

Die authentisch italienische Küche ist nicht nur gut, sondern auch preiswert – das gilt auch für den Chianti.

9 La Rosetta
Karte M2 ■ Via della Rosetta 8/9
■ +39 06 686 1002 ■ €€€

Das 1966 gegründete Restaurant mit Austernbar serviert tolle Seafood- und Fischgerichte. Besonders lecker sind Thunfischtatar und die Pasta mit Hummer.

10 Da Gino al Parlamento
Karte M1 ■ Vicolo Rosini 4 ■ +39 06 687 3434 ■ So geschl. ■ €€€

In dem mit Trompe-l'Œil-Fresken verzierten Gewölbe hat sich seit der Eröffnung 1963 wenig verändert. Viele Politiker schätzen die Klassiker wie *tonnarelli cacio e pepe* (siehe S. 73), also besser reservieren!

Siehe Karte S. 96

TOP 10 Vom Campo de' Fiori bis zum Kapitol

Das geschichtsträchtige Gebiet birgt den Ort, an dem Caesar ermordet wurde, aber mit dem Kapitol eben auch den ganzen Stolz der Stadt. In der Antike drängten sich hier die bedeutendsten Bauten, doch mit Verlegung des päpstlichen Hofs und Roms schwindender Macht war auch das Elend hier am größten. Die Päpste kamen wieder, Rom erholte sich, die Gegend lebte auf – und ist heute vielleicht das »römischste Viertel« von Rom.

Exponat der Musei Capitolini

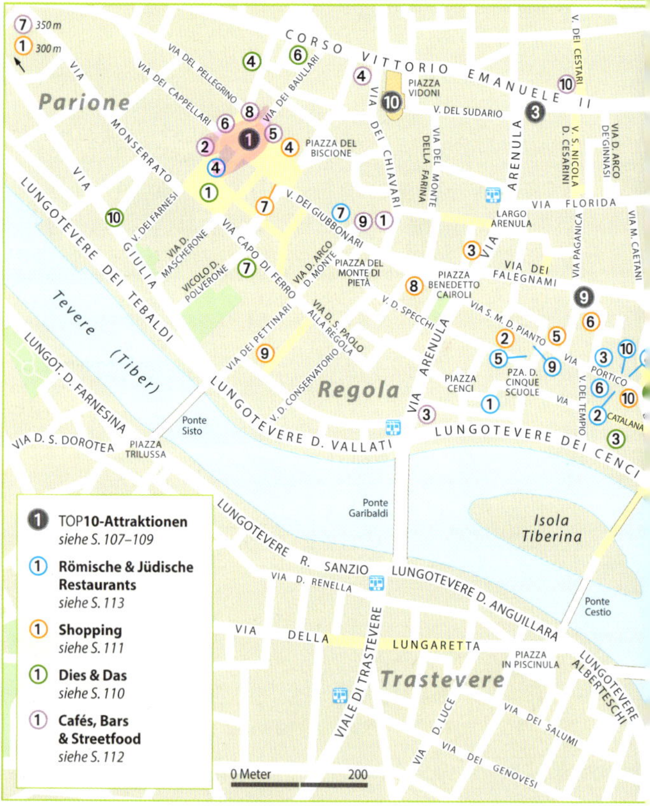

- **TOP10-Attraktionen** *siehe S. 107–109*
- **Römische & Jüdische Restaurants** *siehe S. 113*
- **Shopping** *siehe S. 111*
- **Dies & Das** *siehe S. 110*
- **Cafés, Bars & Streetfood** *siehe S. 112*

Vorhergehende Doppelseite Unter der Kuppel des Pantheon

Vom Campo de' Fiori bis zum Kapitol « 107

1 Campo de' Fiori
Karte L4

Roms »Blumenfeld« war einst eine freie Fläche vor dem Pompeiustheater. Im Mittelalter entwickelte sich der Platz zu einem der belebtesten, bevölkert von Adligen und Pilgern. Zur Inquisition fanden hier Hinrichtungen statt. Eine Statue erinnert an Giordano Bruno, der im Jahr 1600 verbrannt wurde *(siehe S. 62)*.

2 Kapitol
Karte N5

In Rom ist eigentlich alles auf irgendetwas anderem erbaut. Das Kapitol nahm ursprünglich zwei Hügel ein: den vom Tempel der Juno gekrönten Arx und den Cavo mit dem Jupitertempel, den heute der Palazzo dei Conservatori *(siehe S. 30f)* dominiert. Das 78 v. Chr. erbaute Tabularium (Archiv) verband die Tempelanlagen. Über dem Tabularium wurde im 12. Jahrhundert der Palazzo Senatorio errichtet. Palazzo Nuovo und Piazza del Campidoglio *(siehe S. 60)* entstanden im 16. Jahrhundert.

Kapitol

3 Largo di Torre Argentina
Karte M4

Die Ruinen der vier Tempel aus der Zeit der Römischen Republik wurden 1925 freigelegt – einer wird auf das 4. Jahrhundert v. Chr. datiert. An der Westseite des Platzes zeigt die Fassade des Teatro Argentina (18. Jh.) eine den Musen gewidmete Inschrift. Im 19. Jahrhundert feierten in dem Theater viele Opern Premiere, z. B. Rossinis *Barbier von Sevilla*. Pauline Bonaparte engagierte extra ein paar Störenfriede, damit die Oper floppte.

4 Theatrum Marcelli
Karte N5 ■ Via del Portico d'Ottavia 29 ■ tägl. 9 Uhr bis Sonnenuntergang

Das Marcellustheater, eines von drei antiken Theatern im Viertel, stammt aus dem 1. Jahrhundert v. Chr. Bis das Kolosseum die Gunst des Volkes gewann, war es wahrscheinlich das meistbesuchte aller kaiserlichen Theater im alten Rom. Im Mittelalter befanden sich in den Arkaden Läden. Die drei Säulen rechts und das Fragment eines Frieses sind Relikte des Apollotempels.

Prachtvoll verzierte Decke der Chiesa del Gesù

⑤ Santa Maria in Cosmedin
Karte N6 ■ Piazza della Bocca della Verità 18 ■ tägl. 9.30–18.50 Uhr ■ www.cosmedin.org

Was einst ein Haus für die Armenspeisung war, wurde im 6. Jahrhundert zur Kirche und 200 Jahre später zum Zentrum der griechischen Exilgemeinde Roms. Der griechische Beiname »in Cosmedin« bedeutet »dekoriert«. Vom ursprünglichen Interieur ist wenig verblieben, das meiste stammt aus dem 12. und 13. Jahrhundert, doch der orthodoxe Altar ist noch vorhanden *(siehe S. 51)*. Bekannt ist die Kirche für die *Bocca della Verità*, den »Mund der Wahrheit«. Um die antike Tritonenmaske rankt die Legende, dass sie Lügnern die Hand abbeißt *(siehe S. 82)*.

⑥ Forum Boarium
Karte N6

Der Name des Platzes geht auf die einstige Nutzung als Rindermarkt zurück. Heute befindet sich hier ein kleiner Park mit zwei gut erhaltenen Tempeln aus dem 2. Jahrhundert v. Chr. und dem Janusbogen. Der Bogen entstand vermutlich unter Kaiser Konstantin. Der hübsche runde Tempel war Herkules gewidmet, der rechteckige dem Hafengott Portunus – er diente im 9. Jahrhundert als eine der heiligen Maria von Ägypten geweihte Kirche.

⑦ Chiesa del Gesù
Karte N4 ■ Piazza del Gesù ■ tägl. 7–12.30 Uhr & 17–19.30 Uhr

Größe und Ausstattung der Kirche, ein Paradebeispiel für die Gegenreformation, demonstriert die Vorrangstellung jesuitischen Glaubens. Schon die Fassade ist elegant, doch innen zeigt sich der ganze Glanz – vor allem an sonnigen Tagen. Die Engel und Heiligen scheinen durch die Decke in den Himmel zu steigen. Das Grab des Ordensgründers Ignatius von Loyola schmückt der größte Lapislazuli der Welt.

⑧ Santa Maria in Aracoeli
Karte N4 ■ Scala dell'Arce Capitolina 14 ■ tägl. 9.30–17.30 Uhr (Sommer: tägl. 9–18.30 Uhr)

Die Kirche entstand im 6. Jahrhundert über den Fundamenten des antiken Tempels der Juno Moneta, der

---

Juden in Rom

Juden sind in Rom seit dem 2. Jahrhundert v. Chr. präsent. Die Gemeinde prosperierte bis zum Mittelalter – im Jahr 1556 verbannte Papst Paul IV. die Juden in das Ghetto am Ufer des Tiber. Dies bestand bis 1870. 60 Jahre später war die jüdische Gemeinde unter den Faschisten erneut tödlichen Verfolgungen ausgesetzt. Die heute etwa 14 000 in der Stadt lebenden Juden sind ganz in die Gesellschaft integriert.

Vom Campo de' Fiori bis zum Kapitol « 109

einst die römische Münze barg – das Wort leitet sich von Junos Beinamen ab. Wer die Treppe (14. Jh.) auf den Knien hinaufrutscht, soll mit einem Lottogewinn belohnt werden – so oder so lohnt die Aussicht von der Treppe den Aufstieg. Die 22 Säulen im Innenraum entstammen antiken Bauten. Links trägt eine Säule die Inschrift *a cubiculo Augustorum* (»aus dem kaiserlichen Schlafzimmer«).

Fontana delle Tartarughe
Karte M5 ■ Piazza Mattei

Der »Schildkrötenbrunnen« ist das Werk dreier Künstler: Giacomo della Porta entwarf im 1500 für die Familie Mattei, Taddeo Landini schuf die bronzenen Knaben, die Schildkröten fügte ein Jahrhundert später vermutlich Bernini hinzu *(siehe S. 63)*.

Fontana delle Tartarughe

Sant'Andrea della Valle
Karte L4 ■ Piazza Sant'Andrea della Valle ■ tägl. 7.30–19.30 Uhr

Dass die Fassade der Barockkirche aus dem 17. Jahrhundert asymmetrisch ist, liegt am Temperament des Bildhauers: Papst Alexander VII. kritisierte wohl den Engel auf der linken Seite, sobald dieser fertig war, worauf sich der beleidigte Cosimo Fancelli weigerte, einen zweiten für die rechte Seite anzufertigen, und sagte: »Wenn er noch einen will, muss er ihn selbst machen!« Der Innenraum der Kirche, Schauplatz des ersten Akts von Puccinis *Tosca*, zeigt wunderschöne Fresken von Domenichino.

Spaziergang

▶ Für diesen Spaziergang sollten Sie ungefähr zwei bis vier Stunden einplanen. Am besten ist es, gleich morgens zu starten. Startpunkt ist das **Theatrum Marcelli**, wo die Stützpfeiler aus dem 16. Jahrhundert einen genaueren Blick lohnen. Gleich um die Ecke befindet sich die Kirche **Santa Maria in Campitelli** *(siehe S. 110)* mit ihrem schönen Tabernakel und westlich davon die reizvolle **Fontana delle Tartarughe**. Die nördlich des Brunnens gelegene **Crypta Balbi** *(siehe S. 64f)*, sie beherbergt einen Teil des Museo Nazionale Romano, erläutert die faszinierende Geschichte des Viertels. Ein Stück weiter nördlich liegt die **Chiesa del Gesù**.

☕ Legen Sie bei **Bar del Cappuccino** *(siehe S. 112)* eine Pause ein: Hier sind Cappuccino und *cornetti* besonders lecker.

In der Kirche **Sant'Andrea della Valle** ist die Decke sehenswert. Gehen Sie dann gen Süden in Richtung Via di Grotta Pinta, wo Sie auf die Ruinen des **Theatrum Pompeium** *(siehe S. 69)* stoßen. Weiter nordwestlich sind auf der **Piazza Farnese** *(siehe S. 63)* die Zwillingsbrunnen aus Becken der Caracalla-Thermen zu bestaunen. Über den **Campo de' Fiori** erreichen Sie den **Palazzo della Cancelleria** *(siehe S. 110)*, ein architektonisches Meisterwerk der Renaissance.

🍴 Falls Sie noch nichts gegessen haben, etwa mittags im **Antico Forno Roscioli** (Via dei Chiavari 34), sollten Sie den Tag mit einem luxuriösen Essen im **Ar Galletto** *(siehe S. 113)* beschließen.

Siehe Karte S. 106f

Dies & Das

① Palazzo Farnese
Karte K4 ▪ Piazza Farnese 67 ▪ +39 06 686 011 ▪ Führungen: Mo, Mi & Fr 15, 16 & 17 Uhr ▪ Eintritt ▪ www.visite-palazzofarnese.it

Einer der größten Paläste Roms birgt Kunst von Michelangelo – u. a. am herrlichen Gesims. Reservieren Sie im Voraus *(siehe S. 60)*.

② Il Vittoriano
Karte N4 ▪ Piazza Venezia ▪ tägl. 9.30–19.30 Uhr (letzter Einlass 18.45 Uhr)

Wegen der etwas eigenwilligen Motivik nennen die Römer ihr Monumento a Vittorio Emanuele II auch gern schlicht »Hochzeitstorte«.

③ Synagoge
Karte M5 ▪ Lungotevere de' Cenci ▪ +39 06 6840 0661 ▪ Jüdisches Museum: Apr–Sep: So–Do 10–18 Uhr, Fr 10–16 Uhr; Okt–März: So–Do 10–17 Uhr, Fr 9–14 Uhr

Die 1904 erbaute Synagoge beherbergt das Jüdische Museum.

④ Palazzo della Cancelleria
Karte L4 ▪ Piazza della Cancelleria 1 ▪ Mo–Sa 7.30–20 Uhr, So 9.30–19 Uhr ▪ Eintritt

Der Renaissancebau mit dem beispiellosen Innenhof war einst Sitz der Päpstlichen Kanzlei *(siehe S. 61)*.

Eingang des Palazzo della Cancelleria

⑤ Portico d'Ottavia
Karte M5

Der Portikus zu Ehren der Schwester von Augustus war einst Eingang zum Circus Flaminius. Ein Gerüst bietet Blick auf die Grabungsstätte.

⑥ Museo di Scultura Antica Giovanni Barracco
Karte L4 ▪ Corso Vittorio Emanuele II 168 ▪ +39 06 0608 ▪ Okt–Mai: Di–So 10–16 Uhr; Juni–Sep: Di–So 13–19 Uhr ▪ Eintritt ▪ www.museobarracco.it

Die Sammlung von antiken Skulpturen und einigen Keramiken ist klein, aber exzellent.

⑦ Galleria Spada
Karte L5 ▪ Piazza Capo di Ferro 13 ▪ +39 06 683 2409 ▪ Mi–Mo 8.30–19.30 Uhr ▪ Eintritt (1. So im Monat frei)

Bernardino und Virginio Spada (17. Jh.) sammelten die barocken Gemälde im Palazzo Spada, dem Sitz des italienischen Staatsrats. Achten Sie auf Borrominis Trompel'Œil-Architektur *(siehe S. 61)*.

⑧ Palazzo Venezia
Karte N4 ▪ Via del Plebiscito 118 ▪ +39 06 678 0131 ▪ Di–So 9.30–19.30 Uhr ▪ Eintritt (1. So im Monat frei)

Papst Paul II. sah vom Balkon des Palasts bei Pferderennen zu, Mussolini hielt dort Ansprachen. Heute dient das Gebäude als Museum und Kunstbibliothek *(siehe S. 61)*.

⑨ Santa Maria in Campitelli
Karte N5 ▪ Piazza Campitelli 9 ▪ tägl. 7–19 Uhr

Der Tabernakel der Kirche ist einer der schönsten in ganz Rom.

⑩ Via Giulia
Karte K4

Donato Bramante legte die elegante, von edlen Palazzi gesäumte Straße zu Beginn des 16. Jahrhunderts an.

Shopping

1 Calzoleria Petrocchi
Karte J3 ■ Vicolo Sugarelli 2
■ Mo – Sa nach Vereinbarung

Daniela Ridolfi führt die Tradition ihres Großonkels Tito Petrocchi fort, der in den 1950er/1960er Jahren die *La-dolce-vita*-Prominenz mit maßgefertigten Schuhen versorgte.

2 Beppe e I Suoi Formaggi
Karte M5 ■ Via di Santa Maria del Pianto 9A/11

Wahre Künstler ihres Fachs versorgen den Laden mit Käse, Schinken, Salami, Eingelegtem, Brot und Wein. Probieren Sie sich durchs Sortiment oder kaufen Sie für ein Picknick ein.

3 Cartolerie Internazionali
Karte D4 ■ Via Arenula 85

Der Schreibwarenladen bietet Künstlerbedarf, Stifte, Geschenkideen, Fotoalben und Grußkarten.

Fahrenheit 451

4 Fahrenheit 451
Karte L4 ■ Campo de' Fiori 44

Das Angebot an Literatur zu Kino, Kunst und Fotografie ist echt riesig.

5 Boccione Limentani
Karte M5 ■ Via del Portico d'Ottavia

Der als koschere oder auch Ghetto-Bäckerei bekannte Laden hat ein recht begrenztes Sortiment, für die *biscotti*, *pizze* und dreierlei *crostate* (Mürbteigkuchen) – Ricotta-Kirsch, Ricotta-Schoko und Mandel-Kirsch – stehen die Leute aber Schlange.

Alimentari Ruggeri

6 Alimentari Ruggeri
Karte L4 ■ Campo de' Fiori 1

Der Feinkostladen führt eine große Auswahl an Käse, Räucherschinken und leckeren Mitbringseln.

7 Acqua Madre Hammam
Karte M5 ■ Via di San Ambrogio 17 ■ Mo geschl.

Nach einem Shoppingtag lässt es sich in dem luxuriösen Hamam bei Saunagängen und verschiedensten Anwendungen prima entspannen.

8 Momento
Karte L5 ■ Piazza Benedetto Cairoli 9

Das Angebot der ausgefallenen Boutique reicht vom Ballkleid über Wollmänteln bis zu bedruckten T-Shirts und schrillen Accessoires.

9 Timezone
Karte L4 ■ Via dei Pettinari 41

In dem Laden sind Markenuhren – z. B. von Swatch – um 30 bis 50 Prozent günstiger als anderswo.

10 Leone Limentani
Karte M5 ■ Via del Portico d'Ottavia 47

Die Haushaltswaren bekannter italienischer Marken werden in einer Art Lagerhalle präsentiert.

Siehe Karte S. 106f

Cafés, Bars & Streetfood

① Antico Forno Roscioli
Karte L4 ▪ Via dei Chiavari 34 ▪ So geschl. (Juli & Aug: auch Sa)

Die angesehene Bäckerei verkauft leckere *rustici* (gefüllter Blätterteig), *focaccia* (Brotfladen), *pizza bianca* (Pizzabrot) u. Ä. frisch aus dem Ofen.

② Antica Latteria
Karte K4 ▪ Vicolo del Gallo 4 ▪ +39 06 686 5091 ▪ Mi geschl.

In der seit rund 50 Jahren weitgehend unveränderten Kaffeebar gibt es heiße Schokolade und Milchkaffee in großen Tassen.

③ Bar del Cappuccino
Karte L5 ▪ Via Arenula 50 ▪ +39 06 6880 6042 ▪ So geschl.

Hier serviert man mit den besten Cappuccino – auf Wunsch auch mit besonders dickem Schaum.

④ PanDivino – Street Food
Karte L4 ▪ Piazza del Paradiso 39 ▪ Di geschl.

Die gemütliche und freundliche Tapas-Bar serviert italienische und spanische Spezialitäten.

⑤ Antica Norcineria Viola
Karte L4 ▪ Campo de' Fiori 43 ▪ Aug geschl.

Der Lebensmittelladen hat sich auf Schinken und Salami aus Umbrien spezialisiert – sie gelten als die besten in ganz Italien.

Frisches Brot bei Forno Campo de' Fiori

⑥ Forno Campo de' Fiori
Karte K4 ▪ Campo de' Fiori 22

Die von einem Zweig der Familie Roscioli geführte Bäckerei ist spezialisiert auf *pizza bianca*, *pizza rosso* (mit Tomatensauce) und *crostate* (Mürbteigkuchen).

⑦ Bar Giulia
Karte J3 ▪ Via Giulia 84 ▪ +39 06 686 1310 ▪ So geschl.

Die einfache, aber sehr gemütliche Snackbar serviert köstliche Sandwiches und zaubert schöne Muster in den Schaum ihrer Cappuccinos.

⑧ Obicà
Karte L4 ▪ Campo de' Fiori 16 ▪ +39 06 6880 2366

Die Kette bietet an mehreren Orten der Stadt *(siehe S. 103)* ihre feinen Mozzarella-Spezialitäten.

⑨ Dar Filettaro a Santa Barbara
Karte L4 ▪ Largo dei Librari 88 ▪ +39 06 686 4018 ▪ So geschl.

Die Römer essen knusprig frittierten Kabeljau am liebsten in diesem kleinen Imbiss, einer echten Institution.

⑩ Mercerie – High Street Food
Karte M4 ▪ Via S. Nicola de' Cesarini 4/5 ▪ +39 347 971 4949 ▪ Mo geschl.

Chefkoch Igles Corelli kreiert in seinem modernen Lokal erstaunliches Fingerfood.

Antica Norcineria Viola

Römische & Jüdische Restaurants

> **Preiskategorien**
> Preis für ein Drei-Gänge-Menü pro Person mit einer halben Flasche Wein, inkl. Steuern und Service.
>
> € unter 40 € €€ 40 – 60 € €€€ über 60 €

① Piperno
Karte M5 ■ Monte de' Cenci 9 ■ +39 06 6880 6629 ■ So abends & Mo geschl. ■ €€

Das Restaurant an einer schönen ruhigen Piazza serviert exzellente traditionelle Gerichte wie *carciofi alla giudia* (siehe S. 72). Reservierung ist unerlässlich.

Knusprige Artischocken

② Vecchia Roma
Karte N5 ■ Piazza Campitelli 18 ■ +39 06 686 4604 ■ Mi & zwei Wochen im Aug geschl. ■ €€€

Das Lokal in historischem Gewand ist in Rom sehr bekannt. Der Service ist so exquisit wie die Weinkarte.

③ La Taverna del Ghetto
Karte N5 ■ Via del Portico d'Ottavia 8 ■ +39 06 6880 9771 ■ Fr abends & Sa mittags geschl. ■ €€

Genießen Sie koscher in mittelalterlichen Räumen oder auf der Piazza.

④ Ar Galletto
Karte K4 ■ Piazza Farnese 104 ■ +39 06 686 1714 ■ eine Woche im Aug geschl. ■ €€€

Die nette Trattoria bietet traditionelle Kost und eine schöne Terrasse.

⑤ Sora Margherita
Karte M4 ■ Piazza delle Cinque Scole 30 ■ +39 06 687 4216 ■ So abends, Mi, Fr & Sa mittags, Do geschl. ■ €€

Die kleine römisch-jüdische Osteria besitzt kein Schild, ist aber am roten Streifenvorhang zu erkennen.

⑥ Ba'Ghetto
Karte M5 ■ Via del Portico d'Ottavia 57 ■ +39 06 6889 2868 ■ Fr abends & Sa mittags geschl. ■ €€

Die moderne Trattoria bietet koschere Küche aus Rom und Nordafrika.

⑦ Filetti di Baccalà
Karte M4 ■ Largo dei Librari 88 ■ +39 06 686 4018 ■ So geschl. ■ keine Kreditkarten ■ €

Das kleine traditionelle Restaurant ist eine römische Institution und spezialisiert auf köstliche kleine Kabeljaufilets aus der Fritteuse.

⑧ Da Giggetto
Karte M5 ■ Via del Portico d'Ottavia 21A/22 ■ +39 06 686 1105 ■ Mo geschl. ■ €€€

Das Lokal vor dem Portico d'Ottavia (siehe S. 110) ist bekannt für erstklassige *carciofi alla giudia*, leckere Pasta und Eintöpfe mit Innereien.

⑨ Sheva
Karte M5 ■ Via Santa Maria del Pianto 1B ■ +39 06 9259 7940 ■ €

Kosten Sie jüdische Spezialitäten wie die Pasta mit Zucchini, koscherem Fleisch und Safran oder das Risotto mit Kürbis und Maronen.

⑩ Nonna Betta
Karte M5 ■ Via del Portico d'Ottavia 16 ■ +39 06 6880 6263 ■ Di geschl. ■ €

Die große Auswahl an beliebten römisch-jüdischen Spezialitäten reicht von *carciofi alla giudia* über Endivien-Anchovi-Auflauf bis hin zu Pastagerichten.

Siehe Karte S. 106f

TOP 10 Spanische Treppe & Villa Borghese

Fontana di Trevi

Roms stilvollstes Viertel legten päpstliche Stadtplaner im 16. Jahrhundert an, im Barock wurde das Gebiet um den Corso saniert und – nach den drei von der Piazza del Popolo abgehenden Straßen – »Tridente« getauft. Eleganz und Theatralik des Viertels machen die abendliche *passeggiata* entlang der Via del Corso zu etwas ganz Besonderem.

Spanische Treppe & Villa Borghese « 115

1 Galleria Borghese
Allein das Gebäude ist den Besuch wert, doch es birgt zudem noch die beste Sammlung früher Skulpturen Berninis *(siehe S. 24f)*.

2 Spanische Treppe & Piazza di Spagna
Karte D2
Die elegante Treppe im Rokokostil ist eine der beliebtesten Sehenswürdigkeiten Roms. Am schönsten ist sie im Mai, wenn dort die Azaleen blühen, doch die Leute kommen das ganze Jahr über her, um auf den Stufen *la dolce vita* zu genießen und bis spät in die Nacht den Straßen-

Spanische Treppe, Piazza di Spagna

musikern zu lauschen. Francesco de Sanctis baute die Treppe 1723 – 26 für König Ludwig XV. Ihr eigentlicher Name Scalinata della Trinità dei Monti stammt von der Kirche *(siehe S. 116)*, zu der sie hinaufführt. An ihrem Fuß erstreckt sich die Piazza di Spagna – benannt nach der nahen Spanischen Botschaft – mit Berninis Fontana della Barcaccia von 1629. Die Gestaltung als sinkendes Schiff unter Straßenniveau löste das Problem des schwachen Wasserdrucks.

3 Santa Maria del Popolo
Die eindrucksvolle Kirche ist ein Lehrstück in Sachen Kunst und Architektur aus Renaissance und Barock *(siehe S. 38f)*.

4 Fontana di Trevi
Karte P2 ▪ Piazza di Trevi
Das Kino machte den Brunnen weltbekannt. Anita Ekberg badete hier in *La Dolce Vita* und spätestens seit *Drei Münzen im Brunnen* wissen wir, dass, wer eine Münze über die Schulter ins Wasser wirft, nach Rom zurückkehrt. Reliefs zeigen eine Jungfrau, die auf den Ort der von ihr entdeckten Quelle deutet, und Agrippa, der den Bau eines Aquädukts befiehlt. Der speist den Brunnen noch heute. Als Referenz an die Antike versah Nicola Salvi den barocken Brunnen mit dem Triumphbogen *(siehe S. 62f)*.

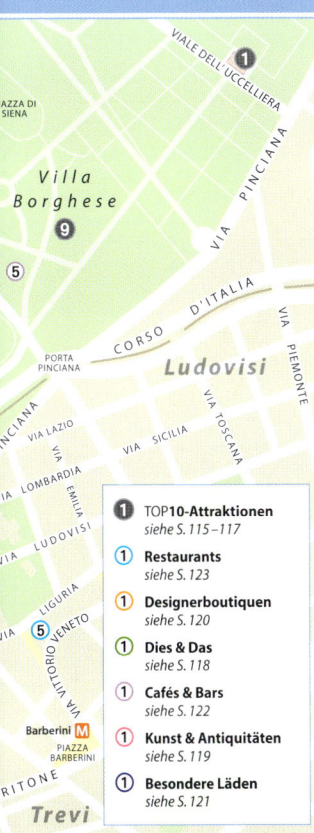

- ① **TOP10-Attraktionen** siehe S. 115 –117
- ① **Restaurants** siehe S. 123
- ① **Designerboutiquen** siehe S. 120
- ① **Dies & Das** siehe S. 118
- ① **Cafés & Bars** siehe S. 122
- ① **Kunst & Antiquitäten** siehe S. 119
- ① **Besondere Läden** siehe S. 121

> **Wahlheimat Rom**
>
> Goethes *Italienische Reise* (siehe S. 58) inspirierte manchen Nordeuropäer zum Studium der Stadt in sonnigem Klima. Babington's Tea Rooms und das Wohnhaus von Keats brachten dem Viertel um die Spanische Treppe den Namen »Englisches Ghetto« ein, doch auch Goethe lebte hier. Inzwischen ist es hier generell internationaler. Herausragende Studenten der Académie Française erhalten Stipendien für Kurse in der Villa Medici.

❺ Keats-Shelley-Haus
Karte D2 ▪ Piazza di Spagna 26 ▪ +39 06 678 4235 ▪ Mo – Sa 10 –13 Uhr & 14 –18 Uhr ▪ Eintritt ▪ www.ksh.roma.it

In dem mit rosafarbenem Stuck verzierten Haus über der Spanischen Treppe starb 1821 John Keats (siehe S. 58) im Alter von 25 Jahren. Heute ehrt dort ein kleines Museum ihn und romantische Dichterkollegen wie Shelley (siehe S. 59), die in Rom gelebt haben. Zu den Exponaten gehören Dokumente, Briefe, Publikationen, Keats' Totenmaske und eine Skizze, die Joseph Severn von seinem sterbenden Freund anfertigte.

❻ Trinità dei Monti
Karte D2 ▪ Piazza della Trinità dei Monti ▪ Mo – Do 10.15 – 20 Uhr, Fr 12 – 21 Uhr, Sa 9.15 – 20 Uhr, So 9 – 21 Uhr

Die Kirche, zu der die Spanische Treppe hinaufführt, war Teil eines Klosters, das Ludwig XII. 1503 gründete. Die Fassade mit den Zwillingstürmen (1584) stammt von Giacomo della Porta, die Freitreppe (1587) von Domenico Fontana. Der barocke Innenraum birgt drei Kapellen. Daniele da Volterra schuf die Fresken in der dritten Kapelle rechts, außerdem das Altarbild *Mariä Himmelfahrt*, das ein Porträt seines Meisters Michelangelo enthält, und die *Kreuzabnahme* in der zweiten Kapelle links.

Auf dem Gelände der Villa Medici

❼ Villa Medici
Karte D2 ▪ Viale Trinità dei Monti 1 ▪ Führungen: Mi – Mo 10 – 19 Uhr (Reservierung empfohlen) ▪ Eintritt ▪ www.villamedici.it

Die 1540 erbaute Villa diente zur Zeit der Inquisition als Gefängnis – der berühmteste Insasse war Galileo Galilei 1633. Seit 1803 ist sie Heimat der Académie de France à Rome und wird für Konzerte und Ausstellungen genutzt. Die Gärten sind bei Führungen zu bewundern. Augenmerk verdienen die Stanza degli Uccelli mit schönen Fresken von Blumen und Vögeln und die griechische Skulpturengruppe der Niobe.

❽ Piazza del Popolo
Karte D2

Die Piazza, heute das »elegante Wohnzimmer« Roms, wurde 1538 ursprünglich trapezförmig angelegt. Sixtus V. beauftragte Domenico Fontana mit dem Bau eines Brunnens und ließ diesen mit einem 3200 Jahre alten, 25 Meter hohen Obelisken versehen, den Augustus aus Heliopolis nach Rom gebracht hatte. Von

Altar der Kirche Trinità dei Monti

Spanische Treppe & Villa Borghese « 117

Napoléons Gesandten in Rom beauftragt, gestaltete Giuseppe Valadier die Piazza 1811–23 um. Es entstand ein großes Oval, das über eine Serpentinenstraße zum Pincio ansteigt. Valadier schuf auch die Löwen im ägyptischen Stil *(siehe S. 62).*

⑨ Villa Borghese
Karte D2 ▪ Eingänge an Piazza Flaminio, Piazza del Popolo, Via Trinità dei Monti & Corso Italia

Die größte öffentliche Grünfläche Roms ist ein hübscher Park mit Statuen, Brunnen, Pavillons und einer Wasseruhr. Neben Erholung findet man hier vier Museen: Galleria Borghese mit Kunst aus Renaissance und Barock, Villa Giulia mit etruskischen Artefakten, Galleria Nazionale d'Arte Moderna *(siehe S. 118)* mit moderner Kunst und Museo Carlo Bilotti *(siehe S. 118)*, das Werke des italienischen Künstlers Giorgio de Chirico (1888–1978) präsentiert. Kardinal Scipione Borghese verwandelte den Besitz vor der Aurelianischen Mauer 1608 in einen privaten Park, seit 1901 ist er öffentlich zugänglich. Angrenzend schuf Giuseppe Valadier 1809–14 innerhalb der Stadtmauern die terrassierten Gärten am Pincio *(siehe S. 66).*

See und Pavillon, Villa Borghese

⑩ Villa Giulia
Der schöne Landsitz von Papst Julius III. birgt heute die Sammlung des Museo Nazionale Etrusco, das sich Kunst und Kultur dieser frühen Zivilisation widmet. Die Etrusker beherrschten vom 8. bis zum 3. Jahrhundert v. Chr. weite Teile des Landes *(siehe S. 40f).*

Spaziergang

▶ Startpunkt Ihrer *passeggiata* ist die **Piazza Santi Apostoli** mit der gleichnamigen Kirche *(siehe S. 118)*. Folgen Sie der Via dell'Umilità, gehen Sie durch die mit Fresken verzierte Passage (1880) und biegen Sie rechts in die Via di Muratte zur schönen **Fontana di Trevi** *(siehe S. 115)* ab. Verlassen Sie den Platz über die Via del Lavatore und biegen Sie links in die Via della Panetteria ein. Bei **San Crispino** *(siehe S. 78)* können Sie köstliches Eis genießen.

Biegen Sie rechts in die Via del Tritone, dann links in die Via Francesco Crispi, wo Sie in der **Galleria Nazionale d'Arte Moderna** *(siehe S. 118)* zeitgenössische Kunst bewundern können. Über Via Capo le Case und Via Due Macelli gelangen Sie zu **Piazza di Spagna und Spanischer Treppe**. Die Läden westlich der Piazza laden zu einem ausgedehnten Schaufensterbummel ein, doch weiter nördlich warten in Via del Babuino und Via Margutta auch noch nette Kunst- und Antiquitätenläden *(siehe S. 119)*, die Sie vielleicht noch vor Ladenschluss erreichen wollen.

An der **Piazza del Popolo** angelangt, ist dann auch Zeit für einen Cappuccino im **Canova** *(siehe S. 122)*, bevor Sie in der Kirche **Santa Maria del Popolo** all die Werke von Caravaggio, Raffael und Bernini würdigen. Gegen 19 Uhr beginnen in der Kirche **Santa Maria in Montesanto** *(siehe S. 118)* die gregorianischen Gesänge. Bei guter Pizza im **Il Brillo Parlante** (Via della Fontanella 12) klingt der Tag entspannt aus.

Siehe Karte S. 114f

Dies & Das

1. Via dei Condotti
Karte D2

Designerläden und -boutiquen säumen die »Fifth Avenue« von Rom.

2. Galleria Nazionale d'Arte Moderna
Karte D1 ▪ Viale delle Belle Arti 131 ▪ +39 06 322 981 ▪ Di – So 10 – 18.30 Uhr ▪ Eintritt (1. So im Monat frei)

Das Museum für moderne Kunst zeigt Werke des 19. und 20. Jahrhunderts. Die meisten stammen von italienischen Künstlern (siehe S. 55).

3. Museo Carlo Bilotti
Karte D1 ▪ Viale Fiorello La Guardia, Villa Borghese ▪ +39 06 0608 ▪ Juni – Sep: Di – Fr 13 – 19 Uhr (Sa & So ab 10 Uhr); Okt – Mai: Di – So 10 – 16 Uhr (Sa & So bis 19 Uhr) ▪ Eintritt

Das kleine Kunstmuseum zeigt Werke von Giorgio de Chirico, Gino Severini und Andy Warhol.

4. Santi Ambrogio e Carlo al Corso
Karte N1 ▪ Via del Corso 437 ▪ tägl. 7 – 19 Uhr

Pietro da Cortona entwarf Empore, Kuppel und Stuckelemente der römischen Barockkirche im Jahr 1669.

5. Canovas Atelier
Karte D2 ▪ Via del Babuino 150A ▪ Mo – Sa 8 – 24 Uhr

Die Wände des Ateliers schließen zahlreiche Skulpturenfragmente ein.

6. Galleria Colonna
Karte N2 ▪ Via della Pilotta 17 ▪ +39 06 678 4350 ▪ Sep – Juli: Sa 9 – 13 Uhr oder nach Vereinbarung ▪ Eintritt

Diese Galerie zeigt Werke von Tintoretto, Lotto und Veronese in einem prächtigen Barockpalast.

7. Porta del Popolo
Karte D2 ▪ Piazza del Popolo

Architekt Nanni di Baccio Bigio benutzte im 16. Jahrhundert den Titusbogen als Vorlage für dieses Tor.

8. Casa di Goethe
Karte D2 ▪ Via del Corso 18 ▪ +39 06 3265 0412 ▪ Di – So 10 – 18 Uhr ▪ Eintritt ▪ www.casadigoethe.it

Das Haus, das Goethe 1786 bis 1788 bewohnte (siehe S. 58), ist heute ein Museum. Zu sehen sind u. a. einige Briefe.

9. Santi Apostoli
Karte P3 ▪ Piazza Santi Apostoli 51 ▪ tägl. 7 – 12 Uhr & 16 – 19 Uhr

Die Kirche aus dem 6. Jahrhundert wurde 1702 – 08 umgebaut. Sie präsentiert ein Trompe-l'Œil-Gewölbe.

10. Santa Maria dei Miracoli & Santa Maria in Montesanto
Karte D2 ▪ Miracoli: Via del Corso 528; tägl. 7 – 12.30 Uhr & 16 – 19.30 Uhr ▪ Montesanto: Via del Babuino 198; Mo – Fr 5 – 20 Uhr, So 11 – 13.30 Uhr

Carlo Fontana schuf die »Zwillingskirchen« im späten 17. Jahrhundert. Man sagt, Bernini habe bei der Gestaltung der zweiten ein wenig mitgeholfen.

Santa Maria dei Miracoli

Kunst & Antiquitäten

Libreria Il Mare

① Cesare Lampronti
Karte D2 ■ Via di S. Giacomo 22
Der international geachtete Kunsthändler ist spezialisiert auf alte italienische Meister, insbesondere auf Stillleben und Landschaften aus dem 17. und 18. Jahrhundert und aus der Schule von Künstlern wie Caravaggio oder Canaletto.

② Benucci
Karte D2 ■ Via del Babuino 150C
Das Angebot der Galerie – neben Kunst und Antiquitäten aus dem 17. und 18. Jahrhundert auch ein paar zeitgenössische Stücke – ist sonst nur in Museen zu finden.

③ Erica Ravenna Fiorentini
Karte D2 ■ Via della Reginella 3
Die große Kunstgalerie zeigt Italiens führende zeitgenössische Künstler. Das ganze Jahr über finden Ausstellungen und Veranstaltungen statt.

④ Maurizio Grossi
Karte D2 ■ Via Margutta 109
Hier gibt es marmorne Kopien von Skulpturen aus Klassik und Renaissance, römischen Büsten, griechischen Statuen und Mosaike.

⑤ Alberto di Castro
Karte D2 ■ Piazza di Spagna 5
In dem netten Laden werden Radierungen, Lithografien und Drucke von 1660 bis 1920 angeboten.

⑥ Libreria Il Mare
Karte D2 ■ Via del Vantaggio 19
Alle Bücher und Poster des Ladens drehen sich um das Thema Meer. Dazu gibt es Seekarten und sogar ein paar Navigationsinstrumente.

⑦ Galleria Valentina Moncada
Karte D2 ■ Via Margutta 54
Eine der bedeutendsten modernen Kunstgalerien Italiens gehört der angesehenen Kuratorin, die schon Tony Cragg ausstellte, Chen Zhen entdeckte und mit Künstlern von Anish Kapoor und Damien Hirst bis zu Rachel Whiteread und Gillian Wearing gearbeitet hat.

⑧ Monogramma Arte Contemporanea
Karte D2 ■ Via Margutta 102
Die Galerie für zeitgenössische Kunst zielt darauf ab, italienische Künstler einem internationalen Publikum vorzustellen.

⑨ Danon
Karte D2 ■ Via Margutta 36/37
Danon ist ein führender, traditionsreicher Händler von antiken orientalischen Teppichen.

⑩ Il Marmoraro
Karte D2 ■ Via Margutta 53B
Marmorstücke werden vom Besitzer dieses kleinen Ladens mit verschiedenen Inschriften graviert.

Siehe Karte S. 114f

Designerboutiquen

① Laura Biagiotti
Karte D2 ▪ Via Belsiana 57

Eines der größten italienischen Modehäuser fertigt seit 1972 Mode für Damen, seit 1987 auch für Herren. Die verwendete weiche Wolle brachte der im Jahr 2017 verstorbenen Designerin den Titel »Kaschmirkönigin« ein.

② Ferragamo
Karte D2 ▪ Via dei Condotti 65

Der in den 1950er Jahren bei Filmstars beliebte Schuhmacher hat sich inzwischen auf Massenproduktion verlegt, zeigt aber nach wie vor Stil.

③ Gucci
Karte D2 ▪ Via dei Condotti 8

Die Kunstfertigkeit des Florentiner Sattelmachers begründete einen der frühen Erfolge in der italienischen Modewelt. Dieser Flagship-Store bietet hochwertige Taschen, Schuhe und Accessoires.

④ Valentino
Karte D2 ▪ Piazza di Spagna 38

Der Laden führt die Prêt-à-porter-Kollektion des römischen Designers, dessen Mode Jackie Kennedy und Audrey Hepburn in den 1960er Jahren berühmt machten.

⑤ Prada
Karte D2 ▪ Via dei Condotti 92

Das teuerste unter den italienischen Designerlabels setzt auf Minimalismus mit einem Hauch Retro.

Schaufenster von Prada

Schaufensterpuppe bei Armani

⑥ Giorgio Armani
Karte D2 ▪ Via dei Condotti 77

Der Top-Designer bietet Luxusmode für Damen und Herren sowie Accessoires an. Emporio Armani in der Via del Babuino 140 führt die Kollektion zu niedrigeren Preisen. In der Via del Babuino 70A wird die günstigere Kollektion Armani Jeans verkauft.

⑦ Gianni Versace
Karte D2 ▪ Piazza di Spagna 12

Das Haus des 1997 ermordeten Designers bleibt dessen extravaganten Schnitten und Farben treu.

⑧ Fausto Santini
Karte D2 ▪ Via Frattina 120

Hier sind schöne, elegante Herren- und Damenschuhe sowie Taschen von höchster Qualität erhältlich.

⑨ Fendi
Karte D2 ▪ Largo Goldoni 420

Das von Adele und Edoardo Fendi gegründete und den fünf Töchtern fortgeführte Imperium befriedigt die italienische Lust auf Pelz und Leder.

⑩ Alberta Ferretti
Karte D2 ▪ Via dei Condotti 34

Die gut geschnittene Mode für die moderne Frau ist feminin und dennoch kraftvoll.

Besondere Läden

1 Saddlers Union
Karte D2 ▪ Via Margutta 11

Die hochwertigen Lederwaren, u. a. Reisetaschen, Aktenmappen, Gürtel, Computer- und iPad-Taschen, stehen bei Prominenten und Stilikonen hoch im Kurs.

2 Pro Fvmvm Roma
Karte D2 ▪ Via di Ripetta 248

Zu den edlen Parfums in diesem Reich der Düfte gehören bekannte Namen wie Alba, Acqua Viva und Confetto. Qualität hat allerdings auch hier ihren Preis.

3 Buccone
Karte D2 ▪ Via di Ripetta 19/20

Die alte Weinhandlung führt eine große Auswahl an Weinen zu exzellenten Preisen sowie hausgemachte Pasta, Honig und Marmelade.

Spielwaren bei Il Pesciolino Rosso

von Djeco, sind aus Naturmaterialien handgemacht und ganz bestimmt nicht giftig.

6 c.u.c.i.n.a.
Karte D2 ▪ Via Mario de' Fiori 65

Der Slogan des Fachgeschäfts für exquisites Küchenzubehör in minimalistischem Design lautet in etwa: »Wie eine Küche Appetit auf Neues macht«.

7 Fabriano Boutique
Karte D2 ▪ Via del Babuino 173

In diesem luxuriösen Laden erhält man besonders hochwertige und edle Schreibutensilien aus Italien.

8 Modigliani
Karte D3 ▪ Via Frattina 56

Das Designstudio in der Nähe der Spanischen Treppe führt exquisite handgemachte toskanische Keramik sowie erlesenes Besteck und Geschirr.

9 Vertecchi
Karte D2 ▪ Via della Croce 70

Der König unter Roms Schreibwarenläden bietet zahllose Notizbücher und jede Art von Stift, aber auch alles an Künstlerbedarf. Besonders schicke Füllfederhalter bekommt man in Hausnummer 72.

Wein und Feinkost bei Buccone

4 Tessuti Totti
Karte D2 ▪ Via del Babuino 93

Der Laden bietet luxuriöse Stoffe an, darunter Genuasamt, elegante Vorhänge und bedruckte Textilien.

5 Il Pesciolino Rosso
Karte D2 ▪ Via Bocca di Leone 49

Die wunderbaren Spiel- und Bastelwaren des bezaubernden Ladens, darunter auch die kreativen Sachen

10 Quetzalcoatl
Karte D2 ▪ Via delle Carrozze 26

Der Name ehrt den aztekischen Gott des Windes, der den Menschen die Kakaobohne geschenkt haben soll. Und göttlich sind auch die kunstvollen und überaus ansprechend präsentierten Schokoladenkreationen.

Siehe Karte S. 114f

Cafés & Bars

1 Enoteca Antica
Karte D2 ■ Via della Croce 76B

Das lebhafte, reizend altmodische Lokal serviert köstliche *antipasti* und offene Weine.

2 Antica Birreria Peroni
Karte N3 ■ Via San Marcello 19

Seit 1906 wird hier nicht nur das Bier von Italiens führender Brauerei serviert, sondern auch köstliche römische Gerichte. Das Preis-Leistungs-Verhältnis ist fantastisch.

3 Antico Caffè Greco
Karte D2 ■ Via dei Condotti 86

Das Literaturcafé existiert schon seit 1760. Im 19. Jahrhundert war es u. a. bei den Dichtern der englischen Romantik beliebt *(siehe S. 78)*.

4 Stravinskij Bar
Karte D2 ■ Via del Babuino 9

Die schöne Bar – eine der exklusivsten der Stadt – punktet mit hervorragenden Martinis, elegantem Ambiente und einer herrlichen Terrasse im bezaubernden Garten des Hotel de Russie *(siehe S. 170)*. Mittags gibt es leichte mediterrane Gerichte.

5 VyTa Villa Borghese
Karte E2 ■ Largo Marcello Mastroianni 1

Das Café auf dem Gelände der Villa Borghese bietet leichte Mittagsgerichte wie Salate, Sandwiches und ein bisschen Seafood.

6 Ciampini al Café du Jardin
Karte D2 ■ Piazza Trinità dei Monti ■ Nov – Feb geschl.

Hier kann man ganz entspannt einen oder zwei Sundowner genießen.

7 Caffè Rosati
Karte D2 ■ Piazza del Popolo 4/5

Das Jugendstilcafé, seit je Treffpunkt linker Intellektueller, konkurrierte stets mit dem einst konservativen Canova gegenüber *(siehe S. 79)*.

8 Canova
Karte D2 ■ Piazza del Popolo 16/17

Die ehemalige rechte Bastion im langjährigen Kaffeehausstreit an der Piazza del Popolo ist nicht so stilvoll wie das Rosati, dafür ist der Espresso günstiger und das Eis besser.

9 Ginger Sapori e Salute
Karte N1 ■ Via Borgognona 43/44

Trendige Gesundheitsbewusste genießen hier Smoothies, Salate und kreative vegane Gerichte.

10 Babington's Tea Rooms
Karte D2 ■ Piazza di Spagna 23

Das 1893 von einer Dame aus Derbyshire eröffnete Zentrum für Briten auf ihrer »Grand Tour« serviert teuren Tee und britische Spezialitäten.

Babington's Tea Rooms

Restaurants

Fiaschetteria Beltramme

> **Preiskategorien**
> Preis für ein Drei-Gänge-Menü pro Person mit einer halben Flasche Wein, inkl. Steuern und Service.
>
> € unter 40 €   €€ 40–60 €   €€€ über 60 €

① Fiaschetteria Beltramme
Karte D2 ▪ Via della Croce 39 ▪ +39 06 6979 7200 ▪ keine Kreditkarten ▪ €

Stammgäste und Urlauber sitzen in der traditionellen Trattoria nahe der Spanischen Treppe an großen Gemeinschaftstischen zusammen.

② Edy
Karte D2 ▪ Vicolo del Babuino 4 ▪ +39 06 3600 1738 ▪ So geschl. ▪ €

Eines der besten und preiswertesten Restaurants des Viertels serviert Seafood und römische Gerichte. Vor der Tür stehen Tische mit Kerzen.

③ Imàgo
Karte D2 ▪ Piazza della Trinità dei Monti 6 ▪ +39 06 6993 4726 ▪ mittags geschl. ▪ €€€

Das Hotelrestaurant (siehe S. 74) bietet kreative italienische Küche.

④ Il Margutta Vegetarian
Karte D2 ▪ Via Margutta 118 ▪ +39 06 3265 0577 ▪ €

Der Küchenchef dieses Restaurants mischt auf kreative Weise Biozutaten und regionale Produkte und präsentiert Gerichte, die von der Kunst an den Wänden inspiriert sind.

⑤ Majestic Ristorante Bistrot
Karte E2 ▪ Via Veneto 50 ▪ +39 06 4214 4715 ▪ €€€

Massimo Riccioli hat sich im Hotel Majestic (siehe S. 170f) mit Seafood einen Namen gemacht. Mittagsmenüs gibt es zum Festpreis. Abends geht es formeller zu.

⑥ Babette
Karte D2 ▪ Via Margutta 1D ▪ +39 06 321 1559 ▪ Mo geschl. ▪ €€

Das hübsche Restaurant serviert raffinierte italienische Gerichte aus besten Zutaten – an warmen Tagen auch an Tischen auf einer Piazza.

Casina Valadier mit herrlicher Aussicht

⑦ Casina Valadier
Karte D2 ▪ Piazza Bucarest ▪ +39 06 6992 2090 ▪ Mo geschl. ▪ €€€

Das elegante Restaurant in einer Villa (18. Jh.) mit herrlichem Stadtblick serviert italienische Gourmetküche und großartige Weine.

⑧ Al 34
Karte D2 ▪ Via Mario de' Fiori 34 ▪ +39 06 679 5091 ▪ Mo mittags geschl. ▪ €€

Die Gerichte sind innovativ italienisch, die Menüs überaus preiswert.

⑨ Hamasei
Karte N1 ▪ Via della Mercede 35/36 ▪ +39 06 679 2134 ▪ Mo geschl. ▪ €€

Das japanische Restaurant mit Sushibar ist geschätzt und beliebt.

⑩ Dal Pollarolo
Karte D2 ▪ Via di Ripetta 4/5 ▪ +39 06 361 0276 ▪ Di geschl. ▪ €

Genießen Sie z. B. die *pasta alla checca* mit grünen Tomaten, Oliven, Kapern und Fenchelsaat.

Siehe Karte S. 114f

TOP 10 Antikes Rom

In diesem Teil der Stadt herrschten immer schon Kontraste vor. In der Antike wurden auf dem Palatin die Kaiserpaläste erbaut, während nicht weit davon entfernt Hafenarbeiter Tonnen von Waren aus aller Welt an Land hievten. Auch heute findet sich hier eine Enklave aus hübschen Häusern und Parks mit verborgenen Kunstschätzen – und mit Sicherheit ein paar der eindrucksvollsten antiken Monumente der Welt.

Detail, Caracalla-Thermen

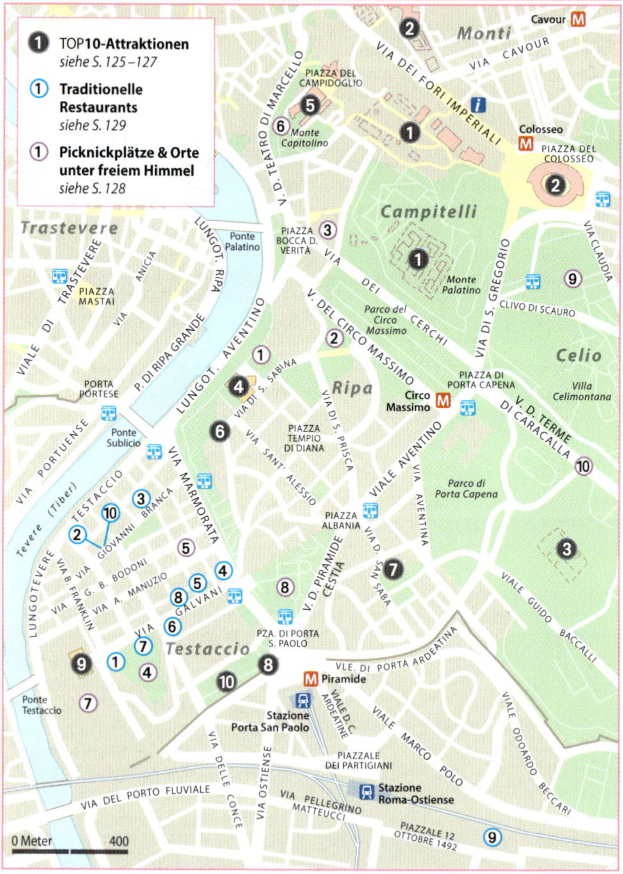

Antikes Rom « 125

1) Forum Romanum & Palatin

Das Herz des Römischen Reichs ist heute ein faszinierender, vom Geist der antiken Kultur erfüllter Ort, der Gänsehaut macht *(siehe S. 20–23)*.

2) Kolosseum & Kaiserforen

Die Ruinen stehen für einstige kaiserliche Macht. Das Kolosseum bediente die Passion für blutrünstige Unterhaltung. Das Trajansforum galt in der Antike als Weltwunder. Einzig verbliebenes Relikt ist die Trajanssäule – ein Glanzstück römischer Bildhauerkunst *(siehe S. 26f.)*.

3) Caracalla-Thermen

Karte E6 ■ Via delle Terme di Caracalla 52 ■ +39 06 3996 700 ■ Mo 9–14 Uhr, Di–So 9 Uhr bis 1 Std. vor Sonnenuntergang ■ Eintritt (1. So im Monat frei)

Die im Jahr 217 eröffneten Bäder waren bis 546, als Goten die Aquädukte zerstörten, in Betrieb und boten Platz für bis zu 2000 Personen. Römische Bäder *(thermae)* hatten Gesellschaftsräume, Kunstgalerien, Bibliotheken, Bordelle und *palestrae* (Trainingsräume). Ein Besuch umfasste Schwitzbad, Dampfbad, Kaltbad und einen kalten Guss. In den Caracalla-Thermen entdeckte man die antike Skulpturensammlung der Familie Farnese, darunter eine signierte griechische Herkulesfigur.

Hauptschiff von Santa Sabina

4) Santa Sabina

Karte D5 ■ Piazza Pietro d'Illiria 1 ■ +39 06 579 401 ■ tägl. 7.15–20 Uhr

Die Kirche wurde um das Jahr 425 über dem Tempel der Juno Regina zu Ehren einer gemarterten Römerin errichtet. 1936–38 wurde sie nahezu in ursprünglicher Form wiederhergestellt, Änderungen aus dem 9. Jahrhundert – Kosmatenarbeiten und der Glockenturm – wurden belassen. Die Arkaden über den korinthischen Säulen zieren Marmorfriese. Die Türen aus Zypressenholz (5. Jh.) zeigen 18 biblische Szenen, u. a. die früheste bekannte Kreuzigungsszene – allerdings ohne Kreuz.

5) Musei Capitolini

Die Einrichtung der Museen war politisch motiviert. Als die Kirche 1471 die ersten Skulpturen in den Palazzo dei Conservatori brachte, wuchs in Rom der Wunsch nach Selbstverwaltung. Der Palast war Sitz der verhassten päpstlichen Ratgeber, die starken Einfluss auf die Senatoren nahmen. Heute beherbergen die Museen eine fantastische Kunstsammlung *(siehe S. 28–31)*.

Caracalla-Thermen

Klassentrennung & Machtkampf

Der Konflikt zwischen herrschender und Arbeiterklasse ist charakteristisch für die Geschichte des Viertels. Der Kampf von Romulus und Remus auf dem Palatin entspricht der Auseinandersetzung der Patrizier mit den Plebejern auf dem Aventin. Das soziale Missverhältnis zwischen dem reichen Aventin und dem armen Testaccio existiert bis heute.

6 Piazza dei Cavalieri di Malta

Karte D5

Die meisten Besucher lockt der berühmte Blick durchs Schlüsselloch am Portal der Kirche Santa Maria del Priorato auf den vom Grün der Bäume umrahmten Petersdom *(siehe S. 65)*. Für die wunderbare Ausgestaltung der Piazza sorgte der vornehmlich für Gravuren mit fantasiereichen antiken Szenen bekannte Giambattista Piranesi im 18. Jahrhundert. Zu Ehren des 1080 gegründeten Ritterordens schmückte der Baumeister die Wände mit winzigen Obelisken und Rüstungen im antiken Stil. Der ursprünglich auf der Insel Rhodos, dann auf Malta beheimatete Orden hat heute seinen Hauptsitz in Rom.

7 San Saba

Karte D6 ▪ Piazza Gian Lorenzo Bernini 20 ▪ Mo–Sa 8–12 Uhr & 16–19 Uhr, So & Feiertage 9.30–13 Uhr & 14–19.30 Uhr

Die über einem spätantiken Oratorium erbaute Kirche (7. Jh.) war einst Refugium für aus Palästina geflüchtete griechische Mönche. Sie wurde restauriert (10. Jh.) und dann mehrmals ausgebaut. Im Portikus der Loggia sind archäologische Funde zu sehen. Der Grundriss der Kirche ist griechisch. Die Innenräume zieren Kosmatenarbeiten. Ein Fresko (13. Jh.) zeigt den hl. Nikolaus, wie er einen Sack Gold auf drei nackte Mädchen wirft, um sie vor der Prostitution zu retten.

Kosmatenarbeit, San Saba

8 Cestius-Pyramide

Karte D6 ▪ Piazzale Ostiense ▪ +39 06 3996 7700 ▪ 3. & 4. Sa & So im Monat 11 Uhr (mit Anmeldung) ▪ Eintritt

Die 36 Meter hohe Pyramide (12 v. Chr.) erinnert an Gaius Cestius Gallus, der an der Niederschlagung des Ersten Jüdischen Kriegs beteiligt war. Eine Inschrift nennt eine Bauzeit von 330 Tagen. Anders als bei ägyptischen Pyramiden wurden Ziegel verbaut und mit Marmor verkleidet *(siehe S. 48)*.

Cestius-Pyramide

Antikes Rom « 127

Mattatoio in Testaccio

⑨ Mattatoio
Karte C6 ■ **Piazza Orazio Giustiniani 4** ■ **+39 06 0608** ■ **nur zu Veranstaltungen** ■ **Eintritt** ■ **www.mattatoioroma.it**

Das rund um einen Schlachthof entstandene Arbeiterviertel Testaccio ist heute sehr trendy. Der Schlachthof (19. Jh.) wurde umgebaut und beherbergt heute eine Filiale des MACRO (siehe S. 55), in der wechselnde Ausstellungen italienischer und internationaler Kunst stattfinden. Monte Testaccio selbst, der Hügel aus antiken Tonscherben, beheimatet einige sehr gute Clubs.

⑩ Protestantischer Friedhof
Karte D6 ■ **Via Caio Cestio 6** ■ **Mo–Sa 9–17 Uhr, So 9–13 Uhr (eine Woche im Aug geschl.)** ■ **Spende**

Auf dem auch Cimitero acattolico (nicht katholisch) genannten Friedhof werden seit 1738 Menschen diverser Glaubensrichtungen begraben. Zu den wohl berühmtesten zählen die englischen Dichter Keats und Shelley (siehe S. 58f). Bis 1870 waren hier Kreuze verboten.

Grabstein von Keats

Spaziergang

▶ Auf dem Gelände gegenüber dem Circus Maximus finden sich einige schöne alte Kirchen und andere Schmuckstücke. Die Tour startet südlich des **Circus Maximus**. Das Brachland war einst eine Pferderennbahn, dann nutzten Päpste die Steine zum Bau ihrer Paläste. Am Fuß des Aventin (siehe S. 67) liegt der bezaubernde **Roseto Comunale** – der Rosengarten steht in Mai und Juni in Blüte. Gehen Sie entlang der alten Mauer den Hügel hinauf zum **Parco Savello** mit den Orangenbäumen und genießen Sie den Ausblick. In der Kirche **Santa Sabina** sind mit einem Fernglas auch die Details der Schnitzereien an den Türen und der Kreuzigungsszene zu sehen. Dann geht es zur **Piazza dei Cavalieri di Malta**, wo der Blick durch das berühmte Schlüsselloch lockt.

Über die Via di San Alessio gelangt man zum Viale Aventino und zur Kirche **San Saba** mit dem berüchtigten Fresko des heiligen Nikolaus. Im **Parco della Resistenza dell'8 Settembre** können Sie im Café entspannen und die Aurelianische Mauer (siehe S. 156) aus dem 3. Jahrhundert bewundern.

Auf dem hübschen **Protestantischen Friedhof**, der Blick auf die **Cestius-Pyramide** bietet, liegen die Gräber der englischen Dichter Shelley und Keats.

Wenn Sie nach Norden gehen, sind Sie in fünf Minuten bei der tavola calda **Taverna Volpetti** (siehe S. 129), die zum bekannten Feinkostladen Volpetti (gleich um die Ecke) gehört – beides sind prima Optionen fürs Mittagessen.

Siehe Karte S. 124 ←

Picknickplätze & Orte unter freiem Himmel

① Giardino degli Aranci
Karte D5

Der Orangengarten im Parco Savello auf dem Aventin bietet nicht nur einen der schönsten Ausblicke Roms, sondern auch gepflegte Rasenflächen zum Picknicken und Entspannen unter Orangenbäumen.

Rosen im Roseto Comunale

② Roseto Comunale
Karte D5

Vor der Kulisse des Circus Maximus können Besucher 10 000 Rosensorten bewundern, allerdings nur etwa einen Monat im Mai oder Juni, wenn die Rosen in voller Blüte stehen.

③ Mercato di Campagna Amica
Karte P6 ▪ Via di San Teodoro 74

Kaufen Sie auf dem malerischen Biomarkt Brot, Käse und Gemüse und genießen Sie es an den Tischen im Freien oder im Gras des Circus Maximus.

④ Monte dei Cocci
Karte D6 ▪ Piazza Orazio Giustiniani

Der Hügel voller Tonscherben mitten in Testaccio ist ein besonders interessanter Anblick. Rundherum gibt es Restaurants, die Essen zum Mitnehmen anbieten, und Bänke auf der Piazza, um diese zu genießen.

⑤ Piazza Testaccio
Karte D6

Wenn Sie einen Blick auf die Stadt werfen möchten, holen Sie sich in der Taverna Volpetti *(siehe S. 129)* etwas zu essen oder auf dem Markt etwas Käse, setzen Sie sich an der Piazza Testaccio auf eine Bank und beobachten Sie die Römer bei ihren täglichen Aktivitäten.

⑥ Scalinata dell'Aracoeli
Karte N4 ▪ Piazza d'Aracoeli

Die Treppe zur Kirche Santa Maria in Aracoeli ist ein großartiger Ort für eine Pause und ein Sandwich mit Blick auf die Piazza Venezia.

⑦ Città dell'Altra Economia
Karte C6 ▪ Largo Dino Frisullo

Der große Sonntagsmarkt im ehemaligen Schlachthof von Testaccio ist ein Fest der regionalen und biologisch angebauten Lebensmittel. An zahlreichen Sitzgelegenheiten im Freien kann man gutes Brot, leckere Aufstriche und Gemüse genießen.

⑧ Parco della Resistenza dell'8 Settembre
Karte D6 ▪ Viale Manlio Gelsomini

Der ruhige Park bietet Schatten und Bänke für eine Mittagspause. Holen Sie sich ein Sandwich in einer der Snackbars in der Via Marmorata.

⑨ Parco del Celio
Karte P6 ▪ Piazza San Gregorio 1

Dieser etwas abseits gelegene Park, einst der Gemüsegarten des Klosters San Gregorio, ist ein herrlicher Ort, um zwischen den Ruinen und Bäumen eine Pause einzulegen.

⑩ Viale delle Terme di Caracalla
Karte E5

Viele Römer joggen oder relaxen auf den Grünflächen beiderseits dieser großen Straße.

Traditionelle Restaurants

① Checchino dal 1887
Karte D6 ■ Via di Monte Testaccio 30 ■ +39 06 574 3816 ■ So abends & Mo geschl. ■ €€

Die römische Küche zaubert aus Innereien Delikatessen wie etwa *rigatoni alla pajata* (mit Kalbsdarm).

② Agustarello
Karte D6 ■ Via Giovanni Branca 100 ■ +39 06 574 6585 ■ keine Kreditkarten ■ €

Hier gibt es römische Klassiker, z. B. *coda alla vaccinara* (Ochsenschwanz).

③ Da Remo
Karte D6 ■ Piazza Santa Maria Liberatrice 44 ■ +39 06 574 6270 ■ mittags & So geschl. ■ €

Genau so muss eine römische Pizzeria sein: authentisch, preiswert und immer voll. Die Holzofenpizza – knusprig dünne *scrocchiarella* – ist ein Gedicht *(siehe S. 77)*.

④ Taverna Volpetti
Karte D6 ■ Via Alessandro Volta 8/10 ■ +39 06 574 4306 ■ Mo abends & So geschl. ■ €

Die gehobene *tavola calda*, wo man sich die leckeren Gerichte am Tresen abholt, gehört zum Feinkostladen Volpetti um die Ecke.

Preiskategorien
Preis für ein Drei-Gänge-Menü pro Person mit einer halben Flasche Wein, inkl. Steuern und Service.

€ unter 40 € €€ 40 – 60 € €€€ über 60 €

⑤ Felice
Karte D6 ■ Via Mastro Giorgio 29 ■ +39 06 574 6800 ■ Aug geschl. ■ €

In der betont schlichten Trattoria gibt es die vielleicht besten *carciofi alla romana (siehe S. 76)* der Stadt.

⑥ Osteria degli Amici
Karte D6 ■ Via Zabaglia 25 ■ +39 06 578 1466 ■ Di geschl. ■ €

Die traditionelle Osteria bietet römische Spezialitäten und freundliche Atmosphäre.

⑦ Angelina
Karte D6 ■ Via Galvani 24A ■ +39 06 5728 3840 ■ €€

Gefliese Wände, die Schlachttische und die vielen Fleischgerichte auf der Karte verraten, dass dieses Restaurant einst eine Metzgerei war.

⑧ Da Oio a Casa Mia
Karte D6 ■ Via Galvani 43/45 ■ +39 06 578 2680 ■ €

Römische Pastaklassiker und Gerichte mit Innereien zählen zum Angebot der schnörkellosen Trattoria.

⑨ Eataly
Karte D6 ■ Piazzale XII Ottobre 1492 ■ +39 06 9027 9201 ■ €

Auf vier Etagen widmet sich dieser »Tempel der italienischen Esskultur«, wie er von vielen bezeichnet wird, den vorzüglichsten Kreationen der lokalen Küche *(siehe S. 75)*.

⑩ Trapizzino
Karte D6 ■ Via Giovanni Branca 88 ■ +39 06 4241 9624 ■ €

Das beliebte Lokal kombiniert Pizza und Sandwich zu einem gebackenen dreieckigen Teig, der auf römische Art mit Ochsenschwanz, Innereien oder Huhn gefüllt wird.

Feinkost in der Taverna Volpetti

Siehe Karte S. 124

TOP 10 Esquilin & Lateran

Der größte der Sieben Hügel Roms war in der Antike fast zur Gänze eine noble Wohngegend. Nur der dicht bevölkerte westliche Hang glich einem Slum. Im 4. Jahrhundert spielte das Gebiet dann eine bedeutende Rolle in der Entwicklung des Christentums. Dessen Förderer Konstantin wollte die heidnische Bevölkerung nicht verärgern und ließ christliche Kirchen daher lieber bei den heiligen Grabstätten außerhalb der Stadt errichten. Das ganze Gebiet ist auch heute noch tief durchdrungen von Geschichte und Religion, hat sich aber auch zu einem multikulturellen Zentrum entwickelt.

Moses, San Pietro in Vincoli

Esquilin & Lateran « 131

① San Clemente
Karte F4 ▪ Via di San Giovanni in Laterano 108 ▪ +39 06 774 0021 ▪ Mo–Sa 9–12.30 Uhr & 15–16 Uhr, So 12–18 Uhr ▪ Eintritt für antike Ebene

Die Bauschichten der Kirche (2. Jh. v. Chr. – 15. Jh. n. Chr.) zeigen Roms Entwicklung *(siehe S. 51 & S. 64)*.

② San Giovanni in Laterano & Scala Santa
Karte F5 ▪ Piazza di San Giovanni in Laterano ▪ tägl. 7–18.30 Uhr (Kreuzgang 9–18 Uhr; Baptisterium 9–12.30 Uhr & 16–18.30 Uhr; Museum 10–17.30 Uhr) ▪ Eintritt für Kreuzgang ▪ Scala Santa: Mo–Sa 6–13.30 Uhr & 15–18.30 Uhr, So 7–13.30 Uhr & 15–18.30 Uhr (Sommer: bis 19 Uhr)

In der von Konstantin gegründeten Kirche (4. Jh.), der Kathedrale des Bistums Rom, wurden bis zum 19. Jahrhundert die Päpste gekrönt. Die Barockkirche besitzt das älteste Baptisterium der Welt – die oktogonale Form war Vorbild für alle späteren Taufkapellen. Die Scala Santa in einem Gebäude auf der Piazza gilt als jene Treppe aus dem Haus des Pilatus, die Jesus zu seiner Verurteilung hinaufstieg. Es heißt, die heilige Helena, Konstantins Mutter, habe sie aus Jerusalem hergebracht.

Gläubige auf der Scala Santa

③ Santa Maria Maggiore
Karte F3 ▪ Piazza di Santa Maria Maggiore ▪ tägl. 7–18.45 Uhr

Die Basilika ist ein einzigartiger Architekturmix. Das Hauptschiff stammt aus dem 5. Jahrhundert. Die Kosmatenarbeit, die Mosaike in der

Santa Maria Maggiore

Apsis und der romanische Glockenturm entstanden im Mittelalter, die Kassettendecke in der Renaissance. Beide Kuppeln und die Fassaden sind barock. Der ägyptische Obelisk wurde im Jahr 1587 auf Geheiß von Papst Sixtus V. errichtet. Die Säule vor der Kirche hat man 1615 der Maxentiusbasilika *(siehe S. 20)* entnommen *(siehe S. 51)*.

④ San Pietro in Vincoli
Karte R4 ▪ Piazza di San Pietro in Vincoli 4A ▪ tägl. 8–12.30 Uhr & 15–18 Uhr (Okt–März: bis 19 Uhr)

Das absolute Glanzstück der Kirche ist Michelangelos *Moses (siehe S. 57)*. Die kraftvolle Skulptur zeigt den Patriarchen zornerfüllt und im Begriff, die Gesetzestafeln auf sein heidnisches Volk zu schleudern. Die Arbeit ist eine von über 40 Figuren, die der Künstler für das Grabmal von Papst Julius II. plante. Das monumentale Werk wurde allerdings nie vollendet. Der Reliquienschrein, im 4. Jahrhundert erbaut für die Ketten, in die Paulus im Mamertinischen Kerker *(siehe S. 26)* gelegt war, wurde im 8. und im 15. Jahrhundert umgestaltet.

Mosaik mit Engeln und Heiligen in der Kirche Santa Prassede

⑤ Santa Prassede
Karte F4 ■ Via di Santa Prassede 9A ■ tägl. 7–12 Uhr & 15–18.30 Uhr (So ab 7.30 Uhr)

Trotz Restaurierungen ist die originale Gestalt der im 9. Jahrhundert über einem Oratorium (2. Jh.) erbauten Kirche erkennbar. Im Hauptschiff bedeckt eine Steinplatte den Brunnen, in dem die heilige Praxedis 2000 Märtyrer beigesetzt haben soll. Apsis und Kapelle des heiligen Zeno schmücken Mosaike von Heiligen, Palmen, Kornblumen und Lämmern. Die Kirche rühmt sich eines Fragments der Säule, an die Jesus bei seiner Geißelung gebunden war.

⑥ Santo Stefano Rotondo
Karte E5 ■ Via di San Stefano Rotondo 7 ■ tägl. 10–13 Uhr & 15.30–18.30 Uhr bzw. 14–17 Uhr (im Winter)

Der Grundriss der Kirche (468–83) legt nahe, dass sie über Neros rundem Fleischmarkt *Macellum*

> **Christliche Staatsreligion**
>
> Das Areal spielte im frühen Christentum eine zentrale Rolle. Helena, die Mutter Konstantins I., war Christin und überzeugte den Kaiser, auf dem Gelände der Familienvilla der Laterani, die Konstantins Frau Fausta geerbt hatte, Roms Bischofssitz zu errichten. Konstantin konvertierte nicht zum Christentum, förderte aber dessen Gleichstellung.

Magnum entstand. Vielleicht ist die Form aber auch durch Jerusalems Kirche des Heiligen Grabes inspiriert. Bei Ausgrabungen wurde ein Mithräum freigelegt. Obwohl Niccolò Pomarancios Fresken (16. Jh.) hier den grausamen Tod von Märtyrern darstellen, ist dies ein netter Ort abseits des städtischen Trubels.

⑦ Palazzo Massimo alle Terme
Die Sammlung von antiken Fresken, Mosaiken und Skulpturen, die der Palazzo Massimo alle Terme heute birgt, macht ihn zum vermutlich interessantesten Teil des Museo Nazionale Romano. Die Ausstellungen auf vier Etagen umspannen die Zeit vom 2. Jahrhundert v. Chr. bis zum Ende des 4. Jahrhunderts n. Chr. Der Ende des 19. Jahrhunderts von der Familie Massimo errichtete Palast diente zwischenzeitlich als Jesuitenkolleg *(siehe S. 34f)*.

Santo Stefano Rotondo

Esquilin & Lateran « 133

⑧ Domus Aurea
Karte E4 ▪ Via della Domus Aurea ▪ +39 06 3996 7700 ▪ nur Sa & So nach Anmeldung

Nach dem großen Brand von Rom (siehe S. 46) ließ sich Nero ein neues Haus bauen, das er mit Gold (aurum) und Juwelen schmückte. Nachfolgende Kaiser waren über seine Verschwendungssucht so verärgert, dass sie die meisten seiner Bauten zerstörten. Die Flavier legten Neros künstlichen See trocken und ließen darauf das Kolosseum (siehe S. 26f) erbauen. Trajan errichtete auf der Domus Aurea die ersten großen römischen Bäder. Mit Ausgrabungen begann man hier erst 1772.

⑨ Santa Pudenziana
Karte E3 ▪ Via Urbana 160 ▪ +39 06 481 4622 ▪ tägl. 8.30–12 Uhr & 15–18 Uhr

Für eine der ältesten Kirchen Roms wurde im 4. Jahrhundert ein römisches Bad umgebaut. Santa Pudenziana dient heute der philippinischen Gemeinde. Der Bau ist schlichter als andere Kirchen Roms. Das Apsismosaik (5. Jh.) zeigt den thronenden Christus, der von seinen Jüngern umgeben ist. Zwei Frauen krönen die Apostel Petrus und Paulus.

⑩ Santi Giovanni e Paolo
Karte E5 ▪ Piazzale Santi Giovanni e Paolo 13 ▪ tägl. 8.30–12 Uhr & 15.30–18 Uhr

Das Haus der Heiligen, die 361 auf Geheiß von Kaiser Julian an diesem Ort enthauptet wurden, ist unter der Kirche aus dem 5. Jahrhundert noch zu erkennen. Bis auf die spätbarocke Ausschmückung ist die Kirche mittelalterlich. Fundament des Glockenturms ist der Tempel des Claudius (1. Jh.).

Santi Giovanni e Paolo

Spaziergang

▶ Vormittags

Beginnen Sie in der Kirche **San Clemente** mit ihrer faszinierenden Geschichte. Das schöne Fresko eines bärtigen Mannes in der untersten Ebene lässt sich mithilfe einer Taschenlampe angemessen bewundern. In der nahen **Via dei Santi Quattro Coronati** findet der kleine Mercato Celio (siehe S. 81) statt. Biegen Sie links ab und gehen Sie den Hügel hinauf zur Kirche **Santi Quattro Coronati**. Die Fresken in der Kapelle (1246) sind einen Blick wert. Dann wartet **San Giovanni in Laterano**, wo der Kreuzgang mit den prächtigen Doppelsäulen und Intarsien beeindruckt.

🍴 Ein leckeres Mittagessen bietet **Cannavota** (Piazza San Giovanni in Laterano 20). Sie können aber auch weiter Richtung Santa Maria Maggiore gehen und bei **Panella** (siehe S. 134) haltmachen.

Nachmittags

Vor der schönen Basilika **Santa Maria Maggiore** steht eine antike Säule. Im Innern hilft ein Fernglas beim Betrachten der Mosaike aus dem 5. Jahrhundert im oberen Teil des Kirchenschiffs. Nun empfiehlt sich auch noch der Besuch von **Santa Prassede** – die Kirche birgt einige der schönsten byzantinischen Mosaike in Rom. In der Sakristei zeigt ein großes Gemälde die Geißelung Christi.

🍴 Für das leibliche Wohl geht es schließlich in die Via Cavour. Die **Enoteca Cavour 313** (siehe S. 135) serviert europäische Küche und 🍷 guten Wein.

Siehe Karte S. 130

Shopping

 Mercato di Via Sannio
Karte G5

Der Einfuhr von Billigware und Markenkopien aus China zum Trotz bietet der traditionsreiche Flohmarkt noch ordentliche Kleidung aus zweiter Hand *(siehe S. 81)*.

 Nuovo Mercato Esquilino
Karte F4 ■ Via Mamiani & Via Principe Amedeo

Der ethnisch kunterbunte Markt hat Nudeln und Sojasauce aus China, Gemüse aus Afrika und Asien, Halal-Fleisch und Gewürze aus aller Welt im Angebot *(siehe S. 81)*.

 OVS
Karte F4 ■ Piazza Vittorio Emanuele 108–112

In Roms größter Filiale der Kette ist gute und preiswerte Mode wie auch eine große Auswahl an Kosmetikartikeln zu haben.

 Pompi
Karte G6 ■ Via Albalonga 7/9

Der »Tiramisu-Tempel« führt das Dessert in vielen Variationen – auch mit Banane oder Erdbeeren. Kleingebäck, Kuchen, Eis und andere Sünden runden das Angebot ab.

Leam
Karte G5 ■ Via Appia Nuova 26

Das ausgesprochen trendige und gehobene Modehaus in der Via Appia Nuova *(siehe S. 81)* hat etliche Designermarken im Sortiment, u. a. Prada und D&G.

Feinkostladen und Café Panella

 Panella
Karte F4 ■ Via Merulana 54

Brot, Pizzas, Pasteten, Salate und mehr kann man im Café des Ladens essen oder mitnehmen. Die Auswahl an Feinkostgeschenken ist toll.

 UPIM
Karte F3 ■ Via Gioberti 64

Die trendige und etwas gehobenere Filiale der Kaufhauskette hat Mode beliebter Marken und edle Wohnaccessoires in den Regalen.

 Coin
Karte G5 ■ Piazzale Appio 7

Das moderne Nobelkaufhaus bietet gute Ware zu vernünftigen Preisen – vorwiegend Kleidung, Accessoires und Schuhe, aber auch Küchenzubehör und Einrichtungsgegenstände.

 Pacific Trading
Karte F4 ■ Via Principe Eugenio 17

Roms größter und ältester Asia-Markt führt thailändische Currypasten, indische Gewürze, philippinische Eiscreme und vieles mehr.

 Borri Books
Karte G5 ■ Stazione Centrale Roma Termini, Piazza dei Cinquecento

Die dreistöckige Buchhandlung hat auch eine große englischsprachige Abteilung.

Designermode bei Leam

Restaurants

Preiskategorien
Preis für ein Drei-Gänge-Menü pro Person mit einer halben Flasche Wein, inkl. Steuern und Service.

€ unter 40 € ◼ €€ 40–60 € ◼ €€€ über 60 €

1 Rosemary – Terra e Sapori
Karte R2 ◼ Via Modena 16 ◼ +39 06 4891 3645 ◼ €

Das umweltfreundliche Bistro serviert italienische Suppen, Salate, Sandwiches sowie hausgemachte Kuchen und Kekse aus regionalen Produkten der Saison.

2 Himalaya's Kashmir
Karte F4 ◼ Via Principe Amedeo 325/327 ◼ +39 06 446 1072 ◼ €

Das beliebte indische Restaurant versorgt Gäste mit dem Üblichen: Samosas, Tandoori, Thali und mehr.

Pasta und Vorspeisen

3 Osteria I Clementini
Karte Q4 ◼ Via di San Giovanni in Laterano 106 ◼ +39 06 4542 6395 ◼ €

Die Trattoria in Familienbesitz ist bekannt für ihre köstlichen Nudel- und Fischgerichte. Das gekochte Blattgemüse ist ebenfalls beliebt.

4 Taverna Romana
Karte Q4 ◼ Via Madonna dei Monti 79 ◼ +39 06 474 5325 ◼ So abends & Aug geschl. ◼ €

Traditionell und erfreulich preiswert isst man in dieser beliebten Taverne. Besonders lecker sind Pasta mit *ceci* (Kichererbsen) oder *fagioli* (Bohnen), die *maltagliati* mit Ricotta und das sanft gegarte Perlhuhn.

5 La Carbonara
Karte R3 ◼ Via Panisperna 214 ◼ +39 06 482 5176 ◼ So & Aug geschl. ◼ €

In der gemütlichen Osteria kommen nur Bioprodukte auf den Tisch.

6 Pinsa e Buoi
Karte G5 ◼ Via Carlo Felice 51 ◼ +39 06 7720 1760 ◼ €€

Die gemütliche Trattoria serviert römische Klassiker, darunter Innereien, Nudeln und Pinsa.

7 Daruma Sushi
Karte R4 ◼ Via dei Serpenti 1 ◼ +39 06 4893 1003 ◼ €€

Der japanische Fast-Food-Laden liefert Gerichte wie Sushi, Sashimi, Miso-Suppe und Nudeln auch ins Hotelzimmer.

8 Enoteca Cavour 313
Karte R4 ◼ Via Cavour 313 ◼ +39 06 678 5496 ◼ So geschl. (im Sommer) ◼ €

Eines der attraktivsten Restaurants Roms hat eine originelle moderne europäische Speisekarte. Die Cannelloni mit Chicorée, Ricotta und Sardellen sind ein Highlight.

9 Palazzo del Freddo
Karte G4 ◼ Via Principe Eugenio 65 ◼ +39 06 446 4740 ◼ Mo geschl. ◼ €

Der Palazzo del Freddo, eine historische, im Art-déco-Stil eingerichtete *gelateria*, ist berühmt für seine hervorragenden Eiscremes, *granitas* und mundgerechten *sanpietrini*.

10 La Bottega del Caffè
Karte R4 ◼ Piazza Madonna dei Monti 5 ◼ +39 06 474 1578 ◼ €

In der lebhaften Cafébar – die Seele von Monti – genießt man Frühstück, Mittagssnacks und Drinks.

Quirinal & Via Veneto

Der Quirinal, einer der Sieben Hügel Roms, war in der Kaiserzeit eine Wohngegend mit prächtigen Bädern und Tempeln, lag dann im Mittelalter aber lange Zeit brach und erlangte erst im 16. Jahrhundert wieder Bedeutung, als auf seiner Kuppe der neue Papstpalast erbaut wurde. In der Folge errichteten päpstliche Familien wie die Barberini, die Corsini und die Ludovisi hier in der Gegend ihre Landsitze. Der Palazzo del Quirinale kann auf eine wechselreiche Geschichte zurückblicken, doch die größte Veränderung erfuhr das Gebiet wohl nach 1870, als die Familie Ludovisi ihr Anwesen an Bauunternehmer verkauft hatte und die Gegend um die Via Veneto bei der wohlhabenden Schicht des frisch geeinten Landes populär wurde. Macht und Eleganz prägten das Viertel über die Jahrhunderte.

Mosaik, Diokletiansthermen

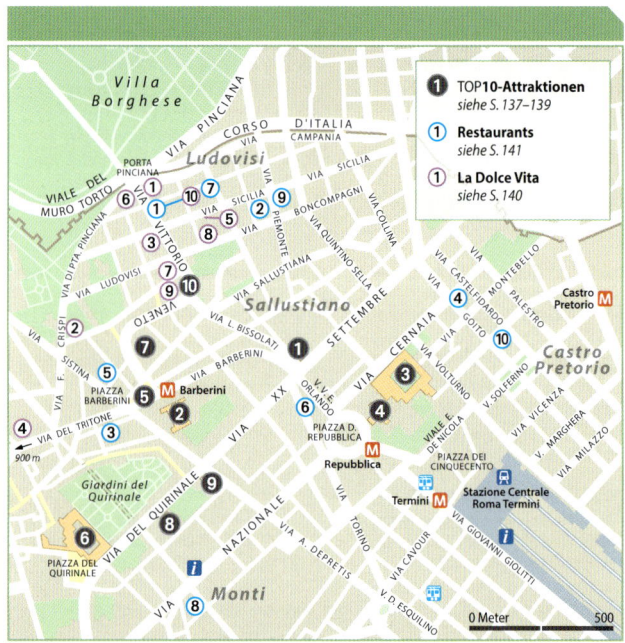

Quirinal & Via Veneto « 137

① Santa Maria della Vittoria
Karte E2 ■ **Via XX Settembre 17**
■ **tägl. 8.30–12 Uhr & 15.30–18 Uhr**

Die Barockkirche aus dem 17. Jahrhundert ist überreich verziert – größtenteils von Bernini und seinen Schülern. Die Cornaro-Kapelle links vom Altar birgt Berninis *Verzückung der heiligen Theresa* (siehe S. 57).

② Palazzo Barberini
Karte Q1 ■ **Via delle Quattro Fontane 13** ■ **+39 06 481 4591** ■ **Di–So 10–18 Uhr (Buchung empfohlen)** ■ **Eintritt (1. So im Monat frei)**

Der Staat kaufte 1949 das Haus der Barberini und brachte dort einen Teil der Galleria Nazionale d'Arte Antica unter, die 1893 mit dem Erwerb des Palazzo Corsini gegründet worden war *(siehe S. 54)*. Eins der berühmten Werke ist *La Fornarina*, das wohl von Giulio Roma stammt und Raffaels Geliebte zeigen soll *(siehe S. 60)*.

③ Diokletiansthermen & Aula Ottagona
Karte F2 ■ **Thermen: Viale Enrico de Nicola 79** ■ **Di–So 11–18 Uhr** ■ **Eintritt** ■ **Aula Ottagona: Via Romita, Piazza della Repubblica; nur bei Ausstellungen** ■ **www.coopculture.it**

Die im Jahr 306 eröffneten *thermae* zählen zu den größten antiken römischen Bädern der Welt. Als Teil des Museo Nazionale Romano *(siehe S. 34–37)* bergen sie Stelen (Grabsäulen), Inschriften und Statuen. In der Aula Ottagona stehen zwei Bronzeskulpturen (2. Jh. v. Chr.), die man in einem Graben sechs Meter unter dem Boden des Sonnentempels am Hang des Quirinal entdeckt hat.

Santa Maria degli Angeli

④ Santa Maria degli Angeli
Karte F3 ■ **Piazza della Repubblica** ■ **tägl. 7.30–18.30 Uhr (So bis 19.30 Uhr)**

Im Jahr 1561 beauftragte Papst Pius IV. Michelangelo, die zentrale Halle der Diokletiansthermen, das *frigidarium* (Kaltbad), zu einer Kirche umzubauen. Das Ergebnis ist dieser riesige, überwältigende Raum. Dennoch nimmt die fertige Kirche nur die Hälfte der ursprünglichen Fläche der Bäder ein. Michelangelo musste den Boden um zwei Meter anheben, um die alten 15 Meter hohen rosaroten Granitsäulen so einsetzen zu können, wie er es wollte.

Ruinen der Diokletiansthermen

> **Macht & Eleganz**
>
> Der Quirinal symbolisiert seit dem 16. Jahrhundert die wechselnden Herrschaftsverhältnisse in Rom: Zunächst residierten auf dem Hügel die Päpste, dann die Könige, und heute befindet sich auf dem Quirinal der Sitz des Staatspräsidenten. Ende des 19. Jahrhunderts brachte die Via Veneto Luxus und Wohlstand in Roms Machtzentrum.

Piazza Barberini
Karte Q1

Der Platz könnte auch »Piazza der Bienen« heißen – nach dem Wappentier der Barberini, das die Familie mit wachsender Bedeutung flugs von der Bremse zur Biene aufgewertet hat. Beide Brunnen am Platz wurden von Bernini mit Bienen versehen, um ihre Stifter zu benennen. Besonders schön ist die zentrale Brunnenfigur mit Meeresgott Triton. Der zweite Brunnen auf der Piazza hat die Form einer Muschel *(siehe S. 63)*.

Brunnen, Piazza Barberini

Palazzo del Quirinale
Karte P2 ■ Piazza del Quirinale ■ +39 06 3996 7557 ■ Di, Mi, Fr – So 9.30 – 16 Uhr nach Anmeldung; offener Garten am 2. Juni ■ Eintritt ■ Scuderie del Quirinale: Via XXIV Maggio 16; +39 06 8110 0256; nur bei Ausstellungen (Zeiten variieren); Eintritt; www.scuderiequirinale.it

Der Quirinal, der höchste der Sieben Hügel Roms, war in der Frühzeit Enklave der Sabiner. Heute stehen auf dem Hügel gut fünf Meter große römische Nachbildungen von griechischen Porträts der Dioskuren und ihrer tänzelnden Pferde aus dem 5. Jahrhundert v. Chr. Der größte Palast Roms wurde 1574 als Sommerresidenz für den Papst erbaut, damit dieser der rund um den Vatikan wütenden Malaria entkommen konnte. 1870 wurde er zur Residenz der italienischen Könige, seit 1947 ist er Sitz des Staatspräsidenten. Auf der anderen Seite der Piazza liegen die Scuderie del Quirinale, die ehemaligen Stallungen des Palasts, wo neben Pferden auch Kutschen und später wohl auch Automobile untergebracht waren. Das Gebäude wurde in den 1990er Jahren restauriert und von dem bekannten Architekten Gae Aulenti in einen Ausstellungsraum verwandelt.

Via Veneto
Karte E2

In der Straße reihen sich Cafés und Grandhotels der Belle Époque. In den 1950er/1960er Jahren war sie das Zentrum von *la dolce vita* – da posierten hier Filmstars für die Paparazzi, heute ist sie ganz in Besucherhand. Ein Bummel in diesem schönen Teil der Stadt entlang der Via Veneto darf bei einem Rom-Besuch aber auch nicht fehlen.

Krypta der Kapuziner & Museum
Karte E2 ■ Via Veneto 27 ■ tägl. 9 – 19 Uhr ■ Eintritt

Sinn für das Makabre und starke Nerven sind gute Voraussetzungen

Krypta der Kapuziner

Quirinal & Via Veneto

für einen Besuch der Krypta unter der Kirche des Kapuzinerklosters. Die elegante Via Veneto und das *Memento mori* bilden einen reizvollen Kontrast.

Sant'Andrea al Quirinale

Sant'Andrea al Quirinale
Karte Q2 ▪ Via del Quirinale 29
▪ Di – So 9–12 Uhr & 15–18 Uhr
▪ Spende

Die 1658–70 erbaute Kirche gilt als Berninis Glanzstück. Sie war das einzige Bauwerk, bei dem er uneingeschränkte künstlerische Freiheit besaß. Der Platz erforderte einen ovalen Grundriss, der durch die konkave Form des Eingangs ein Gegengewicht erhielt. Im Inneren vereinen sich skulpturaler Schmuck und kanonische Elemente in eleganter Harmonie. Säulen aus sizilianischem Marmor tragen zur großen Wirkung der kleinen Kirche bei *(siehe S. 53)*.

San Carlo alle Quattro Fontane
Karte R2 ▪ Via del Quirinale 23
▪ Mo – Sa 10 –13 Uhr

Borrominis meisterliches Bauwerk zeugt von einer für das 17. Jahrhundert ungewöhnlichen architektonischen Freiheit. Fließende Wellen stehen hier in komplexen geometrischen Beziehungen zueinander. Der homogene, von einer ovalen Kuppel gekrönte Innenraum löst die Grenze zwischen Architektur und Skulptur nahezu auf.

Spaziergang

▶ Vormittags

Wegen der Pferdeskulpturen auf dem Hügelkamm wird der Quirinal auch Monte Cavallo genannt. Spazieren Sie über die **Piazza del Quirinale** und sehen Sie sich die Ausstellung in den **Scuderie del Quirinale** an. Auf halbem Weg die Via del Quirinale hinab steht die von Bernini gestaltete Kirche **Sant'Andrea al Quirinale**. Die vielen maritimen Symbole innen stehen für den heiligen Andreas.

In Borrominis Meisterwerk **San Carlo alle Quattro Fontane** sind die Krypta und der Kreuzgang eindrucksvoll. Ein Stück weiter liegt auf der rechten Seite die **Aula Ottagona**. Die antiken Bronzestatuen des Prinzen und des Boxers sind eine Metapher für kontrollierte Kraft. Die Via Bissolati führt zur **Via Veneto**. Nach der Erkundung der vielen Läden an der Straße lädt das elegante **Café Doney** *(siehe S. 140)* zu einem Mittagessen ein.

Nachmittags

Nach dem Essen können Sie die Belle-Époque-Architektur des **Westin Excelsior** *(siehe S. 172)* bewundern. Interessant sind vor allem die Kuppel und die Karyatiden mit den erotischen Implikationen. Auch das luxuriöse Interieur des **Hotels Regina** *(siehe S. 171)* ist sehenswert.

Kontrast zur Opulenz dieser Bauten bietet dann ein Besuch in der **Krypta der Kapuziner**. Beenden Sie den Tag auf der **Piazza Barberini**, wo Berninis schöne Fontana del Tritone steht.

La Dolce Vita

Tische im Freien der beliebten Harry's Bar

1 Café Doney
Karte E2 ▪ Via Veneto 141

Obwohl das historische Café modern umgebaut wurde, ist es noch immer ein großartiger Ort, um bei einem Cappuccino unter Magnolien Leute zu beobachten *(siehe S. 78f)*.

2 Crispy
Karte E2 ▪ Via Francesco Crispi 80

In dem Bioladen mit Bistro kann man sich entweder für ein Picknick ausstatten oder eines der leckeren veganen Gerichte genießen. Es gibt auch Energydrinks und Fruchtsäfte.

3 Gioielleria Capuano
Karte E2 ▪ Via Veneto 195

Seit den 1930er Jahren verkauft der Luxusladen edlen Schmuck aus der eigenen Kollektion sowie Stücke anderer italienischer Marken.

4 Zuma
Karte D2 ▪ Via della Fontanella di Borghese 48

Das Restaurant der bei Prominenten beliebten Fendi Private Suites *(siehe S.170)* versüßt romantische Abende mit dem Blick auf Rom.

5 VIVA
Karte E2 ▪ Via Sicilia 45

Genießen Sie in dem sizilianischen Restaurant z. B. das fabelhafte Thunfischtatar, gegrillten Tintenfisch und *caponata* (Auberginenbeilage).

6 Harry's Bar
Karte E2 ▪ Via Veneto 150

Der amerikanische Stil, der berühmte Bellini-Cocktail und vor allem der Glamour locken nach wie vor Prominente hierher. Es gibt eine Pianobar, ein italienisches Gourmetrestaurant und ein Café mit Tischen im Freien.

7 Brunello
Karte E2 ▪ Via Veneto 72

Um die Reichen und Schönen der Stadt zu sehen, muss man sich nur in diesem schicken Hotelrestaurant aufhalten.

8 Jackie O'
Karte E2 ▪ Via Boncompagni 11

Seit den 1960er Jahren ist dieses Restaurant mit Pianobar ein führender Treffpunkt für internationale Stars. Cocktails und Essen sind großartig.

9 Hard Rock Café
Karte E2 ▪ Via Veneto 62

Das amerikanische Café ist mittlerweile ein Klassiker. Bei sehr guten Burgern und Cocktails kann man herrlich Leute beobachten.

10 Second Chance
Karte E2 ▪ Via Sardegna 57

Der Vintage-Store führt ein Sortiment an Secondhand-Accessoires von Gucci bis Chanel.

Restaurants

① Sapori d'Ischia
Karte E2 ▪ Via Marche 19
▪ +39 06 4201 2467 ▪ €€

Auf der Speisekarte stehen frischer Fisch, Seafood-Pasta und neapolitanische Spezialitäten wie *mozzarella di bufala*. Sonntags gibt es gelegentlich Livemusik und Karaoke.

② Fiore Cucina Flexiteriana
Karte E2 ▪ Via Boncompagni 31
▪ +39 06 4202 0400 ▪ So geschl. ▪ €€

Die Gäste sind vorwiegend Veganer und Vegetarier, serviert werden aber auch Gerichte mit Ei, Fisch und Fleisch – alles bio und regional.

③ Colline Emiliane
Karte E2 ▪ Via degli Avignonesi 22 ▪ +39 06 481 7538 ▪ So abends & Mo geschl. ▪ €€

Die Spezialitäten aus der Emilia-Romagna umfassen eine Auswahl an Gerichten mit *prosciutto* und leckere *tortellini in brodo* (in Fleischbrühe).

④ Trimani Wine Bar
Karte F2 ▪ Via Cernaia 37
▪ +39 06 446 9630 ▪ So geschl. ▪ €€

Die stilvolle Weinbar serviert Suppen, Pasta, Käse und Rauchfleisch.

⑤ Osteria Barberini
Karte E2 ▪ Via della Purificazione 21 ▪ +39 06 474 3325 ▪ So geschl. ▪ €€

Das kleine Restaurant ist gemütlich, das Personal freundlich. Vor allem die Trüffelgerichte sind berühmt.

⑥ Dagnino
Karte E3 ▪ Via Vittorio Emanuele Orlando 75 ▪ +39 06 481 8660 ▪ €

Das Dagnino ist für sizilianisches Gebäck wie die *cassata* bekannt.

> **Preiskategorien**
> Preis für ein Drei-Gänge-Menü pro Person mit einer halben Flasche Wein, inkl. Steuern und Service.
>
> € unter 40 € ▪ €€ 40 – 60 € ▪ €€€ über 60 €

⑦ La Giara
Karte E2 ▪ Via Toscana 46, Ecke Via Sardegna ▪ +39 06 4274 5421 ▪ So & Aug geschl. ▪ €€€

Die reizende traditionelle Trattoria legt den Fokus auf Gerichte mit Fisch und Seafood.

Das schön beleuchtete La Giara

⑧ Matermatuta
Karte Q2 ▪ Via Milano 48
▪ +39 06 482 3962 ▪ So geschl. ▪ €€€

Das moderne Seafood-Restaurant hat viele treue Gäste. Probieren Sie Fisch, serviert mit Austern und Jakobsmuscheln, oder den Tintenfisch mit grünen Erbsen und Kardamom. Der Service ist hervorragend.

⑨ Sapori Sardi
Karte E2 ▪ Via Piemonte 79
▪ +39 06 474 5256 ▪ €€

In nettem Ambiente werden sardische Speisen und *mirto*, ein feiner Likör aus Myrte, serviert.

⑩ Africa
Karte F2 ▪ Via Gaeta 26 ▪ +39 06 494 1077 ▪ Mo geschl. ▪ €

Hier lässt man sich würzige Fleisch- und Gemüsegerichte schmecken.

Cassata bei Dagnino

Siehe Karte S. 136

TOP 10 Trastevere & Prati

Statue, Ponte Sant'Angelo

Das einstige Arbeiterviertel Trastevere (»jenseits des Tiber«) zählt zu den Hotspots für Nachtschwärmer. Trotz seiner vielen Restaurants und Clubs hat sich der Stadtteil seinen mittelalterlichen Charme bewahrt. Der Bezirk Borgo ist ganz Vatikan – mit Urlaubercafés und Souvenirshops voll religiösem Kitsch –, Prati ist authentisches, vom Fremdenverkehr unberührtes »Alltags-Rom«.

- ① TOP10-Attraktionen *siehe S. 143–145*
- ① Gourmetrestaurants *siehe S. 153*
- ① Shoppen wie die Einheimischen *siehe S. 147*
- ① Dies & Das *siehe S. 146*
- ① Cafés & Bars *siehe S. 150*
- ① Plätze im Freien *siehe S. 151*
- ① Preiswerte Lokale *siehe S. 152*

Petersdom in Vatikanstadt

1. Vatikanstadt

Hier beherbergt einer der größten Museumskomplexe der Welt berühmte Werke wie die Sixtinische Kapelle und die Stanzen des Raffael *(siehe S. 12–17)*.

2. Petersdom

Das Zentrum des Christentums fasziniert mit Werken von Bernini, Statuen von Michelangelo und atemberaubendem Panoramablick von der Kuppel *(siehe S. 16f)*.

3. Villa Farnesina

Karte J5 ▪ Via della Lungara 230 ▪ Mo–Sa & 2. So im Monat 9–14 Uhr ▪ Eintritt

Agostino Chigi, Bankier des Papstes, ließ das elegante Haus 1508–11 von Peruzzi errichten. Es heißt, er habe bei Feiern nach jedem Gang silberne Teller in den Tiber geworfen. Peruzzi bemalte die Decke eines Raums mit Chigis Horoskop. Sebastiano del Piombo schuf die Szenen aus Ovids *Metamorphosen*, Raffael den *Triumph der Galatea*. Die Trompe-l'Œil-Balustrade im oberen Stock zeigt einen Blick über die Hügel. Die Wandinschriften der Truppen Karls V. wurden als »historischer Vandalismus« bewahrt. Das Schlafzimmer enthält Sodomas Fresko *Hochzeit Alexanders des Großen mit Roxane* aus dem Jahr 1517 *(siehe S. 60)*.

4. Santa Maria in Trastevere

Karte K6 ▪ Piazza Santa Maria in Trastevere ▪ tägl. 7.30–21 Uhr (Aug: tägl. 12–16 Uhr geschl.)

Die der heiligen Jungfrau geweihte Kirche gilt als älteste Roms – erbaut an der Stelle, wo am Tag der Geburt Christi eine Ölfontäne emporgeschossen sein soll. Pietro Cavallinis prachtvolle Mosaike *Leben der Jungfrau* (1291) in der unteren Hälfte der Apsis zeigen das Wunder. Der heutige Bau (12. Jh.) birgt 22 antike Säulen, einen Kosmatenboden und eine Madonnenikone (7. Jh.) in der Kapelle links vom Altar *(siehe S. 51)*.

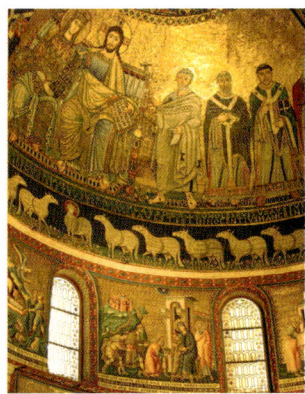

Santa Maria in Trastevere

> **Die heilige Cäcilia**
>
> Die Patrizierin Cäcilia wurde im Jahr 230 als Christin drei Tage lang in ein Dampfbad gesperrt, wo sie sterben sollte, doch sie verließ den Ort singend (Cäcilia ist die Schutzheilige der Musik). Also wollte man sie enthaupten, doch auch dies gelang nicht mit den erlaubten drei Schlägen: Cäcilia lebte noch drei Tage und bekehrte Hunderte zu ihrem Glauben.

Castel Sant'Angelo

⑤ Museo Nazionale di Castel Sant'Angelo

Karte J1 ■ Lungotevere Castello 50 ■ tägl. 9–19.30 Uhr ■ Eintritt (1. So im Monat frei)

Das von Hadrian zwischen 123 und 139 erbaute Mausoleum wurde 271 in die Aurelianische Mauer *(siehe S. 156)* integriert. 1000 Jahre lang war es Schutzburg der Päpste, ein Viadukt vom Vatikan versorgte den Zufluchtsort. Gregor der Große gab dem Bau 590 den Namen Engelsburg, nachdem ihm der heilige Michael erschienen war, wie er vom Turm das Ende einer Seuche verkündete – die Bronzestatue des Erzengels erinnert daran. Die päpstlichen Renaissanceräume bergen Fresken und eine kleine Waffensammlung. Von den Burgwällen genießt man eine herrliche Aussicht.

⑥ Santa Cecilia in Trastevere

Karte D5 ■ Piazza di Santa Cecilia 22 ■ tägl. 10–13 Uhr & 16–19 Uhr; Fresken nur 10–12.30 Uhr ■ Eintritt für Krypta & Fresken

Laut Legende wurde die Kirche über dem Haus der heiligen Cäcilia erbaut. Ein Gemälde Guido Renis zeigt die Enthauptung der Märtyrerin. Unter der mit prachtvollen Mosaiken geschmückten Apsis (9. Jh.) finden sich ein Ziborium (1293) von Arnolfo di Cambio und Carlo Madernos Statue der Heiligen (1600). Wer die obere Hälfte von Cavallinis *Jüngstem Gericht* (1289–93), das einzige erhaltene Fresko von ihm in Rom, sehen will, muss die Glocke im linken Seitenschiff läuten *(siehe S. 50f)*.

⑦ Vatikanische Gärten

Karte A3 ■ Viale Vaticano ■ Führungen: Mo, Di, Do, Fr & Sa (+39 06 6988 4676, www.vatican.va) ■ Eintritt (mit Vatikanischen Museen)

Die Gärten zeigen – wie im Italien des 16. Jahrhunderts üblich – Wäldchen, Rasen, Grotten und Brunnen. Das Areal birgt den ersten Sendeturm des Vatikans, die 1971 von Pier

Vatikanische Gärten

Trastevere & Prati » 145

Luigi Nervi erbaute muschelförmige Audienzhalle und die manieristische Casina, Gartenresidenz von Pius IV. (1558–1561), mit der Päpstlichen Akademie der Wissenschaften.

⑧ San Francesco a Ripa
Karte C5 ■ Piazza di San Francesco d'Assisi 88 ■ tägl. 7–13 Uhr & 16–19 Uhr

Der heilige Franz von Assisi wohnte bei seinem Rom-Besuch im Jahr 1219 hier in einem Hospiz, zwölf Jahre später erbaute man diese Kirche. In der Renaissance und im Barock wurde sie umgestaltet. In der letzten Kapelle links ist Berninis Statue der seligen Ludovica Albertoni (1671–74) im Zustand religiöser Verzückung zu sehen.

Verzückung der seligen Ludovica Albertoni

⑨ Gianicolo
Karte B4

Der lange Hügelkamm, der Trastevere und Vatikanstadt trennt, bietet schöne Blicke auf Rom *(siehe S. 65)*. Die beiden Reiterstatuen ehren Garibaldi und seine Frau Anita, die hier begraben liegt.

⑩ Ponte Sant'Angelo
Karte J2

Hadrian ließ die Brücke 133/34 als Zugang zu seinem Mausoleum erbauen. Die drei zentralen Gewölbe sind noch erhalten. Clemens IV. ließ 1534 die Statuen der Apostel Petrus und Paulus anbringen, Clemens IX. beauftragte 1688 Bernini mit der Gestaltung der zehn Engelsstatuen, die Symbole der Passion tragen.

Spaziergang

▶ Vormittags

Starten Sie in **San Crisogono** *(siehe S. 146)* und bitten Sie den Küster, Ihnen die Ausgrabungen zu zeigen. Dann besuchen Sie **San Francesco a Ripa**, um dort Berninis Skulptur zu bewundern. Folgen Sie nun der Via Anicia zur Via Madonna dell'Orto und biegen Sie links in die Via di San Michele ein, die zu **Santa Cecilia in Trastevere** führt. Gegen eine Spende zeigen Nonnen die Fresken von Cavallini, doch auch die Krypta ist sehenswert. Vom Kirchhof geht es links auf die Via di Genovesi und zum Viale Trastevere, dann über die **Piazza Santa Maria in Trastevere** zur Piazza San Egidio und links in die Via della Scala.

Vorbei an Santa Maria della Scala und über die Via della Lungara kommen Sie zur **Villa Farnesina**, wo Sie sich für die Fresken Zeit nehmen. Nach einem Gang durch den **Orto Botanico** *(siehe S. 146)* gehen Sie zurück ins Zentrum von Trastevere, um in der **Pizzeria Dar Poeta** *(siehe S. 152)* zu essen.

Nachmittags

Nach dem Essen wartet das **Museo di Roma in Trastevere** *(siehe S. 146)*. Besuchen Sie auch die mittelalterliche Kirche **Santa Maria in Trastevere**, bevor Sie die Via Garibaldi zum Tempietto di Bramante *(siehe S. 146)* hinaufgehen und durchs Gitter einen Blick in den Hof von **San Pietro in Montorio** *(siehe S. 52f)* werfen. Oder Sie spazieren einfach durch die mittelalterlichen Gassen und warten, bis in Trastevere gegen Abend das Leben erwacht.

Siehe Karte S. 142

Dies & Das

Die kleine Tiberinsel wird mit Heilkraft assoziiert

① Tiberinsel
Karte M6

Der Sage nach war es diese Insel, an der 293 v. Chr. die Natter des Äskulap an Land glitt. Sie beheimatet noch heute Roms Entbindungsklinik.

② Galleria Corsini
Karte J5 ▪ Via della Lungara 10 ▪ Do–So 10–18 Uhr ▪ Eintritt (1. So im Monat frei)

Im Palazzo Corsini hängen u. a. Gemälde von Fra Angelico, Tizian, van Dyck, Rubens und Caravaggio.

③ Tempietto di Bramante
Karte C5 ▪ Piazza San Pietro in Montorio 2 ▪ Di–So 10–18 Uhr

Donato Bramante entwarf den kleinen runden Tempel als Kapelle von San Pietro in Montorio *(siehe S. 52f)* am vermuteten Kreuzigungsort des heiligen Petrus.

④ Orto Botanico
Karte J5 ▪ Largo Cristina di Svezia 24 ▪ Mo–Sa 9–17.30 Uhr (Apr–Sep: bis 18.30 Uhr) ▪ Eintritt

Der Park des Palazzo Corsini ist Teil des Botanischen Gartens der Universität von Rom.

⑤ Ponte Rotto
Karte N6

Roms älteste Steinbrücke (181–142 v. Chr.) wurde 1598 zerstört. 1886 wurden zwei der drei verbliebenen Bogen abgetragen, um Platz für den Ponte Palatino zu schaffen (*rotto* bedeutet »zerbrochen«).

⑥ Santa Maria della Scala
Karte K6 ▪ Piazza Santa Maria della Scala 23 ▪ tägl. 10–13 Uhr & 16–17.30 Uhr

Das Glanzstück der zauberhaften Renaissancekirche ist die *Jungfrau mit Kind* von Giuseppe Cesari, dem Lehrer Caravaggios.

⑦ Fontana Paola
Karte B5

Der Brunnen am Ende des Paola-Aquädukts ist eine beliebte Kulisse für Hochzeitsfotos.

⑧ Villa Doria Pamphilj
Karte B5 ▪ Via di San Pancrazio ▪ tägl. 7 Uhr bis Sonnenuntergang

Der riesige öffentliche Park wurde 1644–52 von Camillo Pamphilj angelegt und lockt heute viele zum Picknicken an *(siehe S. 66)*.

⑨ Museo di Roma in Trastevere
Karte K6 ▪ Piazza di San Egidio 1B ▪ Di–So 10–20 Uhr ▪ Eintritt

Ein schön restauriertes ehemaliges Kloster birgt nun Dioramen antiker römischer Räume und Läden.

⑩ San Crisogono
Karte L6 ▪ Piazza Sidney Sonnino 44 ▪ Mo–Sa 7–11.30 Uhr & 16–19.30 Uhr, So 8–13 Uhr & 16–19.30 Uhr ▪ Eintritt

Die mittelalterliche Fassade ist ein Nachbau von 1626. Innen sind 22 antike Säulen und Fragmente der originalen Basilika (5. Jh.) zu sehen.

Shoppen wie die Einheimischen

 Coin Excelsior
Karte C2 ■ Via Cola di Rienzo 173

Das Flaggschiff des Kaufhauses Coin ist auf namhafte internationale Marken spezialisiert. In dem mit modernen Akzenten neu gestalteten Jugendstilgebäude sind Kosmetikartikel, Schmuck, Schuhe und Mode von hoher Qualität erhältlich.

 Franchi
Karte C2 ■ Via Cola di Rienzo 200

In einem der besten Lebensmittelläden Roms werden mittags warme Gerichte serviert, abends gibt es ofenfrische *calzone*, für die sich ab 17 Uhr Schlangen bilden.

Feinkost bei Castroni

 Castroni
Karte C2 ■ Via Cola di Rienzo 196

Der Lebensmittelladen besteht seit 1932 und hat einen exzellenten Ruf. Die Regale sind mit Spezialitäten aus aller Welt gefüllt, darunter Leckereien aus Japan, Griechenland, Indien, China und dem Nahen Osten.

 Boutique Gallo
Karte C2 ■ Via Ovidio 18

Spezialität des Strickwarenladens sind bunte Socken und Strümpfe, es gibt aber auch ein paar andere schöne Stücke für Damen und Kinder.

Peroni snc
Karte B2 ■ Piazza dell'Unità 29

Das eindrucksvolle Sortiment an Küchenutensilien reicht von Backformen bis zu Thermometern zum Schokoladeschmelzen.

 L'Artigianino
Karte C4 ■ Vicolo del Cinque 49

Die Preise für die ledernen Taschen, Gürtel und Portemonnaies liegen zwischen zehn und 250 Euro. Das Design ist meist chic und bunt, es gibt aber auch klassische Modelle.

 Ottimomassimo
Karte C5 ■ Via Manara 16/17

Der Buchladen bietet hervorragend illustrierte Kinderbücher auf Italienisch, Englisch, Französisch und Spanisch, u.a. Reiseführer, sowie Veranstaltungen und Lesekreise.

 Costantini
Karte C2 ■ Piazza Cavour 16

Die Auswahl des Weinkellers ist groß, die Preise sind vernünftig.

Sabon
Karte C2 ■ Via Cola di Rienzo 241

Die edlen Seifen, Kerzen und Toilettenartikel sind quasi reine Natur.

Polvere di Tempo
Karte L6 ■ Via del Moro 59

Der Ladenbesitzer fertigt die nicht mechanischen Zeitmesser – Stundengläser, Sonnenuhren, Kerzenuhren und Astrokompasse – selbst an.

Zeitmesser bei Polvere di Tempo

Cafés & Bars

① Ombre Rosse
Karte K6 ▪ Piazza San Egidio 12/13

Das entspannte Lokal mit lebhafter Atmosphäre ist eine feste Größe im Nachtleben von Trastevere. Im Sommer werden Tische auf die Piazza gestellt.

② Freni e Frizioni
Karte K5 ▪ Via del Politeama 4

Die in einer ehemaligen Autowerkstatt ansässige, beliebte *Aperitivo*-Bar – im Sommer mit Büfett – hat einen hübschen Innenhof.

Freni e Frizioni

③ Ma Che Siete Venuti a Fa
Karte K5 ▪ Via Benedetta 25

Die italienische Kneipe – der Name »Wozu seid ihr hergekommen?« stammt von einem Fußballschlachtruf – serviert eine Auswahl diverser Craftbeers. Die Kellner sind sehr aufmerksam.

④ Caffè di Marzio
Karte K6 ▪ Piazza di Santa Maria in Trastevere 15

Es gibt wohl keinen besseren Platz, um bei einer guten Tasse Kaffee oder heißer Schokolade und leckerem Kuchen die schöne alte Fassade von Santa Maria in Trastevere und das Treiben auf der lebhaften Piazza zu betrachten.

⑤ Caffè della Scala
Karte K6 ▪ Via della Scala 4

Das hübsche Boheme-Café ist ganz vorn mit dabei, wenn es um den Genuss eines entspannten *aperitivo* geht. An den Tischen im Freien kann man prima Leute beobachten.

⑥ Ditta Trinchetti
Karte L6 ▪ Via della Lungaretta 76

Der wunderbare Feinkostladen mit *tavola calda* hat *burrata* – den cremigen Mozzarella aus Apulien –, großartige Sandwiches und unfassbar leckere Bohnensuppe im Sortiment.

⑦ Enoteca Trastevere
Karte L6 ▪ Via della Lungaretta 86

Das Interieur der florierenden Weinbar prägt dunkles Holz, es stehen aber auch viele Tische auf dem Kopfsteinpflaster vor der Tür. Neben Wein gibt es Snacks und Cocktails.

⑧ Enoteca Ferrara
Karte K5 ▪ Piazza Trilussa 41

Das Stammpublikum weiß seinen Lieblingsweinladen zu schätzen – schließlich werden hier beste Weine ausgeschenkt. Bei schönem Wetter genießt man diese im netten Garten, dazu gibt es Leckeres aus der hauseigenen Feinkosttheke.

⑨ Il Baretto
Karte C4 ▪ Via Garibaldi 27G

Großartige Drinks und gelegentliche Livekonzerte machen die *Aperitivo*-Bar mit nettem Retro-Flair bei Einheimischen so beliebt.

⑩ Forno la Renella
Karte K6 ▪ Via del Moro 15/16

Die Leute kommen aus allen Ecken von Rom, um hier Brot, Pizza, *focaccia* oder süße Teilchen zu kaufen. Der Grund ist klar, sobald man die Sachen probiert hat, die aus dem Holzofen kommen. Füllungen und Beläge richten sich nach der jeweiligen Saison.

Vorhergehende Doppelseite Blick vom Ponte Umberto auf Vatikanstadt

Plätze im Freien

① Parco del Gianicolo
Der hübsche Park auf dem Gianicolo-Hügel ist für seine herrliche Aussicht bekannt *(siehe S. 145)*.

② Villa Sciarra
Der ruhige Park mit Statuen und Brunnen im Gianicolo-Viertel ist ideal für einen romantischen Spaziergang *(siehe S. 67)*.

Piazza Santa Maria in Trastevere

③ Piazza Santa Maria in Trastevere
In den Cafés und Restaurants an diesem Platz kann man herrlich die Menschen in Trastevere bei ihrem Treiben beobachten *(siehe S. 63)*.

④ Bar Gianicolo
Karte B5 ▪ Piazzale Aurelio 5
Die kleine Snackbar mit zahlreichen Tischen im Freien ist eine tolle Belohnung für den Aufstieg auf den Gianicolo-Hügel.

⑤ Vatikanische Gärten
Wer die Vatikanstadt besichtigt, kann in den Gärten wunderbar verschnaufen *(siehe S. 144f)*.

⑥ Piazza in Piscinula
Karte C5
Einer der schönsten Plätze in Trastevere mit seinen Bogen, Kletterpflanzen und Kopfsteinpflastern ist ein tolles Fotomotiv.

⑦ Zug der Tausend
Karte B4 ▪ Piazza Giuseppe Garibaldi
Im Gianicolo-Park oberhalb der Stadt stellt eine Sammlung großer Büsten jene Patrioten dar, die Italien mit dem Zug der Tausend einigten.

⑧ Mercato Trionfale
Karte B2 ▪ Via la Goletta 1
Der riesige belebte Markt gilt unter den anspruchsvollen Feinschmeckern Roms als einer der besten. Decken Sie sich an den Ständen mit Pasta, getrockneten Kräutern und eingelegtem Gemüse ein.

⑨ Via Cola di Rienzo
Karte C2 ▪ Via Cola di Rienzo
In der geschäftigen Straße kann man leicht einen ganzen Nachmittag verbringen, um Beauty-Produkte und Mode zu shoppen. An den Ständen des Straßenmarkts können Sie ein Schnäppchen machen.

⑩ Caffetteria Le Terrazze
Karte J1 ▪ Lungotevere Castello 50
Das malerische Terrassencafé mit Ausblick befindet sich im Castel Sant'Angelo *(siehe S. 144)*.

Vatikanische Gärten

Preiswerte Lokale

1) Sorpasso
Karte B2 ▪ Via Properzio 31/33 ▪ +39 06 890 24554 ▪ So geschl. ▪ €

Das Restaurant bietet mediterrane Küche und entspannte Atmosphäre. An der Feinkosttheke gibt es köstliche Sachen zum Mitnehmen.

2) La Pratolina
Karte C2 ▪ Via degli Scipioni 248 ▪ +39 06 3600 4409 ▪ €

Die Pizzas werden in einem Holzofen mit Lavastein gebacken. Probieren Sie Pinsa, eine Art Pizza mit einem Teig aus verschiedenen Mehlarten.

3) Gelateria La Romana
Karte C2 ▪ Via Cola di Rienzo 2 ▪ +39 06 3260 9251 ▪ €

Die Waffelhörnchen, in denen die fabelhaften Eisspezialitäten serviert werden, sind mit geschmolzener Schokolade gefüllt.

4) Pizzeria da Ivo
Karte C5 ▪ Via San Francesco a Ripa 158 ▪ +39 06 581 7082 ▪ mittags & Di geschl. ▪ €

In der beliebten, immer gut besuchten Pizzeria ist das Thema Fußball allgegenwärtig.

5) Trapizzino Trilussa
Karte C4 ▪ Piazza Trilussa 46 ▪ +39 06 581 7312 ▪ €

Das Lokal serviert dreieckige, mit Gemüse, Fleisch und Käse gefüllte Taschen aus Pizzateig. Der Snack ist in Rom sehr beliebt und vor allem zur Mittagszeit begehrt.

6) Pizzeria Dar Poeta
Karte K6 ▪ Vicolo del Bologna 45/46 ▪ +39 06 588 0516 ▪ €

Das Restaurant serviert eine eigene Holzofenpizzavariante nach römischer Art, aber mit dicker Kruste.

7) Osteria dell'Angelo
Karte B1 ▪ Via Bettolo 24 ▪ +39 06 372 9470 ▪ So geschl. ▪ €

Trotz der 15 Prozent für den Service sind die hervorragenden römischen Klassiker erfreulich günstig. Reservierung wird empfohlen.

8) Pizzeria da Vittorio
Karte K6 ▪ Via Cosimato 14A ▪ +39 06 580 0353 ▪ €

Leckere neapolitanische Pizzas und gute Antipasti sorgen für den guten Ruf des netten und angenehmen Lokals. An den Wänden hängen Fotos berühmter Gäste, ein Ventilator sorgt für Kühle.

9) Da Giovanni
Karte J4 ▪ Via della Lungara 41 ▪ +39 06 686 1514 ▪ So geschl. ▪ €

Die gemütliche freundliche Trattoria serviert authentische römische Gerichte mit frischen Zutaten sowie köstliche Desserts. Sie ist klein, also reservieren Sie vorab *(siehe S. 76)*.

10) La Boccaccia
Karte K5 ▪ Via di Santa Dorotea 2 ▪ +39 320 775 6277 ▪ Mo geschl. ▪ €

Es gibt innen nur ein paar Plätze und draußen eine Bank, um die unglaublich köstliche *pizza a taglio* (Schnitte) zu genießen. Aber man kann ja auch unterwegs essen.

Theke im Trapizzino Trilussa

Trastevere & Prati « 153

Gourmetrestaurants

① Sabatini
Karte K6 ▪ Piazza di S. Maria in Trastevere 13 ▪ +39 06 581 8307 ▪ €€€

Für den Genuss von römischer Küche und Seafood an einem Tisch im Freien sollte man reservieren.

Preiskategorien
Preis für ein Drei-Gänge-Menü pro Person mit einer halben Flasche Wein, inkl. Steuern und Service.

€ unter 40 € €€ 40–60 € €€€ über 60 €

② Ferrara
Karte K6 ▪ Via del Moro 1A ▪ +39 06 5833 3920 ▪ €€

Das Restaurant gehört zur Enoteca Ferrara *(siehe S. 150)* und steht dieser in Sachen Qualität nicht nach.

⑥ Antica Pesa
Karte C4 ▪ Via Garibaldi 18 ▪ +39 06 580 9236 ▪ So geschl. ▪ €€€

Die römische Küche ist herausragend, die Atmosphäre angenehm – vor allem in lauen Nächten auf der begrünten Terrasse *(siehe S.75)*.

⑦ L'Arcangelo
Karte C2 ▪ Via Giuseppe Gioacchino Belli 59 ▪ +39 06 321 0992 ▪ Sa mittags & So geschl. ▪ €

Für die traditionellen Gerichte der Trattoria kommen nur beste Zutaten zum Einsatz. Nach dem Essen wird Zabaglione-Likör mit Keksen gereicht. Die Mittagsmenüs sind toll.

Antico Arco

⑧ Margot
Karte C2 ▪ Via Crescenzio 39 ▪ +39 06 6819 3221 ▪ €€

Das romantische kleine Restaurant serviert italienische Klassiker wie Gnocchi *(siehe S. 73)* mit Venusmuscheln und *parmigiana di melanzane*, aber auch verschiedene glutenfreie Gerichte.

③ Antico Arco
Karte B5 ▪ Piazzale Aurelio 7 ▪ +39 06 581 5274 ▪ €€€

Das lässige, moderne italienische Restaurant serviert u. a. ein tolles Risotto mit Castelmagno (Käse) und Nebbiolo (Rotwein). Reservieren kann nicht schaden.

④ Glass Hostaria
Karte K2 ▪ Vicolo del Cinque 58 ▪ +39 06 5833 5903 ▪ Mo & mittags geschl. ▪ keine Kreditkarten ▪ €€€

Das Restaurant bietet innovative italienische Fusionsküche und eine großartige Weinkarte *(siehe S. 75)*.

⑨ La Pergola
Hotel Rome Cavalieri, Via Alberto Cadlolo 101 ▪ +39 06 3509 2152 ▪ mittags, So & Mo geschl. ▪ €€€

Drei Sterne sprechen für sich – ein Essen in diesem Restaurant ist wahrlich ein Erlebnis. Dafür kann man sich auch etwas chic machen *(siehe S. 74)*.

⑤ Roma Sparita
Piazza di Santa Cecilia 24 ▪ +39 06 580 0757 ▪ So abends & Mo geschl. ▪ €€

Auf der malerischen kleinen Piazza fernab vom Trubel genießt man einfache römische Küche.

⑩ Osteria La Gensola
Karte M6 ▪ Piazza della Gensola 15 ▪ +39 06 5833 2758 ▪ €€

In diesem Restaurant kommen in angenehm gemütlicher Atmosphäre erstklassige Seafood-Gerichte auf den Tisch – und das zu vernünftigen Preisen *(siehe S. 75)*.

Siehe Karte S. 142

TOP 10 Außerhalb der Stadtmauern

Die Aurelianische Mauer aus dem 3. Jahrhundert n. Chr. diente rund 1600 Jahre der Verteidigung und ist größtenteils erhalten, auch wenn man nach 1870 mehrere Durchbrüche für den Verkehr schuf. Die moderne Stadt breitete sich schnell in alle Richtungen aus. Roms bedeutendste Sehenswürdigkeiten liegen zweifellos innerhalb der Stadtmauer, dennoch lohnen sich Ausflüge in die Umbegung: Antike Straßen, sehr alte Kirchen, eine ganze antike Stadt, geheimnisvolle Katakomben und auch Mussolinis prätentiöse Bauten sind reizvoll und sehenswert.

Sarkophag, Via Appia Antica

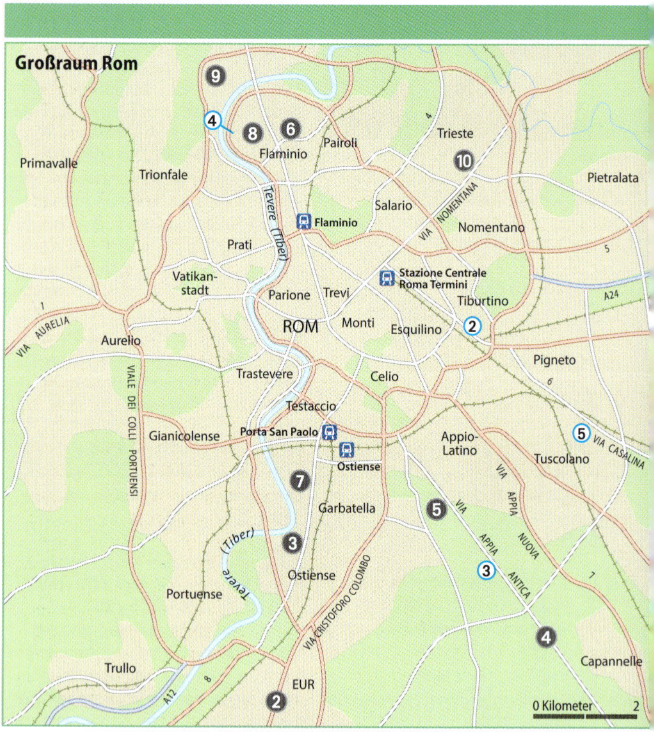

Außerhalb der Stadtmauern

1 Ostia Antica
Die faszinierenden Relikte des antiken römischen Handelszentrums erinnern an die Anfänge der Stadt (siehe S. 42f.).

2 EUR
Metro EUR Palasport & EUR Fermi

Der von Benito Mussolini als Modell der idealen faschistischen Metropole konzipierte Stadtteil EUR (l'Esposizione Universale di Roma) wirkt auf viele bedrückend. Kritiker Robert Hughes beschrieb das *Colosseo quadrato* als das »Furcht einflößendste Gebäude der Welt«. Die schroffe Ästhetik der Bauten inspirierte jedoch viele Architekten der Nachkriegszeit. Das heutige Wohn- und Geschäftsviertel birgt einen Park mit See und Roms Aquarium mit einem großen Fenster zum See.

San Paolo fuori le Mura

3 San Paolo fuori le Mura
Via Ostiense 190 ▪ Metro Basilica San Paolo ▪ tägl. 7–18.30 Uhr

Die zweitgrößte Kirche Roms blickt auf eine wechselvolle Geschichte zurück. Sie wurde im 4. Jahrhundert von Konstantin I. an der Grabstätte des heiligen Paulus erbaut und war rund 400 Jahre lang Europas größte Kirche, bis sie im Jahr 846 von den Sarazenen niedergebrannt wurde. Sie wurde wiederaufgebaut und befestigt, fand aber wegen der Lage außerhalb der Stadtmauern wenig Beachtung, bis sie dann Mitte des 11. Jahrhunderts umgestaltet wurde. Nach einem Brand 1823 erfolgte der Wiederaufbau in der heutigen Form. Glücklicherweise wurde der Kreuzgang, der als der schönste Roms gilt, von den Flammen verschont.

4 Via Appia Antica
Busse 118 & 218

Die »Königin der Straßen« wurde 312 v. Chr. von Appius Claudius fertiggestellt, der auch Roms ersten Aquädukt erbaute. Der schönste Abschnitt beginnt nach dem Grab der Cecilia Metella, das im Mittelalter zur Festung erweitert wurde. Die Straße ist von vielen weiteren Gräbern und von prächtigen modernen Villen gesäumt. Im Osten ragen die Bogen eines antiken Aquädukts auf.

Karte: Umgebung / Großraum Rom

- TOP10-Attraktionen *siehe S. 155–157*
- Restaurants *siehe S. 159*
- Tagesausflüge *siehe S. 158*

Auditorium Parco della Musica

Aurelianische Mauer

Der Bau der Mauer wurde unter Kaiser Aurelian (270–75) begonnen und unter dessen Nachfolger Probus (276–82) vollendet. Sie verläuft über alle Sieben Hügel Roms. Das Bollwerk hat eine Länge von 18 Kilometern und verfügt über 18 Tore und 381 Türme. Im 4. Jahrhundert verdoppelte Kaiser Maxentius die Höhe der Mauer, die noch größtenteils erhalten ist.

5 Katakomben an der Via Appia Antica

San Sebastiano: Via Appia Antica 136; tägl. 10–16.30 Uhr; Eintritt; www.catacombe.org ▪ San Callisto: Via Appia Antica 110; März–Jan: Do–Di 9–12 Uhr & 14–17 Uhr (nur mit Onlinebuchung); Eintritt; www.catacombe.roma.it ▪ Domitilla: Via delle Sette Chiese 282; Feb–Dez: tägl. 9–12 Uhr & 14–17 Uhr; Eintritt

Das Tunnelsystem erstreckt sich wie ein Wabenmuster – ein Großteil verläuft unter der Via Appia Antica. Unzählige Grabnischen schlug man in den Kalktuff. Das relativ weiche Gestein kann gut bearbeitet werden. Reste von Fresken und Marmorfliesen sind erhalten *(siehe S. 64)*.

6 Auditorium Parco della Musica

Viale Pietro de Coubertin 30 ▪ +39 06 8024 1281 ▪ Apr–Okt: tägl. 11–20 Uhr (So ab 10 Uhr); Nov–März: tägl. 11–18 Uhr (So ab 10 Uhr) ▪ Eintritt für Konzerte ▪ www.auditorium.com

Das Kulturzentrum des italienischen Architekten Renzo Piano ist einer der bedeutendsten Kulturstandorte in Rom. In drei Konzerthallen, die an Wale erinnern, treten Jazz-, Rock- und Popmusiker auf. Zudem gibt es eine Theaterbühne, Ausstellungsflächen, ein Café, einen Buch- und Musikladen, einen Kinderspielplatz und im Winter eine Eislaufbahn.

7 Centrale Montemartini

Via Ostiense 106 ▪ +39 06 0608 ▪ Di–So 9–19 Uhr ▪ Eintritt ▪ www.centralemontemartini.org

Das älteste Elektrizitätswerk Roms ist heute ein bemerkenswerter Ausstellungsraum für antike Statuen der Musei Capitolini *(siehe S. 28–31)*. Die vormals in Lagerräumen verwahrten Exponate kommen in den schmucklosen Hallen zu intensiver Wirkung: Die funktionale Strenge moderner Technik kontrastiert mit ihrer Verletzlichkeit.

8 MAXXI

Via Guido Reni 4A ▪ +39 06 320 1954 ▪ Di–So 11–19 Uhr (Sa & So bis 20 Uhr) ▪ Eintritt ▪ www.maxxi.art

Das Museo delle Arti del XXI secolo (für Kunst des 21. Jahrhunderts) – Roms erstes Museum für zeitgenössische Kunst – wurde 2010 eröffnet.

Futuristischer Bau des MAXXI

Außerhalb der Stadtmauern « 157

Die britisch-irakische Architektin Zaha Hadid entwarf das atemberaubende Gebäude, das außen wie innen fasziniert. Die Dauerausstellung umfasst mehr als 350 Werke. Es gibt zwei Bereiche: Bildende Kunst und Architektur *(siehe S. 55 & S. 70)*.

⑨ Foro Italico & Stadio dei Marmi
Viale del Foro Italico

Der Sportkomplex hieß ursprünglich Foro Mussolini, wurde jedoch Ende der 1940er Jahre umbenannt. Der 16 Meter hohe Obelisk trägt noch die Inschrift *Mussolini Dux* (»Mussolini, der Führer«). Auf dem Forum soll auch eine 75 Meter hohe Statue Mussolinis als Herkules gestanden haben. Die 60 kolossalen Statuen von Athleten nach faschistischem Ideal im Stadio dei Marmi *(siehe S. 82)* sind sehenswert.

Apsismosaik, Sant'Agnese fuori le Mura

⑩ Sant'Agnese fuori le Mura & Santa Costanza
Via Nomentana 349 ■ Busse 36, 60, 62, 84 & 90 ■ Sant'Agnese: Mo – Sa 8 – 19 Uhr; Santa Costanza: tägl. 9 – 12 Uhr & 15 – 18 Uhr

Die beiden Gotteshäuser (4. Jh.) stehen in derselben frühchristlichen Anlage und sind mit Mosaiken versehen. Eines zeigt die heilige Agnes, wie sie acht Tage nach ihrem Märtyrertod noch einmal erscheint. Im Chorumgang der runden Kirche Santa Costanza sind Szenen einer Traubenernte in der Antike zu sehen.

Spaziergang

▶ Starten Sie an der **Porta San Sebastiano**, dem größten der Stadttore, und informieren Sie sich im **Museo delle Mura** *(siehe S. 69)* über die Geschichte der Aurelianischen Mauer. Von der Treppe bietet sich ein toller Blick. Dann geht es zur **Via Appia Antica**. Eine der ersten Sehenswürdigkeiten an der Straße ist die Kirche **Domine Quo Vadis?**, die man an der Stelle erbaute, wo Petrus auf der Flucht vor seinen Verfolgern auf Jesus getroffen sein soll und daraufhin beschloss, nach Rom zurückzukehren und den Märtyrertod auf sich zu nehmen. Bei der Replik von Fußabdrücken, die Christus zugeschrieben werden, handelt es sich allerdings um ein heidnisches Votivbild.

Die Straße führt weiter zu den **Catacombe San Sebastiano** *(siehe S. 64)*, wo Sie an einer Führung teilnehmen sollten. Besondere Beachtung verdienen zwei kuriose Fresken, die eine Früchteschale und ein Rebhuhn zeigen – antiken Schriftstellern zufolge galt das Rebhuhn als das wollüstigste der Tiere. Folgen Sie der Straße weiter, vorbei an dem Imbiss, wo Sie sich stärken können, bis zum **Circus Maxentius**, einer Pferderennbahn der Antike. Um die Haupttribüne aufzulockern, sind ins Mauerwerk *amphorae* eingebettet. Die letzte Station ist das wunderschöne **Grabmal der Cecilia Metella** aus dem 1. Jahrhundert v. Chr.

Für ein Mittagessen empfiehlt sich das **Ristorante l'Archeologia** *(siehe S. 159)*. Der Bus Nr. 118 bringt Sie anschließend zurück in die Stadt.

Siehe Karte S. 154f

Tagesausflüge

1 Villa d'Este
Piazza Trento, Tivoli ▪ +39 0774 332 920 ▪ COTRAL-Bus ab Ponte Mammolo ▪ Di – So 8.30 Uhr bis 1 Std. vor Sonnenuntergang ▪ Eintritt (1. So im Monat frei)

Die im 16. Jahrhundert erbaute Villa d'Este ist bekannt für ihre Gärten und 100 Brunnen.

Canopus, Hadriansvilla

2 Hadriansvilla
Via Tiburtina, 6 km südwestl. von Tivoli ▪ +39 0774 382 733 ▪ COTRAL-Bus ab Ponte Mammolo ▪ tägl. 9 Uhr bis 1 Std. vor Sonnenuntergang ▪ Eintritt (1. So im Monat frei)

Auf dem riesigen, 118–134 n. Chr. erbauten Sommersitz ließ Kaiser Hadrian seine Lieblingsgebäude aus Griechenland und Ägypten, darunter Tempel und Theater, nachbilden.

3 Nekropole von Tarquinia
Zug ab Termini oder Ostiense oder COTRAL-Bus ab Lepanto ▪ +39 0766 850 080 ▪ Di – So 8.30 Uhr bis Sonnenuntergang ▪ Eintritt

Das Museum in der großen Anlage zeigt etruskische Artefakte wie die berühmten Terrakottapferde aus dem 4. Jahrhundert v. Chr.

4 Nekropole von Cerveteri
Zug ab Termini bis Cerveteri-Ladispoli ▪ +39 06 994 0651 ▪ Di – So 8.30 Uhr bis Sonnenuntergang ▪ Eintritt

Die Straßen, Häuser und Fresken der Nekropole (6. Jh. v. Chr.) sind außerordentlich gut erhalten.

5 Castelli Romani
Metro Anagnina, dann COTRAL-Bus ▪ Palazzo Chigi: Piazza di Corte 14, Ariccia; +39 06 933 0053; Di – So 10 – 19 Uhr; Führungen 11 Uhr, 16 Uhr & 17.30 Uhr; Gärten: Apr – Sep; Eintritt

Zu den Attraktionen der Region in den Albaner Bergen zählt neben dem Baden im Lago di Albano auch der im 17. Jahrhundert von Bernini entworfene Palazzo Chigi in Ariccia.

6 Frascati
Metro Anagnina, dann COTRAL-Bus ▪ Villa Aldobrandini: Via Cardinale Massaia 18; +39 06 683 3785; Mo – Fr 9 – 17.30 Uhr

Die kleine Stadt beheimatet die Villa Aldobrandini, die ein wunderschönes Panorama von Rom bietet.

7 Palestrina
Metro Anagnina, dann COTRAL-Bus ▪ Museum: Palazzo Barberini; tägl. 9 – 20 Uhr ▪ Eintritt

In Palestrina findet sich der schönste hellenistische Tempel Italiens mit einem Mosaik aus dem 2. Jahrhundert v. Chr.

8 Strände
Züge ab Porta San Paolo

Den Küstenstreifen in Ostia säumen Strandclubs und kostenlos zugängliche Badestrände *(spiaggia libera)*.

9 Viterbo
Zug ab Ostiense ▪ Sehenswürdigkeiten: Di – Sa 8.30 – 18.30 Uhr; Eintritt

In der mittelalterlichen Stadt sind der Päpstliche Palast, die Fontana Grande und das Archäologische Museum sehenswert.

10 Pompeji
Zug ab Termini bis Neapel, dann Circumvesuviana-Zug ▪ tägl. 8.30 – 17 Uhr (Sommer: bis 19.30 Uhr) ▪ Eintritt

79 n. Chr. begrub der Vesuv die Stadt unter Lavamassen und konservierte sie – nun ist sie UNESCO-Welterbe.

Restaurants

1) Allo Sbarco di Enea, Ostia Antica
Via dei Romagnoli 675 ▪ Metro Piramide, dann Regionalzug ▪ +39 06 565 0034 ▪ Mo mittags geschl. ▪ €€

Die Kellner tragen historische Kostüme, die Einrichtung erinnert an Sandalenfilme – das ist kitschig, aber unterhaltsam. Spezialität sind Fischgerichte, z. B. *spaghetti alle vongole* (mit Muscheln).

2) Pizzeria Formula Uno
Karte G4 ▪ Via degli Equi 13 ▪ +39 06 445 3866 ▪ So geschl. ▪ €

Die schlichte lebhafte Pizzeria ist eine Institution in San Lorenzo und serviert seit Jahrzehnten dünne knusprige Pizzas mit erstklassigen Belägen. Die *carciofi alla giudia* (siehe S. 72) sind ein absolutes Muss.

> **Preiskategorien**
> Preis für ein Drei-Gänge-Menü pro Person mit einer halben Flasche Wein, inkl. Steuern und Service.
>
> € unter 40 € €€ 40–60 € €€€ über 60 €

Ristorante l'Archeologia

3) Ristorante l'Archeologia
Via Appia Antica 139 ▪ Bus 118 ▪ +39 06 788 0494 ▪ €€

In dem elegant umgestalteten Bauernhaus sitzen Gäste im Winter um den knisternden Kamin und im Sommer im Garten. Gebratenes Lamm und hausgemachte Pasta zählen zu den Spezialitäten.

4) Aroma Osteria Flaminio
Lungotevere Flaminio 62D ▪ +39 06 3265 1751 ▪ €

Das schöne Restaurant unweit des MAXXI (siehe S. 156f) verwöhnt Sie mit Gerichten, für die ausschließlich hochwertige Zutaten verwendet werden. Der Kabeljau mit Käse und Pfeffersauce ist köstlich.

5) Osteria Bonelli
Viale dell'Acquedotto Alessandrino 172/174 ▪ +39 329 863 3077 ▪ So geschl. ▪ €

Die freundliche, lebhafte Osteria serviert Pasta, Lamm und sagenhafte gebratene Rinderbäckchen.

6) La Sibilla, Tivoli
Via della Sibilla 50 ▪ COTRAL-Bus ab Ponte Mammolo ▪ +39 0774 335 281 ▪ Mo geschl. ▪ €€

Das schöne Lokal bietet Blick auf die Villa Gregoriana.

7) Ambaradam, Tarquinia
Piazza Matteotti 14 ▪ +39 0766 857 073 ▪ Mi mittags geschl. ▪ €

Die einladende, günstig am Hauptplatz gelegene Trattoria ist für köstliche Ravioli und aufmerksamen Service bekannt.

8) Pinocchio, Frascati
Piazza del Mercato 21 ▪ Metro Anagnina, dann COTRAL-Bus ▪ +39 06 941 7883 ▪ Mo – Sa mittags geschl. ▪ €

Das Restaurant des kleinen Hotels bietet die Spezialität der Region: leckere *porchetta* (Spanferkel).

9) Il Porticciolo, Sperlonga
Via del Porto 13 ▪ +39 331 729 4816 ▪ €

Direkt am Hafen wird hier wunderbares Seafood mit einem herrlichen Blick aufs Meer serviert.

10) Piccola Trattoria da Patrizio, Viterbo
Via della Cava 50 ▪ Zug ab Ostiense oder COTRAL-Bus ab Saxa Rubra ▪ +39 07 6126 7741 ▪ €

Die gemütliche Trattoria in Familienbesitz kocht preiswert und lecker und serviert große Portionen.

Siehe Karte S. 154f

Reise-Infos

Straßenszenerie in Rom

Anreise & In Rom unterwegs	**162**
Praktische Hinweise	**166**
Hotels	**170**
Textregister	**178**
Bildnachweis & Impressum	**188**
Sprachführer	**190**
Straßenverzeichnis	**192**

Anreise & In Rom unterwegs

Anreise mit dem Flugzeug

Rom hat zwei internationale Flughäfen: Fiumicino (»Leonardo da Vinci«) und Ciampino. Beide sind gut ans Stadtzentrum angeschlossen.

Der Hauptflughafen **Fiumicino** (FCO) liegt 30 km südwestlich vom Zentrum. Mit dem **Leonardo Express** von Trenitalia ist man in 35 Minuten am Bahnhof Termini. Ein anderer Zug benötigt 50 Minuten zum Bahnhof Tiburtina. Dieser hält in Trastevere und in Ostiense. Fahrkarten gibt es am Bahnhof oder online.

Busunternehmen wie **Sit Bus Shuttle** und **Terravision** bieten Fahrten (ca. eine Stunde) zum Bahnhof Termini. Meiden Sie Schlepper und deren »günstige« Tickets.

Für Taxis ins Zentrum gilt ein fester Tarif. Eine Onlinereservierung kostet nicht extra. Minibusse wie von **AirportShuttle** verlangen den Fahrpreis pro Person.

Vom Flughafen **Ciampino** (CIA), 15 km südöstlich der Stadt, benötigen Busse etwa 40 Minuten bis Termini. Es gibt mehrere Anbieter, z. B. **Atral**. Taxis fahren zum Festpreis ins Stadtzentrum.

Anreise mit dem Zug

Aus vielen Großstädten Europas fahren regelmäßig Hochgeschwindigkeitszüge nach Rom. Für die Benutzung dieser Züge sollte man Tickets frühzeitig buchen, eine Platzreservierung ist erforderlich. Nach Rom kann man auch mit Bahnpässen wie **Eurail** und **Interrail** reisen.

Inlandszüge

Trenitalia, Tochter der italienischen Eisenbahngesellschaft FS Italiane, ist Marktführer im Schienenverkehr in Italien. Auch für viele Inlandszüge sollte man sein Ticket möglichst weit im Voraus reservieren.

Sowohl Trenitalia als auch **Italo Treno** betreiben Hochgeschwindigkeitszüge. Eine Reservierung ist unerlässlich. Die wichtigsten Bahnhöfe in Rom heißen Termini und Tiburtina.

Für Besucher ist der Zug nach Ostia Antica und Ostia Lido praktisch. Abfahrt ist an der Stazione Porta San Paolo, nahe der Metro-Station Piramide.

Fahrscheine müssen vor dem Einsteigen gestempelt und dadurch entwertet werden. Zu diesem Zweck sind an den Bahnsteigzugängen Automaten aufgestellt. Wer mit einer nicht entwerteten Fahrkarte erwischt wird, riskiert ein hohes Bußgeld.

Öffentliche Verkehrsmittel

ATAC ist die wichtigste Verkehrsgesellschaft in Rom. Informationen über Sicherheits- und Hygienemaßnahmen, Fahrpläne, Fahrkarten, Verkehrspläne und mehr erhalten Sie an den ATAC-Kiosken oder auf der ATAC-Website.

Fahrkarten

Für Busse, Trams, Metro und Regionalzüge gelten die gleichen Fahrkarten (*biglietti*). Man erhält sie in Läden mit ATAC-Zeichen im Schaufenster, in Bars, an Kiosken sowie an den Fahrkartenautomaten der Bushaltestellen und Metro-Stationen. Bitte beachten Sie, dass die Automaten nur Bargeld akzeptieren. Tickets müssen im Voraus gekauft und bei Fahrtantritt entwertet werden.

Einfache Fahrkarten gelten 100 Minuten (BIT), es gibt auch Tageskarten (ROMA24H) sowie Pässe für zwei Tage (ROMA48H), für drei Tage (ROMA72H) und für eine Woche (CIS). Für Kinder unter zehn Jahren sind Fahrten in Begleitung eines Erwachsenen kostenlos.

Metro

Roms U-Bahn hat drei Linien (A, B und C). Die Linie A verläuft von Westen nach Südosten und die Linie B von Nordosten nach Süden. Die Linien A und B treffen sich an der Stazione Termini. Die Linie C verkehrt zwischen den Haltestellen Pantano und San Giovanni, wo sie auf die Linie A trifft. Die Regionalzüge haben Anschluss an die Metro, um die umliegenden Stadtteile und die Flughäfen zu bedienen.

Die U-Bahnen fahren täglich zwischen 5.30 und 23.30 Uhr alle vier bis zehn Minuten, an Freitagen und Samstagen bis 1.30 Uhr.

Anreise & In Rom unterwegs « 163

Von der Straße aus sind die Metro-Stationen an einem weißen »M« auf rotem Grund zu erkennen. Orientieren Sie sich anhand der ausgehängten Linienpläne. Für die Schranke zum Bahnsteig benötigen Sie Ihr Ticket. Sie erhalten es zurück und sollten es für eventuelle Kontrollen aufbewahren. Bildschirme am Bahnsteig informieren darüber, wann die nächste U-Bahn einfährt. An Bord werden die Haltestellen nicht immer durchgesagt.

Trams

Trams fahren an den Rand des Stadtzentrums und sind eine gute Möglichkeit, die wichtigsten Sehenswürdigkeiten zu erreichen, ohne durch die verstopfte Innenstadt zu fahren. Praktische Tramlinien sind Nr. 2 entlang der Via Flaminio in Richtung MAXXI, Nr. 8 (zwischen Largo Argentina und Trastevere) und Nr. 19 (zwischen Vatikanstadt und Villa Borghese).

Schilder an den Haltestellen nennen die jeweilige Liniennummer und die in Fahrtrichtung folgenden Stopps. Wagen zeigen an einem Display die Liniennummer und die Endstation an.

Trams fahren täglich von 5.30 bis 10.30 Uhr bzw. bis Mitternacht, je nach Strecke (die Linie 8 fährt in der Nacht von Freitag auf Samstag bis 3 Uhr). Tickets müssen an Bord an den gelben Automaten entwertet werden.

Busse

Busse decken den größten Teil der Stadt ab. Sie wären für Fahrten zu den wichtigsten Sehenswürdigkeiten Roms gut geeignet, würde man nicht häufig im Verkehr feststecken.

Der wichtigste Busbahnhof der Stadt befindet sich auf der Piazza dei Cinquecento vor dem Bahnhof Termini. Weitere Knotenpunkte sind die Piazza del Risorgimento und die Piazza Venezia.

Routen sind an den Haltestellen angeschrieben. Linienbusse verkehren im Allgemeinen alle zehn bis 20 Minuten.

Von 23.30 bis 5.15 Uhr fahren Nachtbusse. Sie sind mit einem »N« (notturno) vor der Liniennummer gekennzeichnet.

Die Busse haben in der Regel drei Türen. Die vordere und die hintere Tür sind für den Einstieg, die mittlere für den Ausstieg vorgesehen. Fahrkarten müssen in den gelben Automaten vorn oder hinten im Bus entwertet werden. Drücken Sie den Halteknopf, wenn Sie an der nächsten Haltestelle aussteigen möchten.

Für Ausflüge eignen sich die blauen Busse von **COTRAL**, die von mehreren Terminals Vororte und Umland bedienen.

Fernbusse

Europäische Reisebusse kommen in Rom meist am Busterminal Tiburtina an. Beliebte Anbieter sind **Flixbus** und **Italybus**.

COTRAL betreibt Regionalbusse zu Dörfern und Städten in Latium. Sämtliche von COTRAL in Rom angefahrenen Haltestellen bieten Anschluss an Metro-Stationen. Fahrkarten müssen vor Ort gekauft werden. Die Buchung im Voraus ist nicht möglich.

Anreise mit dem Flugzeug

AirportShuttle
🌐 airportshuttle.it

Atral
🌐 atral-lazio.com

Flughäfen
🌐 adr.it

Leonardo Express
🌐 leonardo-express.com

Sit Bus Shuttle
🌐 sitbusshuttle.com

Terravision
🌐 terravision.eu

Anreise mit dem Zug

Eurail
🌐 eurail.com

Interrail
🌐 interrail.eu

Inlandszüge

Italo Treno
🌐 italotreno.it

Trenitalia
🌐 trenitalia.com

Öffentliche Verkehrsmittel

ATAC
🌐 atac.roma.it

Busse

COTRAL
🌐 cotralspa.it

Fernbusse

Flixbus
🌐 flixbus.de

Italybus
🌐 italybus.it

Bustouren

City Sightseeing Roma bietet täglich Hop-on-Hop-off-Touren an Bord von Doppeldeckerbussen. Während der Fahrt sind Audioguides in acht Sprachen verfügbar. Sie erläutern im Vorbeifahren die Geschichte der Sehenswürdigkeiten. Die Busse fahren alle 15 bis 20 Minuten. Die erste Fahrt startet um 9 Uhr, die letzte um 19 Uhr. Fahrgäste können an jeder der acht Haltestellen, darunter Kolosseum, Fontana di Trevi, Palazzo Barberini und Vatikanstadt, aus- und zusteigen. Online werden Kombitickets angeboten, die etwa das Kolosseum und die Vatikanstadt sowie eine Nachttour beinhalten.

Vatican&Rome spricht mit seinen Touren gläubige Christen an. Man fährt, versorgt mit Audioguides, vom Bahnhof Termini bis zum Petersplatz.

Taxis

Die Taxis in Rom gehören zu den teuersten in Europa. Nicht alle akzeptieren Kreditkarten. Taxistände gibt es an Bahnhöfen, an großen Plätzen oder in der Nähe von wichtigen Sehenswürdigkeiten. Für Besucher günstig liegen die an Stazione Termini, Piazza Venezia, Piazza di Spagna, Piazza del Popolo und Piazza Barberini. Auf der Straße können Sie kein Taxi anhalten, bestellen Sie es online, z. B. **Radiotaxi 3570**, oder telefonisch, etwa **Chiama Taxi**. Wenn Sie ein Taxi telefonisch bestellen, läuft das Taxameter ab dem Zeitpunkt Ihres Anrufs. Lizenzierte Taxis in Rom sind weiß und haben ein »Taxi«-Schild auf dem Dach.

Bei Fahrten zum und vom Flughafen müssen Sie für jedes Gepäckstück im Kofferraum, für Fahrten zwischen 22 und 7 Uhr sowie für Fahrten an Sonn- und Feiertagen extra Gebühren zahlen. Melden Sie etwaige Probleme mit Taxifahrern unter der Telefonnummer +39 06 0608.

Anreise mit dem Auto

Für Autofahrer führt die Hauptroute von Mitteleuropa über die Brennerautobahn, Bozen, Verona und Florenz nach Rom.

Fast alle Autobahnen in Italien sind mautpflichtig. Das Ticket erhalten Sie, indem Sie an der Mautstelle den Knopf drücken. Zahlen müssen Sie erst, wenn Sie die Autobahn verlassen. Dann geben Sie das Ticket der Person im Mauthäuschen oder schieben es in einen dafür vorgesehenen Schlitz. Die Gebühr kann mit Bargeld, einer Kreditkarte oder einer im Voraus gekauften Magnetkarte (VIA-Karte) bezahlt werden.

Mit dem System »Telepass«, das mit einem elektronischen Gerät wie der **ADAC Mautbox** funktioniert, kann man sich lange Wartezeiten an den Mautstellen ersparen und ohne Anhalten die speziellen gelb markierten Telepass-Fahrspuren nutzen. Die Mautgebühren werden automatisch erfasst und per hinterlegter Zahlungsmethode abgerechnet.

Mietwagen

In Italien beträgt das Mindestalter 18 Jahre, um ein Auto mieten zu können. Zusätzlich muss der Fahrer schon mindestens ein Jahr im Besitz eines Führerscheins sein. Fahrer unter 21 (eventuell auch unter 26) müssen womöglich eine »Jungfahrergebühr« zahlen. Der nationale Führerschein wird akzeptiert. Eine Kaution bzw. die Angabe der Kreditkartennummer wird verlangt.

Autofahren

Es wird nicht empfohlen, in Rom Auto zu fahren – die Straßen sind verstopft und das Parken ist extrem schwierig.

Roms Innenstadt ist *Zona a Traffico Limitato* (ZTL), d. h., hier dürfen nur Anwohner und Lieferanten fahren und parken. Autos stellt man am besten auf einem Parkplatz außerhalb des Stadtzentrums ab und nutzt von dort aus öffentliche Verkehrsmittel. Der **European Car Parking Guide** und **Saba** listen kostenlose Parkplätze in der Umgebung von Rom auf. Es gibt auch Parkplätze in der Nähe der Villa Borghese und der Piazza dei Partigiani. Auf den mit einer blauen Linie gekennzeichneten Parkplätzen kann man von 8 bis 20 Uhr gebührenpflichtig parken.

Informationen zu abgeschleppten Fahrzeugen erhält man unter der Rufnummer +39 06 0606. Zum Bußgeld für den Parkverstoß kommt eine Gebühr für den Abschleppdienst hinzu.

Verkehrsregeln

Außerhalb von geschlossenen Ortschaften muss das Abblendlicht auch tagsüber eingeschaltet sein. Auch in Italien ist es Pflicht, eine reflektierende Warnweste mitzuführen. Für alle Insassen (auch auf der Rückbank) besteht Anschnallpflicht. Die Benutzung von Mobiltelefonen am Steuer sowie Geschwindigkeitsübertretungen und Überschreitungen der Grenze von 0,5 Promille Alkohol (unter 21 Jahren 0,0) werden mit recht hohen Geldbußen belegt. Beachten Sie: In Italien ausgestellte Strafzettel werden auch in Deutschland nachverfolgt.

Bei einem Unfall oder einer Panne müssen Sie die Warnblinkanlage einschalten und ein Warndreieck 50 Meter hinter dem Fahrzeug aufstellen. Wenden Sie sich am besten an einen Automobilclub wie den ADAC (+49 89 222 222) oder den ACI (+39 803 116). Sollte medizinische Hilfe erforderlich sein, rufen Sie umgehend einen Krankenwagen (Tel. 112 oder 118).

Trampen

Per Anhalter fahren (*autostop*) ist auf Autobahnen verboten und in großen Städten wie Rom nicht üblich. In ländlicheren Gegenden ist es eine gängige Transportmethode für Reisende mit kleinem Budget. Bedenken Sie immer Ihre eigene Sicherheit, bevor Sie in ein unbekanntes Fahrzeug einsteigen oder jemanden in Ihr Fahrzeug lassen.

Fahrräder und Motorroller

Radfahren in Rom kann wegen der vielen Hügel, des starken Verkehrs und des Mangels an Radwegen eine Herausforderung sein, aber es ist eine umweltfreundliche und praktische Art, die Stadt zu erkunden. Wenn Sie keine Lust auf das Radfahren in der Stadt haben, kann eine Fahrt durch den Park der Villa Borghese eine angenehmere Alternative sein. Fahrräder und Tandems sowie Rikschas können am Eingang zu den Pincio-Gärten gemietet werden.

Fahrräder und Motorroller kann man stunden- oder tageweise mieten, z. B. bei **Bici & Baci**, Motorroller auch bei **Barberini Scooters for Rent**. Eventuell muss man eine Kaution in bar hinterlegen. Für Motorroller muss man einen gültigen Führerschein vorlegen.

Auf dem Roller besteht Helmpflicht; Helme können in den meisten Verleihstellen ausgeliehen werden. Wenn Sie kein erfahrener Rollerfahrer sind, ist es ratsam, in Rom auf dieses Fahrzeug zu verzichten.

Zu Fuß

Rom ist gut zu Fuß zu erkunden – wer keine körperlichen Beschwerden hat, braucht für das Gebiet zwischen Petersdom, Villa Borghese und Gianicolo schon mal keine öffentlichen Verkehrsmittel. Ein großer Teil der Stadt besteht aus engen Straßen und Gässchen, die für Busse undurchdringlich sind, und viele Straßen sind Fußgängerzonen.

Ein Spaziergang durch das historische Zentrum Roms ist einer der Höhepunkte eines jeden Stadtbesuchs. Sie können die architektonischen Details bewundern, das Straßenleben in sich aufnehmen und einen Blick in jede Kirche, jeden Laden oder jede Bar werfen, die Ihr Interesse wecken.

Um sicher unterwegs zu sein, sollten Sie feste Schuhe tragen und Straßen nur bei Grün überqueren. Halten Sie sich im Sommer lieber in den schattigen, engen Gassen auf und nicht auf den großen Plätzen, da es dort sehr heiß werden kann.

Bustouren

City Sightseeing Roma
w city-sightseeing.it

Vatican&Rome
w operaromana pellegrinaggi.org

Taxis

Chiama Taxi
📞 +39 06 0609

Radiotaxi 3570
w 3570.it

Anreise mit dem Auto

ADAC Mautbox
w adac-mautbox.de

Autofahren

European Car Parking Guide
w car-parking.eu/italy/rome/pr

Saba
w sabait.it

Fahrräder und Motorroller

Barberini Scooters for Rent
w rentscooter.it

Bici & Baci
w bicibaci.com

Praktische Hinweise

Einreise

Für die Einreise von EU-Bürgern und Schweizern nach Italien ist ein gültiger Personalausweis oder Reisepass erforderlich. Auch Kinder jeden Alters benötigen ein eigenes Reisedokument mit Lichtbild.

Zoll

EU-Bürger dürfen Waren für den persönlichen Gebrauch zollfrei ein- und ausführen. Für Tabak und Alkohol gelten die EU-Höchstgrenzen: 800 Zigaretten, 400 Zigarillos, 200 Zigarren oder ein Kilogramm Tabak; zehn Liter Spirituosen über 22 Prozent Alkohol, 90 Liter Wein oder 110 Liter Bier. Eine Bargeldmenge, die den Betrag von 10 000 Euro übersteigt, muss bei der Ein- oder Ausreise deklariert werden.

Reise- & Sicherheitshinweise

Deutsche, Österreicher und Schweizer erhalten auf den Websites ihrer Außenministerien Reisehinweise und Informationen über die aktuelle Sicherheitslage. Da es wegen unvorhersehbarer Entwicklungen jederzeit zu Änderungen und Einschränkungen kommen kann, stellen die Außenministerien von Deutschland, Österreich und der Schweiz zudem kostenlose Apps zur Verfügung, über die Reisende sofort von Veränderungen der Sicherheitslage erfahren.

Versicherung

Gesetzlich versicherte Bürger der EU und der Schweiz haben mit der Europäischen Krankenversicherungskarte (EHIC) ihrer Krankenkasse auch in Italien Anrecht auf kostenlose medizinische Versorgung. Die Versicherung deckt Notfallbehandlungen und Folgerezepte ab, nicht aber Krankenrücktransporte und Zahnbehandlungen, weshalb eine zusätzliche Reiseversicherung – auch für den Fall von Diebstählen und anderen Verlusten – eine Überlegung wert ist.

Gesundheit

Für Italienreisen sind keine Impfungen vorgeschrieben. Natürlich sollte man sich im Sommer vor der Sonne schützen. Verwenden Sie Sonnencreme und tragen Sie einen Kopfschutz; mittags suchen Sie sich besser einen Platz im Schatten. Wichtig ist bei Hitze auch, ausreichend Wasser zu trinken. Roms Leitungswasser ist trinkbar.

Apotheken *(farmacia)* sind mit einem grünen Kreuz versehen. Gängige Medikamente sind oft ohne Rezept zu haben. Gehen Ihre Medikamente aus, sind Apotheker bei Vorlage der aufgebrauchten Packung meist in der Lage, einen entsprechenden Ersatz anzubieten.

Roms Krankenhäuser *(ospedale)* arbeiten effizient. Kliniken mit Notaufnahme *(pronto soccorso)* sind u. a. **Fatebenefratelli** auf der Tiberinsel und **Policlinico Universitario** im Nordwesten der Stadt. Auch die zwei Kliniken von **Guardia Medica Turistica** tun rund um die Uhr Dienst. Oft weiß auch das Hotelpersonal Rat, wenn Sie einen Arzt oder Zahnarzt benötigen.

Rauchen, Drogen & Alkohol

Das Rauchen ist in geschlossenen öffentlichen Räumen in Rom untersagt. Der Besitz von Drogen ist verboten und kann zu einer Gefängnisstrafe führen.

Italiener trinken in der Regel nur zu den Mahlzeiten und lassen sich selten betrunken sehen – Trunkenheit in der Öffentlichkeit ist verpönt.

In Italien gilt eine Promillegrenze von 0,5. Das bedeutet, dass Sie nicht mehr als ein kleines Bier oder ein kleines Glas Wein trinken dürfen, wenn Sie ein Fahrzeug führen wollen. Für Fahrer unter 21 Jahren liegt die Grenze bei 0,0 Promille.

Ausweispflicht

Sie müssen sich in Italien jederzeit mit einem Personalausweis oder Reisepass ausweisen können. Es kann nicht schaden, sich von diesen (und von allen anderen wichtigen) Dokumenten Kopien mit auf die Reise zu nehmen. Wenn Sie von der Polizei angehalten werden, können Sie aufgefordert werden, Originaldokumente innerhalb von zwölf Stunden vorzulegen.

Praktische Hinweise « 167

Persönliche Sicherheit

Italien ist ein relativ sicheres Land, und selbst in einer Großstadt wie Rom ist Gewalt auf den Straßen selten. Im historischen Zentrum ist die Polizei präsent, dennoch sind Taschendiebstähle nicht ungewöhnlich, vor allem in öffentlichen Verkehrsmitteln (speziell in überfüllten Bussen der Linien 23, 40 und 64) und an beliebten Attraktionen.

Taschendiebe auf Motorrollern sind ein Problem, daher sollten Sie Ihre Tasche möglichst auf der von der Straße abgewandten Seite tragen, insbesondere in belebten Touristengebieten.

Neben der **Polizia di Stato** (Staatspolizei) gibt es in Italien auch die **Carabinieri**, die Militärpolizei. Beiden kann man Verbrechen anzeigen und von beiden erhalten Sie den Bericht *(denuncia di furto o smarrimento)*, den Sie für Ihre Versicherung benötigen. Beim Verlust von Ausweispapieren wenden Sie sich an Ihre Botschaft.

In Notfällen erreichen Sie Polizei, Rettungsdienst und Feuerwehr unter der Nummer 112, den Rettungsdienst auch unter 118, die Feuerwehr unter 115.

In der Regel akzeptiert man in Rom alle Menschen, unabhängig von Herkunft, Geschlecht oder sexueller Orientierung. Homosexualität wurde 1887 legalisiert. Im Jahr 1982 wurde in Italien das Recht auf Änderung des Geschlechts gesetzlich verankert. Wer sich unsicher fühlt, kann sich an die **Gay Help Line** wenden.

Frauen kommt in Rom oft mehr Aufmerksamkeit zu, als ihnen lieb ist – vor allem in touristischen Zentren. Wenn Sie sich bedroht fühlen, gehen Sie direkt zum nächsten Polizeirevier.

Reisende mit besonderen Bedürfnissen

Roms historische Zentren sind oft eng und wegen des Kopfsteinpflasters für behinderte Reisende schlecht zugänglich. Oft fehlen auch Zugänge für Rollstuhlfahrer und Aufzüge. Erkundigen Sie sich vorab nach den Gegebenheiten vor Ort.

Wenden Sie sich vor Reiseantritt an Ihr Reisebüro oder an Ihre Fluggesellschaft, falls Sie Hilfe am Flughafen benötigen. An den Flughäfen Ciampino oder Fiumicino bietet **ADR Assistance** Unterstützung an. Trenitalia *(siehe S. 163)* bietet für Bahnreisende spezielle Reservierungen und Hilfe an Bahnhöfen an.

In einigen Museen, u. a. im Vatikan, gibt es Touren in italienischer Gebärdensprache (LIS) und American Sign Language (ASL) sowie multisensorische Führungen.

Botschaften

Deutschland
Karte F2 ■ Via San Martino della Battaglia 4, 00185 Roma
☏ +39 06 492 131 oder +39 335 790 4170 (Notfälle)
🌐 rom.diplo.de

Österreich
Karte E1 ■ Via Pergolesi 3, 00198 Roma
☏ +39 06 844 0141
🌐 bmeia.gv.at/oeb-rom

Schweiz
Via Barnaba Oriani 61, 00197 Roma
☏ +39 06 809 571
🌐 eda.admin.ch/roma

Gesundheit

Fatebenefratelli
Karte M6 ■ Isola Tiberina, Via di Ponte 4 Capi 39
☏ +39 06 68371
🌐 fatebenefratelli-isolatiberina.it

Guardia Medica Turistica
Karte D2 & C5 ■ Via Canova 19 und Via Morosini 30
☏ +39 06 7730 6112

Policlinico Universitario
»Agostino Gemelli«, Largo Agostino Gemelli 8
☏ +39 06 30151
🌐 policlinicogemelli.it

Persönliche Sicherheit

Allgemeiner Notruf
☏ 112

Carabinieri
☏ 112

Feuerwehr
☏ 112 oder 115

Polizia di Stato
☏ 113

Rettungsdienst
☏ 112 oder 118

Gay Help Line
☏ +39 800 713 713

Reisende mit besonderen Bedürfnissen

ADR Assistance
🌐 adrassistance.it

Zeit

Italien liegt – ebenso wie Deutschland, Österreich, und die Schweiz – in der Mitteleuropäischen Zeitzone (MEZ). Auch hier gilt von Ende März bis Ende Oktober die Mitteleuropäische Sommerzeit (MESZ).

Geld & Kreditkarten

Der leichteste Weg, an Bargeld zu gelangen, ist auch in Italien der Gang zum Geldautomaten, wo man mit girocard oder Kreditkarte rund um die Uhr Euro abheben kann. Die Bedienungsanleitungen sind meist mehrsprachig. Beim Verlust einer Karte sollten Sie diese sofort sperren lassen.

Die allermeisten Hotels und Restaurants sowie immer mehr Läden akzeptieren die gängigen Kredit- und Debitkarten. Trotzdem sollten Sie unterwegs immer etwas Bargeld für Kleinigkeiten dabeihaben – für einen Kaffee, ein Eis oder ein Stück Pizza an der Straße. Auch die Fahrkartenautomaten an den Bahnhöfen akzeptieren in der Regel eher Bargeld.

Bedienungen erwarten Trinkgeld in Höhe von ca. fünf bis zehn Prozent, Gepäckträgern sollten Sie einen Euro pro Gepäckstück gönnen.

Strom

Die Spannung im italienischen Stromnetz beträgt 230 Volt bei 50 Hz. Flachstecker mit zwei Pins passen immer, für andere Steckervarianten ist eventuell ein Adapter nötig.

Mobiltelefone & WLAN

Alle in Europa gängigen Handys und Smartphones funktionieren auch in Italien ohne Probleme. Seit Abschaffung der Roaminggebühren können EU-Bürger auch in Italien ihr Mobiltelefon ohne zusätzliche Kosten benutzen. Italiens Vorwahl ist 0039. Bei jeder italienischen Nummer muss die Vorwahl mitgewählt werden (einschließlich der 0) – auch innerhalb eines Orts. Mobilfunknummern beginnen mit 3 und benötigen keine Anfangs-0.

Highspeed-Internet und WLAN ist in Hotels sowie in vielen Restaurants, Cafés und Bars in ganz Rom gang und gäbe. Auch auf vielen Plätzen der Stadt wurden Hotspots eingerichtet – die Zonen sind deutlich gekennzeichnet. Die Registrierung erfolgt online, allerdings wird hierfür eine italienische Mobilfunknummer benötigt. Mit der App WiFi Italia (wifi.italia.it) kann man sich schnell und einfach mit kostenlosen WLAN-Hotspots in Rom und ganz Italien verbinden.

Post

Poste Italiane, die italienische Post, ist besser als ihr Ruf. Die Zeiträume für die Zustellung von Sendungen variiert stark, mit *posta prioritaria* dauert es etwa drei Tage. Für eilige Sendungen innerhalb Italiens können Sie den posteigenen Expressdienst *Posta Celere* nutzen, für internationale Sendungen stellen Unternehmen wie DHL ihre Dienste zur Verfügung. Briefmarken *(francobolli)* gibt es außer in Postfilialen *(ufficio postale)* noch in Tabakläden und nicht selten auch dort, wo Postkarten verkauft werden.

Vatikanstadt und San Marino haben ihr eigenes Postsystem mit eigenen Briefmarken.

Wetter

Rom hat mediterranes Klima. Im August kann es sehr heiß werden, im Februar heftig schneien. Hochsaison ist von Ostern bis Juli und von September bis Oktober. Die wohl angenehmste Reisezeit ist der Frühling, deshalb sind dann auch die Hotels schnell ausgebucht. Im August ist Rom wie ausgestorben, die Einwohner machen Urlaub am Strand oder in den Bergen und viele Läden und Restaurants haben geschlossen. Im Herbst kann es häufig regnen.

Öffnungszeiten

Die Tage, als Museen und Sehenswürdigkeiten die berühmte ausgedehnte Mittagspause *(riposo)* machten, sind in Rom so gut wie vorbei. Die meisten Einrichtungen haben durchgehend geöffnet, nur die Kirchen sind mittags oft geschlossen. Auch Supermärkte und die Filialen größerer Ketten machen keine Pause. Kleinere Läden halten sich mitunter noch an alte Traditionen und haben von 8 oder 9 Uhr bis 12.30 oder 13 Uhr geöffnet und dann erst wieder ab 15 oder 16 Uhr bis vielleicht 20 Uhr.

Viele Museen, Kunstgalerien und antike Stätten haben montags Ruhetag. Die einzelnen Zeiten variieren stark – checken Sie besser noch einmal, bevor Sie sich auf den Weg machen. Letzter Einlass ist meist eine Stunde vor Schließung.

Information

Die erste Adresse bei Besucherfragen zu Rom – seien sie praktischer oder kultureller Natur – ist der **Infoservice 06 06 08**. Eine hilfreiche Informationsquelle ist auch das italienische Fremdenverkehrsamt **ENIT**.

Der zwei bzw. drei Tage gültige **Roma Pass** umfasst die Fahrt in allen öffentlichen Verkehrsmitteln, freien Eintritt in ein oder zwei Museen und Ermäßigungen bei vielen Einrichtungen.

Der **Omnia Rome and Vatican Pass** bietet ein ähnliches Paket, umfasst aber auch die Vatikanischen Museen.

Etikette

Die Italiener sind relativ entspannt, wenn es um Umgangsformen geht. Fremde geben sich in der Regel die Hand, während Freunde und Verwandte sich mit einem Kuss auf die Wange begrüßen.

Aber es gibt einige strenge Regeln. So kann man mit einem Bußgeld belegt werden, wenn man Abfälle wegwirft, sich auf die Stufen von Denkmälern setzt oder vor historischen Stätten, Kirchen und öffentlichen Gebäuden isst oder trinkt.

Beim Besuch von Kirchen und Kathedralen gilt eine strenge Kleiderordnung: Oberarme, Schultern und Knie sind bedeckt zu halten, und es müssen Schuhe getragen werden.

Das Schwimmen oder Baden in öffentlichen Brunnen ist eine Ordnungswidrigkeit. Auch der Kauf bei illegalen Straßenhändlern kann mit einer Geldstrafe geahndet werden.

Sprache

Die meisten Mitarbeiter im Fremdenverkehr und bei vielen wichtigen Sehenswürdigkeiten sprechen Englisch. Deutsch ist weniger verbreitet. Ein paar Kenntnisse der Landessprache sind auf jeden Fall von Vorteil, und die Einheimischen schätzen es, wenn man sich bemüht, Italienisch zu sprechen. Es kann daher durchaus nicht schaden, sich ein paar italienische Begriffe und Redewendungen anzueignen *(siehe S. 190f)*.

Mehrwertsteuer

Der Mehrwertsteuersatz beträgt in Italien 22 Prozent, der ermäßigte Satz (u. a. für Eintrittskarten und öffentliche Verkehrsmittel) zehn Prozent, der stark ermäßigte Satz (z. B. für Bücher) vier Prozent. Die Preise verstehen sich immer inklusive Mehrwertsteuer. Nicht-EU-Bürger können sich die Mehrwertsteuer bei der Ausreise rückerstatten lassen.

Hotels

In Rom gibt es eine große Auswahl an schönen Unterkünften, von opulenten Grandhotels über schicke Boutiquehotels bis hin zu Unterkünften, die von religiösen Einrichtungen betrieben werden, und Jugendherbergen. Auf der ENIT-Website finden Sie eine umfangreiche Übersicht über das Angebot. Um Überraschungen und überhöhte Preise zu vermeiden, sollten Sie rechtzeitig im Voraus buchen.

Zum Zimmerpreis wird eine Touristensteuer aufgeschlagen – je nach Hotelkategorie zwischen drei und sieben Euro pro Nacht. Achten Sie darauf, dass diese Steuer bei dem Ihnen genannten Tarif bereits enthalten ist. Die Steuer wird für maximal zehn Nächte erhoben.

Die Hotels sind gesetzlich verpflichtet, die Gäste bei der örtlichen Polizei anzumelden und einen Zahlungsbeleg *(ricevuta fiscale)* auszustellen. Diesen müssen Besucher bis zu Ihrer Abreise aufbewahren.

Kreditkartenverlust

Allgemeiner Notruf
- +49 116 116
- sperr-notruf.de

Information

Infoservice 06 06 08
- +39 06 0608
- 060608.it

ENIT
- italia.it

Roma Pass
- romapass.it

Omnia Rome and Vatican Pass
- romeandvaticanpass.com

Hotels

Preiskategorien
Preis für ein Doppelzimmer pro Nacht mit Frühstück (falls inklusive), Steuern und Service.

€ unter 150 €   €€ 150 – 350 €   €€€ über 350 €

Luxushotels

Atlante Star
Karte B2 ■ Via Vitelleschi 34 ■ +39 06 686 386 ■ www.atlantehotels.com ■ €
Das Gebäude (19. Jh.) bietet Alte-Welt-Charme, hervorragenden Service und einen Shuttle zum Flughafen. Jacuzzis sorgen fürs Luxusgefühl. Das Dachrestaurant bietet herrlichen Blick auf den nahen Petersdom.

Giulio Cesare
Karte B2 ■ Via degli Scipioni 287 ■ +39 06 321 0751 ■ www.hotelgiuliocesare.com ■ €€
Die einst gräfliche Villa in einer ruhigen Straße nahe dem Vatikan verfügt noch immer über aristokratisches Flair. Lüster, Antiquitäten, Gemälde, edle Teppiche und ein Piano versprühen Eleganz. Spiegel säumen den Weg zu den eleganten, mit Marmorbädern ausgestatteten Zimmern. Gäste können draußen im schönen Garten essen.

Hotel de Russie
Karte D2 ■ Via del Babuino 9 ■ +39 06 328 881 ■ www.roccofortehotels.com ■ €€€
Picasso wohnte gern in diesem Hotel, das sich nach einer sorgfältigen Renovierung zurückhaltend luxuriös zeigt. Zu den Annehmlichkeiten zählen Terrassen- und Gartencafés, ein exzellentes Restaurant, die wunderbare Stravinskij Bar (siehe S. 122), ein Spa, ein Fitnessraum sowie ein kleiner Garten auf dem Pincio. Die geräumigen Zimmer sind in gedeckten Farben gehalten und bieten neben Eleganz auch jeglichen Komfort.

Fendi Private Suites
Karte D2 ■ Via della Fontanella di Borghese 48 ■ +39 06 9779 8080 ■ www.fendiprivatesuites.com ■ €€€
Der prächtige Palazzo im Besitz des renommierten Modehauses bietet sieben auf Privatsphäre und Luxus getrimmte Suiten mit Stadtblick. Die Einrichtung verbindet Eleganz der alten Schule mit modernem Komfort. Es gibt ein »Kissenmenü« für Langschläfer und sogar iPads mit ausgewählten Ideen für einen Stadtrundgang. Das japanische Restaurant Zuma (siehe S. 140) ist hervorragend.

Grand Hotel Flora
Karte E2 ■ Via Veneto 191 ■ +39 06 489 929 ■ www.hotelfloraroma.com ■ €€€
Das Haus der Marriott-Kette bietet die für die Via Veneto charakteristische Eleganz – sanfte Farben, Marmor, Antiquitäten –, verbunden mit effizientem Service. Das Restaurant mit Dachgarten bietet herrliche Blicke auf den Petersdom, die Villa Borghese und die schöne Skyline der Stadt. Es gibt auch eine Pianobar.

Hassler
Karte D2 ■ Piazza Trinità dei Monti 6 ■ +39 06 699 340 ■ www.hotelhasslerroma.com ■ €€€
Das Hassler ist eines der wenigen Grandhotels, die noch nicht zu einer Kette gehören. Die bernsteinfarben gestalteten Räumlichkeiten verströmen zeitlose Eleganz. Die Aussicht von den luxuriösen Suiten und der Dachterrasse ist schlichtweg fantastisch. Das noble Restaurant Imàgo (siehe S. 74) wurde für die innovative italienische Fusionsküche mit einem Stern ausgezeichnet.

J.K. Place
Karte L1 ■ Via Monte d'Oro 30 ■ +39 06 982 634 ■ www.jkroma.com ■ €€€
J.K. Place bietet ein wahrhaft luxuriöses Erlebnis in seinen perfekt eingerichteten Zimmern und Suiten. Die Kombination aus Antiquitäten und modernem Design sorgt für einen Hauch »Dolce-Vita«-Feeling. Der Service ist freundlich und aufmerksam. Das den ganzen Tag geöffnete Café bietet eine große Auswahl an italienischen und internationalen Klassikern.

Majestic
Karte E2 ■ Via Veneto 50 ■ +39 06 421 441 ■ www.hotelmajestic.com ■ €€€
Das älteste Hotel an der Via Veneto öffnete seine Türen im Jahr 1889 und steht seither für Opulenz

Hotels

und Pracht. Das schöne klassizistische Haus ist reich geschmückt und mit vielen Antiquitäten versehen. In den Bädern finden sich Jacuzzis. Die Bar des Majestic ist ein toller Ort für den Nachmittagstee, das Majestic Ristorante Bistrot *(siehe S. 123)* zählt zu den besten der Gegend. Zudem ist es auch noch gar nicht weit zur Spanischen Treppe und zur Fontana di Trevi.

Regina
Karte E2 ▪ Via Veneto 72 ▪ +39 06 421 111 ▪ www.baglionihotels.com ▪ €€€
Das exklusive Ambiente im italienischen Jugendstil ist königlich – und hat auch schon entsprechend viele royale Gäste angezogen. Marmorboden und orientalische Teppiche, Seidentapeten, Gemälde und Antiquitäten sorgen für palastartiges Flair. Die Treppe, die von der Halle nach oben führt, ziert ein schönes schmiedeeisernes Geländer. Von den Suiten im siebten Stock genießt man einen atemberaubenden Blick.

St. Regis Rome
Karte E3 ▪ Via Vittorio E. Orlando 3 ▪ +39 06 47 091 ▪ www.marriott.com ▪ €€€
Das extravagante Luxushotel wurde im Jahr 1894 von César Ritz gegründet und macht dem Namen des illustren Hoteliers seither alle Ehre. Zu den Gästen zählen Royals und Staatspräsidenten, führende Industrielle und sonstige Prominenz. Das Restaurant ist erstklassig. In Sachen Komfort ist das Haus natürlich auf neuestem Stand – samt Businesscenter und Fitnessclub.

Romantische Hotels

Grand Hotel del Gianicolo
Karte B4 ▪ Viale d. Mura Gianicolensi 107 ▪ +39 06 5833 3405 ▪ www.grandhotelgianicolo.it ▪ €
Was einstmals als Kloster diente, ist heute ein Hotel und bietet auf dem Hügel über Trastevere komfortable Zimmer und allerlei Annehmlichkeiten wie Dachterrassen und einen schönen Garten samt Pool. Die Räume sind mit venezianischem Glas geschmückt. Trotz des nahen Verkehrs ist es hier recht ruhig.

San Anselmo & Villa San Pio
Karte D5 ▪ Piazza Sant' Anselmo 2 & Via di Santa Melania ▪ +39 06 570 057 ▪ www.aventinohotels.com ▪ €
Die beiden Häuser auf einem Hügel bieten Geräumigkeit und Atmosphäre. Die Einrichtung ist überwiegend im Rokokostil gehalten und umfasst elegante Wandteppiche und Kronleuchter. Auf Anfrage werden auch Shiatsu-Massagen angeboten.

Farnese
Karte C1 ▪ Via Alessandro Farnese 30 ▪ +39 06 321 2553 ▪ www.hotelfarnese.com ▪ €€
Das restaurierte Belle-Époque-Gebäude ist mit Mobiliar aus dieser Epoche und Trompe-l'Œil-Fresken versehen. Gäste erfreuen sich an prunkvoll gestalteten Zimmern mit hohen Decken, wunderschönen modernen Badezimmern und einem hübschen Dachgarten.

Lifestyle Suites Rome
Karte L3 ▪ Piazza Navona 93 ▪ +39 06 686 4568 ▪ www.lifestylesuitesrome.com ▪ €€
Das hübsche Hotel in einem Gebäude aus dem 15. Jahrhundert verbindet historischen Charme mit modernem Komfort. Die Dachterrasse lädt zu Aperitifs ein und bietet atemberaubenden Blick auf die Piazza Navona.

Lord Byron
Karte B2 ▪ Via de Notaris 5 ▪ +39 06 322 0404 ▪ www.lordbyronhotel.com ▪ €€
Von Askese ist in dem einstigen Kloster nichts mehr zu spüren. Das Boutiquehotel mixt Stilperioden, doch alles verströmt Luxus. Die ruhige Lage bietet einen wunderbaren Ausgleich zur Hektik der Innenstadt.

Piranesi
Karte D2 ▪ Via del Babuino 196 ▪ +39 06 328 041 ▪ www.hotelpiranesi.com ▪ €€
Das Boutiquehotel nahe der Piazza del Popolo ist in Familienhand. In den Zimmern gibt es Holzböden und hübschen Brokat. Der Blick von der Dachterrasse ist toll.

Crossing Condotti
Karte N1 ▪ Via Mario de' Fiori 28 ▪ +39 06 6992 0633 ▪ www.crossingcondotti.com ▪ €€€
In dem wunderschönen Stadthaus im Zentrum wohnt man sehr komfortabel. Die neun Zimmer sind mit Kunst und Antiquitäten des Eigentümers eingerichtet. Zudem gibt es eine gemeinsame kleine Küche mit Tee- und Kaffeemaschine.

Portrait Roma
Karte D2 ▪ Via Bocca di Leone 23 ▪ +39 06 6938 0742 ▪ www.lungarno collection.com ▪ €€€
Das Boutiquehotel richtet sich vor allem an Paare. In den romantischen Suiten stehen elegante Designermöbel.

Raphaël
Karte L3 ▪ Largo Febo 2 ▪ +39 06 682 831 ▪ www.raphaelhotel.com ▪ €€€
Der Palazzo hinter der Piazza Navona versprüht zeitlosen Charme. Kunstschätze zieren das Foyer des »Biohotels«. Die komfortablen Zimmer verfügen über Parkettboden und antikes Flair.

Westin Excelsior
Karte E2 ▪ Via Veneto 125 ▪ +39 06 47081 ▪ www.westinrome.com ▪ €€€
Die »Grande Dame« der römischen Hotels nimmt ein prachtvolles Belle-Époque-Gebäude an prominenter Stelle ein. Die Grandeur beginnt an der Fassade und setzt sich im Interieur und in den opulenten Zimmern fort. Das Haus verfügt über ein Spa mit Pool und gleich mehrere edle Restaurants.

Zimmer mit Aussicht

Domus Aventina
Karte D5 ▪ Via di Santa Prisca 11B ▪ +39 06 574 6135 ▪ www.hoteldomus aventina.com ▪ €
Hinter der Fassade (17. Jh.) des alten Klosters (14. Jh.) am Fuß des Aventin verbirgt sich ein entspanntes Hotel, dem antike Objekte und Wandmalereien Eleganz verleihen. Die großen Zimmer zeigen sanfte Farben. Von den Balkonen und der Terrasse hat man eine fantastische Aussicht.

Homs
Karte D2 ▪ Via della Vite 71/72 ▪ +39 06 679 2976 ▪ www.hotelhoms.it ▪ €
Das mittelgroße Hotel in einer ruhigen Einkaufsstraße ist eher schlicht, gelegentlich sorgen Antiquitäten für etwas Flair. Von Dachterrasse und Wintergarten kann man Roms Skyline bewundern.

Teatro di Pompeo
Karte N6 ▪ Largo del Pallaro 8 ▪ +39 06 6830 0170 ▪ www.hotelteatro dipompeo.it ▪ €
Das Frühstück genießt man hier unter den Bogen von Roms ältestem Theater – 55 v. Chr. von Pompeius dem Großen erbaut und wohl der Ort, an dem Caesar sein Ende fand. Das kleine Hotel bietet mehr Stil als so manches noblere. Die Zimmer haben Deckenbalken und Möbel aus Holz und Marmor, einige auch tolle Aussicht.

Abruzzi
Karte M3 ▪ Piazza della Rotonda 69 ▪ +39 06 9784 1351 ▪ www.hotelabruzzi.it ▪ €€
Das Hotel im Stadtzentrum bietet große Zimmer mit zauberhaften Bildern des antiken Rom. Fragen Sie nach einem Zimmer mit Blick auf die Piazza und das Pantheon.

The Inn at the Spanish Steps
Karte D2 ▪ Via dei Condotti 85 ▪ +39 06 6992 5657 ▪ www.atspanish steps.com ▪ €€
Das etwas noblere Hotel ist in dem Gebäude aus dem 17. Jahrhundert untergebracht, in dem einst Hans Christian Andersen lebte. Die Aussicht auf die Spanische Treppe vom Dachgarten ist superb. Die Zimmer bieten neben Kaffeemaschinen auch iPod-Dockingstations.

Scalinata di Spagna
Karte D2 ▪ Piazza Trinità dei Monti 17 ▪ +39 06 458 6150 ▪ www.hotel scalinata.com ▪ €€
Die im 18. Jahrhundert errichtete Villa oberhalb der Spanischen Treppe besticht durch Gemütlichkeit. Die Zimmer sind nicht sehr groß, aber bezaubernd eingerichtet. Viele bieten wunderbaren Blick, auch die Aussicht von der mit Spalieren und Pflanzen geschmückten Terrasse ist grandios.

Sole al Pantheon
Karte M3 ▪ Piazza della Rotonda 63 ▪ +39 06 678 0441 ▪ www.hotelsole alpantheon.com ▪ €€
Das schon 1467 erwähnte Gasthaus beim Pantheon wurde vom Renaissanceschriftsteller Ariosto geschätzt und ist heute ein vornehmes Hotel. Die Zimmer – viele mit zeitgenössischer Malerei – bieten u. a. Schallschutzfenster und Jacuzzi.

Torre Colonna
Karte P4 ▪ Via delle Tre Cannelle 18 ▪ +39 06 8360 0192 ▪ www.torrecolonna.it ▪ €€
Der Wehrturm aus dem Mittelalter, der das hübsche Boutiquehotel birgt, thront über den Kaiserforen. Jedes der fünf individuell gestalteten Zimmer hat einen Jacuzzi, doch Blick auf die Foren bietet nur der auf der Terrasse.

Hotels « 173

Victoria
Karte E2 ▪ Via Campania 41 ▪ +39 06 423 701 ▪ www.hotelvictoriaroma.com ▪ €€

In dem hübschen Boutiquehotel in der Nähe der Via Veneto zeigen Gemälde aus dem 18. und 19. Jahrhundert Ansichten der Stadt Rom. Die Terrassenbar bietet den spektakulären Blick auf Aurelianische Mauer und Villa Borghese.

Sofitel Villa Borghese
Karte E2 ▪ Via Lombardia 47 ▪ +39 06 478 021 ▪ www.accorhotels.com ▪ €€€

Das Interieur des Hotels in einem renovierten Palazzo zeigt moderne Eleganz. Der Blick von der Dachterrasse auf den Park ist sehr reizvoll.

Komforthotels mit Stil

Des Artistes
Karte F3 ▪ Via Villafranca 20 ▪ +39 06 445 4365 ▪ www.hoteldesartistes.com ▪ €

Marmor in den Bädern, behagliche Stoffe und moderne Kunst an den Wänden sorgen für ein ganz besonderes Flair. Es gibt eine hübsche Dachterrasse sowie kostenloses WLAN.

Fori Imperiali Cavalieri
Karte Q5 ▪ Via Frangipane 34 ▪ +39 06 679 6246 ▪ www.hotelforiimpericavalieri.com ▪ €

Unweit der Sehenswürdigkeiten im antiken Zentrum setzt das Hotel in einem restaurierten alten Gebäude auf Klarheit – sowohl beim Dekor als auch beim herzlichen Service.

La Rovere
Karte B3 ▪ Vicolo Sant' Onofrio 4 ▪ +39 06 6880 6739 ▪ www.hotellarovere.com ▪ €

Das ruhige familiengeführte Hotel ist nur einen kurzen Spaziergang vom *centro storico* entfernt. Die Zimmer sind ein reizvoller Mix aus modernem und klassischem Stil.

Mecenate Palace
Karte F3 ▪ Via Carlo Alberto 3 ▪ +39 06 4470 2024 ▪ www.mecenatepalace.com ▪ €

Das komfortable Hotel mit Blick auf Santa Maria Maggiore *(siehe S. 131)* ist nach dem Schutzpatron der Künste unter Augustus benannt. Das Terrassencafé ist ideal für kleinere Geschäftstreffen, der Konferenzsaal fasst 40 Leute.

Teatro Pace
Karte L2 ▪ Via del Teatro Pace 33 ▪ +39 06 687 9075 ▪ www.hotelteatropace.com ▪ €

Unweit der Piazza Navona birgt ein schön restaurierter Kardinalspalast in einer ruhigen Straße einige individuell und stilvoll gestaltete Gästezimmer. Es gibt keinen Aufzug.

Tritone
Karte P1 ▪ Via del Tritone 210 ▪ +39 06 6992 2575 ▪ www.tritonehotel.com ▪ €

Das Hotel unweit der Fontana di Trevi bietet seinen Gästen Ruhe und Behaglichkeit – schalldichte Fenster und Auslegeware helfen dabei. Die Superior-Zimmer – mit Power-Duschen – sind außerdem mit Holz verkleidet. Besonders reizvoll ist das Frühstück im schönen Dachgarten.

9 Hotel Cesàri
Karte N2 ▪ Via di Pietra 89A ▪ +39 06 674 9701 ▪ www.9-hotel-cesari-rome.it ▪ €€

Dieses kleine Juwel in der Nähe von Pantheon und Hadrianeum wurde um 1800 berühmt, als der französische Schriftsteller Stendhal hier wohnte. Die Fassade hat sich seither kaum verändert, das Interieur wurde aber modernisiert – mit zierenden alten Drucken und Antiquitäten. Die Badezimmer sind mit blauem Marmor verkleidet.

Condotti
Karte N1 ▪ Via Mario de' Fiori 37 ▪ +39 06 679 4661 ▪ www.hotelcondotti.com ▪ €€

Das Hotel inmitten der Designerboutiquen ist mit eleganten Stilmöbeln versehen. Alle Zimmer sind schalldicht verglast, viele bieten Blick über die Dächer Roms, eins hat eine Terrasse. Das Personal ist sehr aufmerksam.

Dei Borgognoni
Karte P1 ▪ Via del Bufalo 126 ▪ +39 06 6994 1505 ▪ www.hotelborgognoni.com ▪ €€

Obwohl das Hotel nur einen Steinwurf vom trubeligen Zentrum entfernt ist, wähnt man sich hier in einer anderen Welt. Gedämpftes Licht, sanfte Farben, antike Akzente und ein friedlicher Garten versprechen Erholung. Einige Zimmer haben eigene Terrassen. Ein Fitnessclub ist ebenfalls im Haus.

Preiskategorien siehe S. 170

Pantheon
Karte M3 ▪ Via dei Pastini 131 ▪ +39 06 678 7746 ▪ www.hotelpantheon.com ▪ €€

Das Hotel liegt nur wenige Schritte vom Namensgeber (siehe S. 18f) entfernt. Buntglas, Mosaike und Deckenbalken zieren das Interieur. Die Türen der Gästezimmer sind mit Drucken von römischen Obelisken geschmückt.

Santa Maria
Karte K6 ▪ Vicolo del Piede 2 ▪ +39 06 589 4626 ▪ www.hotelsantamariatrastevere.it ▪ €€

Im betriebsamen Trastevere ist dieses Hotel in einem Kloster (16. Jh.) eine Oase der Ruhe, in der man sich wohlfühlt. 18 Zimmer säumen einen hübschen Garten mit Zitrusbäumen, eine Weinbar serviert Snacks.

Businesshotels

Dei Consoli
Karte B2 ▪ Via Varrone 2D ▪ +39 06 6889 2972 ▪ www.hoteldeiconsoli.com ▪ €

Die Ausstattung des eleganten Hotels beinhaltet Konferenzräume und natürlich WLAN, aber auch Hydromassage. Frühstücken kann man auf der Dachterrasse mit Blick auf den Petersdom.

Forum
Karte P4 ▪ Via Tor de' Conti 25/30 ▪ +39 06 6792 1111 ▪ www.hotelforum.com ▪ €

Das Hotel in einem umgebauten Kloster aus dem 18. Jahrhundert verfügt über ein sonniges Dachgartenrestaurant und eine Bar mit Blick auf die Kaiserforen (siehe S. 26f). Der Tagungssaal für bis zu 100 Personen ist sehr gut ausgestattet.

Nazionale Roma
Karte M1 ▪ Piazza Montecitorio 131 ▪ +39 06 695 001 ▪ www.hotelnazionale.it ▪ €€

Der Palast (16. Jh.) in der Altstadt nahe dem Parlament zieht Politiker an. Die Atmosphäre ist entsprechend hoheitsvoll, vor allem in dem mit Marmorboden ausgestatteten Restaurant.

Parco dei Principi
Karte E2 ▪ Via G. Frescobaldi 5 ▪ +39 06 854 421 ▪ www.parcodeiprincipi.com ▪ €€

Am Rand der Villa Borghese ragt dieses moderne Hochhaus auf, das mit höfischem Interieur überrascht. Gäste genießen von allen Zimmern Panoramablick. Dazu gibt es Fitnessraum, Pool, Terrassen, Lounges und ein Businesscenter.

Radisson Blu es. Hotel
Karte F3 ▪ Via Filippo Turati 171 ▪ +39 06 444 841 ▪ www.radissonblu.com ▪ €€

Das Hotel aus Glas, Stahl und Holz verfügt über moderne Businesseinrichtungen und hat ein schickes Bar-Restaurant auf dem Dach.

Sina Bernini Bristol
Karte Q1 ▪ Piazza Barberini 23 ▪ +39 06 488 931 ▪ www.sinahotels.com ▪ €€

Der Ziegelbau blickt auf Berninis Fontana del Tritone (siehe S. 63). Innen ist das Hotel eher schlicht, doch es bietet exzellente Einrichtungen und komfortable Zimmer. Vom obersten Stock ist die Aussicht schön, zudem gibt es einen Dachgarten.

Grand Hotel Plaza
Karte D2 ▪ Via del Corso 126 ▪ +39 06 6992 1111 ▪ www.grandhotelplaza.com ▪ €€€

Das 1860 erbaute Haus zählt zu den ältesten Hotels in Rom. Das Interieur ist opulent: elegante Salons mit Buntglasfenstern, Fresken, Kronleuchtern und Antiquitäten. Die Ausstattung ist dafür sehr modern und komfortabel. Zwei große Dachterrassen bieten schöne Blicke auf die Stadt.

Palazzo Naiadi
Karte E3 ▪ Piazza della Repubblica 47 ▪ +39 06 489 381 ▪ www.dahotels.com ▪ €€€

Der majestätische Palazzo mit dem Fünf-Sterne-Hotel blickt auf die Diokletiansthermen. Service und Komfort sind exzellent, das Dekor ist klassizistisch-elegant. Die Dachterrasse ist hervorragend für Geschäftsessen geeignet.

Rome Cavalieri
Karte B1 ▪ Via Cadlolo 101 ▪ +39 06 35091 ▪ www.romecavalieri.com ▪ €€€

Ruhe und Komfort bietet das Hotel auf einem Hügel über dem Fluss abseits des Zentrums. Es zieht Geschäftsleute an, die neben den Businesseinrichtungen vor allem die beiden Restaurants – La Pergola (siehe S. 74) hat drei Sterne – und die vier Bars schätzen. Darüber hinaus gibt es Spa und Fitnesscenter, Innen- und Außenpool, Tennisplätze und Parks.

Hotels « 175

Preiswerte Hotels

Columbia
Karte E3 ■ Via del Viminale 15 ■ +39 06 488 3509 ■ www.hotelcolumbia.com ■ €

Das ruhige Juwel nahe der Stazione Termini sorgt mit dunklem Holz und hellen Stoffen für angenehmes Flair. Es liegt auch unweit der Diokletiansthermen und günstig für öffentliche Verkehrsmittel. Das Frühstücksbüfett steht auf der schönen Dachterrasse.

Hotel Carmel
Karte K6 ■ Via Goffredo Mameli 11 ■ +39 06 580 9921 ■ www.hotelcarmel.it ■ €

Die Ausstattung der *pensione* ist spartanisch, die Zimmer sind schlicht. Es gibt aber eine nette weinumrankte Terrasse, Schallschutzfenster in den meisten Zimmern, sogar eine koschere Küche für jüdische Gäste sowie eine große Auswahl an italienischen und koscheren Weinen.

Al Centro di Roma Bed & Breakfast
Karte L4 ■ Piazza Sant' Andrea della Valle 3 ■ +39 333 577 3438 ■ www.bbalcentrodiroma.it ■ €€

Das kleine B&B zwischen Piazza Navona und Pantheon stellt nur drei Zimmer bereit, gehört aber in Sachen Preis-Leistungs-Verhältnis und Service zu den besten in Rom.

Artorius
Karte R4 ■ Via del Boschetto 13 ■ +39 06 482 1196 ■ www.hotelartoriusrome.com ■ €€

In dem familiengeführten Zwei-Sterne-Hotel in einer hübschen Straße in Monti erwartet Gäste entspannte Atmosphäre. Die eleganten Zimmer sind groß und gemütlich und es gibt eine nette Bar.

Buonanotte Garibaldi
Karte C4 ■ Via Garibaldi 83 ■ +39 06 5833 0733 ■ www.buonanottegaribaldi.com ■ €€

Das kleine, luxuriöse B&B im Herzen von Trastevere – ein ehemaliges Künstleratelier – ist ein besonders romantischer Ort. Das Frühstück wird im eleganten Speisesaal oder im Innenhof serviert. Die Zimmer mit Namen »Rome«, »Chocolate« und »Tinto« wurden von der Eigentümerin selbst eingerichtet.

Campo de' Fiori
Karte L4 ■ Via del Biscione 6 ■ +39 06 6880 6865 ■ www.hotelcampodefiori.com ■ €€

Das gemütliche Boutiquehotel in einem mittelalterlichen Gebäude wurde restauriert und mit Spiegeln, Fresken und antiken Kassettendecken versehen. Die Dachterrasse bietet das Panorama der Türme und Kuppeln der Altstadt von Rom. Freundliches Personal bietet einen exzellenten Service.

San Carlo
Karte D2 ■ Via delle Carrozze 93 ■ +39 06 678 4548 ■ www.hotelsancarloroma.com ■ €€

Die Klassik – Marmorakzente hier und dort – stand Pate bei der Gestaltung des Hotels nahe der Spanischen Treppe. Die Zimmer sind hell und geräumig, manche haben eine Terrasse und bieten Blick über die Dächer. Das Frühstück wird auf einer Terrasse im obersten Stock serviert. Internetzugang ist gratis.

Sant'Anna
Karte B3 ■ Borgo Pio 134 ■ +39 06 6880 1602 ■ www.santannahotel.net ■ €€

Das schicke kleine Hotel nahe dem Petersdom zeigt Fresken im Frühstücksraum und einen Brunnen im kleinen Hof. Die Zimmer sind geräumig, die obersten haben kleine Balkone. Die ruhige Lage im mittelalterlich geprägten Borgo vermag einen in die Vergangenheit zu versetzen.

Smeraldo
Karte M4 ■ Vicolo dei Chiodaroli 9 ■ +39 06 687 5929 ■ www.smeraldoroma.com ■ €€

Smaragdgrüner Marmor in der Lobby gab dem Hotel den Namen, es finden sich aber noch mehr Marmorakzente. Lage und Qualität des Hauses sind sehr gut, es gibt zwei Terrassen und einfache, gepflegte Zimmer. Manche haben sogar Balkon.

Tmark Hotel Vaticano
Karte B2 ■ Viale Vaticano 99 ■ +39 06 3974 5562 ■ www.tmarkhotelvaticano.it ■ €€

Das frühere Alimandi Vaticano liegt in einer ruhigen Einkaufsstraße nahe dem Vatikan und praktisch für öffentliche Verkehrsmittel. Mit so schönem Foyer, großen Zimmern und dem Dachgarten mit tollem Blick rechnet man in der Preisklasse eigentlich nicht. Auch der Service lässt keine Wünsche offen.

Preiskategorien siehe S. 170

Hostels & Pilgerherbergen

Il Covo B&B
Karte R4 ■ Via del Boschetto 91 ■ +39 06 484 894 ■ www.bbilcovo.com ■ €
Im Herzen von Monti wartet dieses einfache, aber reizende B&B auf Gäste. Das Haus hat hübsche Holzbalkendecken und Mauergewölbe, Frühstück gibt es unten im Café.

The Beehive
Karte K4 ■ Via Marghera 8 ■ +39 06 4470 4553 ■ www.the-beehive.com ■ €
Der »Bienenkorb« – teils Hotel, teils Herberge – liegt unweit der Stazione Termini, bietet aber dennoch Ruhe und einen schönen Garten. Internetzugang und Inlandstelefonate sind kostenlos.

Fraterna Domus
Karte C3 ■ Via Monte Brianzo 62 ■ +39 06 6880 5475 ■ www.fraterna domus.it ■ €
Freundliche Nonnen führen die kleine Herberge rund um eine alte Kirche. Die Zimmer sind klein, aber bequem. Der eigentliche Hit ist das Essen – hausgemacht, lecker und unglaublich preiswert.

Generator Hostel
Karte K4 ■ Via Principe Amedeo 251 ■ +39 06 492 330 ■ www.staygenerator.com ■ €
Das Hostel erstreckt sich über sieben Etagen und ist nur einen kurzen Spaziergang vom Kolosseum und dem Bahnhof Termini entfernt. Das Preis-Leistungs-Verhältnis ist gut. Es gibt auch eine Bar sowie Schlafsäle nur für Frauen.

Hostels Alessandro Palace & Alessandro Downtown
Karte E2 ■ Alessandro Palace: Via Vicenza 42; +39 06 446 1958 ■ Alessandro Downtown: Via Carlo Cattaneo 23; +39 06 4434 0147 ■ www.hostels alessandro.com ■ €
Freundliches Personal, eine rund um die Uhr besetzte Rezeption, eine Küche, Internetzugang und kostenloser Kaffee oder Tee mit Gebäck machen die beiden Hostels sehr beliebt. Es gibt auch Schließfächer, Stadtpläne und Informationsmaterial. Das Palace liegt nördlich der Stazione Termini, das Downtown befindet sich nahe der Via Cavour.

Hostel Sandy
Karte E3 ■ Via Cavour 136 ■ +39 06 488 4585 ■ keine Kreditkarten ■ keine Klimaanlage ■ www.sandyhostel.com ■ €
Die freundliche Herberge mit jungem und engagiertem Personal liegt in der Nähe des Kolosseums und kann drei bis acht Personen in ihren Schlafsälen unterbringen. Hostel Sandy bietet auch Gemeinschafts- und Privatzimmer mit Schließfächern sowie kostenlosen Internetzugang. Es gibt keine Sperrstunde. Auf Wunsch werden Wanderungen und Bustouren organisiert.

Hotel Panda
Karte D2 ■ Via della Croce 35 ■ +39 06 678 0179 ■ www.hotelpanda.it ■ €
Der Beweis: Es gibt durchaus erschwingliche Optionen rund um die Piazza di Spagna. Die Zimmer sind recht einfach, aber das Personal ist überaus freundlich. Wer mag, kann in der Bar im Erdgeschoss frühstücken.

Orsa Maggiore
Karte C4 ■ Via San Francesco di Sales 1A ■ +39 06 689 3753 ■ keine Klimaanlage ■ www.orsamaggioreroma.com ■ €
Das von *Casa Internazionale delle Donne* geführte Hostel in einem Kloster aus dem 17. Jahrhundert ist weiblichen Gästen vorbehalten (Jungs unter zehn Jahren sind erlaubt). Es bietet 13 Zimmer mit einem, zwei oder mehr Betten – alle ruhig, hell und geräumig und mit Blick auf den Garten, den Kreuzgang oder die umliegenden Dächer. Das Café im Haus ist ganz bio.

Villa Riari
Karte J5 ■ Via dei Riari 44 ■ +39 06 6880 6122 ■ keine Kreditkarten ■ keine Klimaanlage ■ www.villariari.it ■ €
Das Haus nahe dem Botanischen Garten in Trastevere ist vielleicht etwas unpersönlich, doch es ist sauber und es gibt einen schönen abgeschiedenen Garten.

Blue Hostel
Karte F3 ■ Via Carlo Alberto 13 ■ +39 340 925 8503 ■ keine Kreditkarten ■ www.bluehostel.it ■ €€
Das Hostel in Esquilin bietet hohen Standard. Die erstklassigen Zwei- und Dreibettzimmer sind reizvoll eingerichtet. Sie verfügen über Bäder, Holzböden und -decken und auch WLAN. Das Haus eignet sich prima für Familien und kleine Reisegruppen.

Hotels

Wohnungen & Apartments

Adagio Aparthotel
Via Damiano Chiesa 8
■ +39 06 776 36 ■ www.
adagio-city.com ■ €
Das Adagio Aparthotel
liegt in der Nähe des
Monte Mario in einem
grünen Viertel der Stadt
und bietet geräumige
Apartments. Sämtliche
Unterkünfte verfügen
über einen eigenen Balkon, ein Flachbild-TV und
eine voll ausgestattete
Küche mit Mikrowelle,
Herd und Kühlschrank.
Es wird auch Frühstück
angeboten. Ein eigener
Parkplatz ist ebenfalls
vorhanden.

Aldrovandi Residence
Via Aldrovandi 11
■ Tram 19 ■ +39 06 322
1430 ■ www.aldrovandi
residence.it ■ €
Das Haus befindet sich
außerhalb des Stadtzentrums bei der Villa Borghese im schön ruhigen
Viertel Parioli. Das Ambiente ist hübsch, der
Service überaus zuvorkommend. Die Gäste
können den Pool des benachbarten Hotels Aldrovandi nutzen. Der Mindestaufenthalt beträgt
eine Woche.

Appartamenti MarcoAurelio49
Karte F5 ■ Via Marco
Aurelio 49 ■ +39 06 7720
9761 ■ www.appartamenti
marcoaurelio49.com ■ €
Die sechs Einzimmer-Apartments in einer ruhigem Straße am Kolosseum sind farbenfroh und
stilvoll eingerichtet. Sie
bieten Küche, Klimaanlage und WLAN, einige auch
Balkon oder Terrasse.

Aurelia Residence San Pietro
Karte A3 ■ Via Aurelia 145
■ +39 06 3938 648 ■ www.
aureliaresidence.it ■ €
Die einladende Unterkunft nahe dem Vatikan
eignet sich wunderbar
für Familien. Die Zimmer
sind behaglich und elegant. Vom Dachgarten
blickt man auf den Petersdom. Viele schöne
Läden liegen in Gehweite.

Hotel Trastevere
Karte K6 ■ Via L. Manara
24A / 25 ■ +39 06 581 4713
■ www.hoteltrastevere.net
■ €
Das schnörkellose Hotel
im Herzen von Trastevere
liegt nur einen Block vom
Hauptplatz entfernt und
spiegelt den Charme des
Viertels wider. Es bietet
kleine, gepflegte Apartments mit Küche und
Blick auf den Markt.

Residenza Bollo Apartments
Karte K4 ■ Vicolo dei Bollo
4 ■ +39 06 320 7625
■ www.bolloapartments.
com ■ €
Von der Piazza Navona
sind es nur einige Schritte bis zu dem Palazzo aus
dem 17. Jahrhundert in
der ruhigen Fußgängerzone. Zur Wahl stehen
mehrere Apartments mit
großen Fenstern, Holzböden und Deckenbalken.
An der Rezeption kann
man Räder leihen und
Führungen buchen.

Residenza in Farnese
Karte K4 ■ Via del Mascherone 59 ■ +39 06 6821
0980 ■ www.residenza
farneseroma.it ■ €
Der umgebaute Palast
aus dem 15. Jahrhundert
liegt im historischen Viertel um die Piazza Farnese
und unweit vom Tiber. Er
ist geräumig und komfortabel ausgestattet.

Vatican Suites
Karte A3 ■ Via Nicolò V 5
■ +39 06 633 306 ■ www.
vatican-suites.com ■ €
Jedes der drei zu Gästehäusern umgewandelten
historischen Gebäude in
Prati bietet Apartments
und Suiten mit einem
oder zwei Schlafzimmern
in verschiedenen Größen.
Die Standards reichen
von schlicht bis luxuriös,
doch jede Wohneinheit
verfügt über eine gut ausgestattete Küchenzeile.

Albergo Santa Chiara
Karte M3 ■ Via Santa
Chiara 21 ■ +39 06 687
2979 ■ www.albergo
santachiara.com ■ €€
Das Haus hinter dem
Pantheon wird schon
seit rund 200 Jahren von
derselben Familie geführt. Es bietet drei
Apartments für zwei
bis fünf Personen. Das
Apartment im obersten
Stock verfügt über schöne Deckenbalken, einen
Kamin und eine Terrasse
mit unvergesslichem
Blick auf die Kuppel des
Pantheon.

Wohnungsvermittler
Rome Sweet Home:
+39 06 9028 8130; www.
romesweethome.com
■ Cross-Pollinate:
+39 06 9936 9799; www.
cross-pollinate.com
Es gibt eine ganze Reihe
von Organisationen, die
Ferienwohnungen in Rom
vermitteln. Die Preise variieren nach Art der Wohnung, nach Aufenthaltsdauer und nach Anzahl
der Personen.

Preiskategorien siehe S. 170

Textregister

A

Agrippa, Marcus 19, 63, 115
Alexander VI., Papst 13, 47, 53
Altrömische Kunst 37
Amor und Psyche 29
Amor und Psyche, Haus 43
Anbetung (Pinturicchio) 38
Äneas und Anchises (Bernini) 25
Anreise **162–165**
Antike Kunst 37
Antike Stätten **48f**
  Aula Ottagona 34, 137
  Caracalla-Thermen 49, 125
  Cestius-Pyramide 48, 126
  Crypta Balbi 49, 64f
  Diokletiansthermen 34, 137
  Domus Romane 49, 64
  Forum Romanum 10, **20–23**, 48, 125
  Kaiserforen 10, **26f**, 125
  Kapitol 11, 28, 54, 125
  Katakomben an der Via Appia Antica 64, 156
  Kolosseum 7, 10, 26f, 48, 64
  Mark-Aurel-Säule 49, 98
  Ostia Antica 11, **42f**, 155
  Palatin 20, 22, 48, 125
  Pantheon 7, 10, **18f**, 48, 82, 97
  Trajansmärkte 26, 48
  siehe auch Tempel
Antikes Rom **124–129**
  Picknickplätze & Orte unter freiem Himmel 128
  Restaurants 129
  Spaziergang 127
Apartments 177
Aperitivo 83
Apollo
  Elfenbeinmaske 34
  mit Laute 36
Apollo und Daphne (Bernini) 24, 57
Apostel Paulus
  siehe Paulus
Apostel Petrus
  siehe Petrus
Appartamento Borgia 13
Ara Pacis 98
Architektur, modern 83
Athena Parthenos 36
Auditorium di Mecenate 68f
Auditorium Parco della Musica 156
Augustus, Kaiser 20, 46, 49
  Ara Pacis 98
  Augustusforum 27, 29
  Mausoleum 98f
  Statue 34
Augustusforum 27, 29
Aula Ottagona 137
Aurelianische Mauer 154, 156
Aurora-Krater 40
Außerhalb der Stadtmauern **154–159**
  Restaurants 159
  Spaziergang 157
  Tagesausflüge 158
Aussichtspunkte 65
Autofahren 164
Aventin 67

B

Barockkirchen 52f
Bars siehe Cafés & Bars
Basilica Neptuni 19
Basilica San Pietro
  siehe Petersdom
Begräbnis der heiligen Petronilla (Guercino) 30
Behinderte Reisende 167
Bekehrung des Apostels Paulus (Caravaggio) 38
Bernini 19, 24f, 38, 53, 88
  Äneas und Anchises 25
  Apollo und Daphne 24, 57
  Büste von Papst Innozenz X. (Galleria Doria Pamphilj) 97
  Cathedra Petri 16
  Daniel in der Löwengrube 38
  David 24
  Elefant (Obelisco della Minerva) 99
  Fontana dei Quattro Fiumi (Piazza Navona) 62, 89
  Fontana del Tritone (Piazza Barberini) 63, 138
  Fontana della Barcaccia (Piazza di Spagna) 115
  Fontana delle Tartarughe 63, 109
  Grabmal für Urban VIII. 16
  Habakuk und der Engel 38
  Obelisco della Minerva 99
  Palazzo Barberini 60
  Palazzo Chigi (Castelli Romani) 158
  Palazzo di Montecitorio 100
  Petersdom 16f
  Piazza Barberini 63, 138
  Piazza Navona 62
  Piazza San Pietro 63
  Ponte Sant'Angelo 145
  Raub der Proserpina 24
  San Lorenzo in Lucina, Kapelle 100
  Santa Maria della Vittoria 137
  Santa Maria in Montesanto 118
  Santa Maria in Via Lata, Hochaltar 100
  Sant'Andrea al Quirinale 53, 139

Verzückung der heiligen Theresa (Santa Maria della Vittoria) 53, 57, 137
Verzückung der seligen Ludovica Albertoni (San Francesco di Ripa) 145
Berufung des heiligen Matthäus (Caravaggio) 57
Bestrafung von Korach, Datan und Abiram (Botticelli) 14
Bioparco (Zoo) 70
Bocca della Verità 82, 108
Bonifatius IV., Papst 18
Bonifatius VIII., Papst 47
Borghese, Scipione, Kardinal 24f
Borromini, Francesco 88
  Palazzo Barberini, Treppe 60
  San Carlo alle Quattro Fontane 53, 139
  Sant'Agnese in Agone 92
  Sant'Ivo alla Sapienza 53, 89
Botschaften 167
Botticelli, Sandro
  Bestrafung von Korach, Datan und Abiram 14, 15
  Szenen aus dem Leben Mose 14, 15
Brunnen **62f**
  Fontana dei Quattro Fiumi (Piazza Navona) 62, 89
  Fontana del Pantheon 19, 97
  Fontana del Tritone (Piazza Barberini) 63, 138
  Fontana della Barcaccia (Piazza di Spagna) 115
  Fontana delle Rane (Piazza Mincio) 68
  Fontana delle Tartarughe 63, 109
  Fontana di Trevi 62f, 115

Fontana Paola 146
Fontanella del Facchino 100
Tritonenbrunnen *siehe* Fontana del Tritone
Busfahren 163, 164
Businesshotels 174
Bustouren 164
Byron, Lord 59

C

Cäcilia, heilige 50f, 144
Caesar, Julius 34, 36, 46, 59, 106
  Caesarforum 27
  Ermordung 46
  Forum Romanum 48
Caesarforum 27
Cafés & Bars 78f
  Quirinal & Via Veneto 140
  Rund um die Piazza Navona 94
  Rund ums Pantheon 102
  Spanische Treppe & Villa Borghese 122
  Trastevere & Prati 150
  Vom Campo de' Fiori bis zum Kapitol 112
Cafés & Eisdielen **78f**, 102
Canova 55
  Atelier 118
  Pauline Borghese 24
Cappella Chigi 38
Caracalla-Thermen 49, 125
Caravaggio 24, 38, 82, 88, 89, 97
  Bekehrung des Apostels Paulus 38
  Berufung des heiligen Matthäus 57, 89
  Caravaggio-Tour 82
  Galleria Corsini 146
  Galleria Nazionale d'Arte Antica 54
  Johannes der Täufer 30, 97
  Kranker Bacchus 25
  Kreuzabnahme 13, 56
  Kreuzigung des Apostels Petrus 38

  Madonna di Loreto (Sant'Agostino) 52, 90
  Maria Magdalena (Galleria Doria Pamphilj) 97
  Martyrium des heiligen Matthäus (San Luigi dei Francesi) 89
  Matthäus und der Engel (San Luigi dei Francesi) 52, 89
  Ruhe auf der Flucht nach Ägypten (Galleria Doria Pamphilj) 60f, 97
  Die Wahrsagerin 30f
Carracci, Annibale
  Palazzo Farnese, Fresken 63
Casina di Raffaello 71
Castel Sant'Angelo 65, 71, 144
Castelli Romani 158
Catacombe di Priscilla 69
Cathedra Petri (Bernini) 16
Centrale Montemartini 156
Cerveteri, Nekropole 158
Cestius-Pyramide 48, 126
Chiesa del Gesù 108
Chiesa Nuova 92
Chigi, Agostino 38, 52, 143
Chigi-Kanne 41
Christliche Staatsreligion 132
Cicero 59
Cinecittà si Mostra 69
Clemens IV., Papst 145
Clemens VII., Papst 47, 97
Clemens IX., Papst 145
Commodus, Kaiser 31
Correggio 97
  Danae 25
Corso *siehe* Via Corso
Crypta Balbi 34, 49, 64f, 102
Curia Iulia 20

D

da Cortona, Pietro 92
  Anbetung der Hirten (San Salvatore in Lauro) 92
  Chiesa Nuova 92

da Cortona, Pietro
(Fortsetzung)
 Galleria Nazionale
  d'Arte Antica, Decken-
  fresko 54
 Palazzo Pamphilj,
  Fresko 92
 *Der Raub der
  Sabinerinnen* 31
 Santa Maria della Pace,
  Fassade 90
 Santa Maria in Via Lata,
  Fassade 100
 Sant'Ivo alla Sapienza,
  Altarbild 89
 Santi Ambrogio e Carlo
  al Corso 118
da Vinci, Leonardo 12, 56
 Heiliger Hieronymus
  13, 57
Danae (Correggio) 25
Daniel in der Löwengrube
 (Bernini) 38
David (Bernini) 24
de Marcillat, Guillaume
 38
Decumanus Maximus 42
del Piombo, Sebastiano
 Geburt der Mutter Gottes
  38
 Metamorphosen (Villa
  Farnesina) 143
della Porta, Giacomo
 Fontana del Pantheon
  19, 99
 Fontana delle
  Tartarughe 63, 109
 Palazzo della Sapienza,
  Fassade 89
 Trinità dei Monti 116
Designerboutiquen 120
 siehe auch Shopping
Diokletian, Kaiser 49
Diokletiansthermen
 34, 137
Dionysos-Statue 35
Diskobolos 34
Domitian, Kaiser
 20, 22, 89
 Stadion 62, 91, 92
Domus Augustana 22
Domus Aurea
 26, 46, 67, 133
Domus Flavia 22

Domus Romane
 (di Palazzo Valentini)
 27, 49, 64
Domus Severiana 22

E

Ehepaar-Sarkophag 41
Einigung Italiens 47
Einreise 166
Eintrittskarten 83, 169
Eisdielen **78f**, 102 *siehe
 auch* Cafés & Bars
Esquilin & Lateran
 130–135
 Restaurants 135
 Shopping 134
 Spaziergang 133
Essen & Trinken *siehe*
 Spezialitäten, Cafés &
 Bars, Restaurants
Etrusker 68, 117
Euphronios-Krater 40
EUR (l'Esposizione
 Universale di Roma)
 155
Explora 70

F

Fahrkarten 83, 162, 169
Fahrradfahren 165
Faliskischer Aurora-
 Krater 41
Farnesinische Gärten 22
Faustkämpfer vom Quirinal
 35
Festivals &
 Veranstaltungen **84f**
Ficoroni Cista 40
Filmfestival 85
Filmstudio Cinecittà si
 Mostra 69
Flughafen 162
Fontana dei Quattro Fiumi
 62, 89
Fontana del Pantheon
 19, 99
Fontana del Tritone
 63, 138
Fontana della Barcaccia
 115
Fontana delle Rane
 (Quartiere Coppedè) 68
Fontana delle Tartarughe
 63, 109

Fontana di Trevi 62f, 115
Fontana Paola 146
Fontanella del Facchino
 100
Foro Italico & Stadio dei
 Marmi 157
Forum Boarium 108
Forum Romanum
 10, **20–23**, 48, 125
Frascati 158
Freskenmaler 15
Frühe christliche Kirchen
 50f

G

Galleria Borghese
 10, **24f**, 54, 115, 116
Galleria Colonna 118
Galleria Doria Pamphilj
 54f, 60f, 66, 97
Galleria Nazionale
 d'Arte Antica 54
Galleria Nazionale
 d'Arte Moderna
 55, 117, 118
Galleria Spada 61, 110
Gallier Ludovisi 36
Gärten **66f**
Geburt der Mutter Gottes
 (del Piombo) 38
Geld 168 *siehe auch*
 preiswert reisen
Gesundheit 166
Gianicolo 65, 145, 165
 Puppentheater 71
Gibbon, Edward 59
Glaubenssysteme
 der Antike 23
Goethe, Johann
 Wolfgang von
 36, 58, 63, 78, 116
 Casa di Goethe 118
Gregor I. (der Große),
 Papst 47, 144
Gregorianisch-
 Ägyptisches Museum
 13
Gregorianisch-
 Etruskisches Museum
 12
Großer Brand von Rom 46
Guercino
 *Begräbnis der heiligen
  Petronilla* 30

H

Habakuk und der Engel (Bernini) 38
Hadrian, Kaiser 49
Hadrianäum 100
Hadriansvilla 158
Halle der Kaiser 28
Halle der Philosophen 29
Handy 168
Haus der Diana 42
Haus der Ritter von Rhodos 27
Haus der Vestalinnen 20
Haus von Amor und Psyche 43
Hawthorne, Nathaniel 58
Heilige Liebe und profane Liebe (Tizian) 24
Heiliger Hieronymus (da Vinci) 13, 57
Hera Ludovisi, Büste 36
Highlights **10f**
Historische Ereignisse **46f**
Hostels 176
Hotels 169, **170–177**
  Business 174
  Hostels & Herbergen 176
  komfortabel & stilvoll 173f
  luxuriös 170f
  mit Aussicht 172f
  preiswert 175
  romantisch 171f
  Wohnungen & Apartments 177
Hütten des Romulus 22
Hydria 40

I

Il Vittoriano 65, 82, 110
Impressum 188f
In Rom unterwegs **162–165**
Information 169
Innozenz III., Papst 47
Innozenz X., Papst 53, 92
  Büste 97
  Porträt 54, 61
Internet 168
Italienische Einigung 47

J

James, Henry 58
Johannes der Täufer (Caravaggio) 30
Johannes Paul II., Papst 47
  Grab 17
Juden in Rom 108
  Restaurants 113
  Synagoge & Museum 110
Jüdische Restaurants 113
Julius II., Papst 12, 39, 47, 131
  Grabmal 57
Julius III., Papst 40, 55, 61, 117
Jüngste Gericht, Das (Michelangelo) 14
Juvenal 59

K

Kaiser 28, 49
Kaiserforen 10, **26f**, 125
Kaiserreich 46
Kapelle von Nikolaus V. 12
Kapitol 21, 28, 106, 107
  siehe auch Vom Campo de' Fiori bis zum Kapitol 106–113
Kapitolinische Venus 28
Kapitolinische Wölfin 30
Kapitolinischer Dornauszieher 30
Katakomben
  Catacombe di Priscilla 69
  Via Appia Antica 64, 156
Keats, John 58, 63, 116, 127
Keats-Shelley-Haus 116
Kinder **70f**
Kirchen 50f, 52f
  Basilica San Pietro siehe Petersdom
  Chiesa del Gesù 108
  Chiesa Nuova 92
  Kapelle von Nikolaus V. 12
  Pantheon (Santa Maria ad Martyres) **18f**, 50, 82, 98
  Petersdom 16f, 50, 126, 143
  Sacro Cuore del Suffragio 68
  San Carlo alle Quattro Fontane 53, 139
  San Clemente 51, 64, 131
  San Crisogno 146
  San Francesco a Ripa 145
  San Giovanni in Laterano 131
  San Lorenzo in Lucina 100
  San Luigi dei Francesi 52, 89
  San Paolo fuori le Mura 155
  San Pietro siehe Petersdom
  San Pietro in Montorio 52f, 146
  San Pietro in Vincoli 131
  San Saba 126
  San Salvatore in Lauro 92
  San Teodoro 68
  Santa Cecilia in Trastevere 50f, 144
  Santa Maria degli Angeli 137
  Santa Maria dei Miracoli 118
  Santa Maria del Popolo 11, **38f**, 52, 115
  Santa Maria del Priorato 65, 126
  Santa Maria della Concezione 65
  Santa Maria della Pace 52, 90
  Santa Maria della Scala 146
  Santa Maria della Vittoria 53, 137
  Santa Maria dell'Anima 92
  Santa Maria in Aracoeli 108f

Kirchen *(Fortsetzung)*
  Santa Maria in
    Campitelli 110
  Santa Maria in
    Cosmedin 51, 82, 108
  Santa Maria in Domnica
    50, 83
  Santa Maria in
    Montesanto 118
  Santa Maria in
    Trastevere 51, 143
  Santa Maria in Via Lata
    100
  Santa Maria Maddalena
    100
  Santa Maria Maggiore
    51, 131
  Santa Maria sopra
    Minerva 51, 97
  Santa Prassede
    50, 83, 132
  Santa Prisca 65
  Santa Pudenziana 133
  Santa Sabina 125
  Sant'Agnese in Agone
    92
  Sant'Agostino 52, 90
  Sant'Andrea al
    Quirinale 53, 139
  Sant'Andrea delle Valle
    109
  Sant'Antonio (dei
    Portoghesi) in
    Campo Marzio 92
  Santi Ambrogio e Carlo
    al Corso 118
  Santi Apostoli 118
  Santi Giovanni e Paolo
    65, 133
  Sant'Ignazio di Loyola
    53, 98
  Sant'Ivo alla Sapienza
    53, 89
  Santo Stefano Rotondo
    132
  Tempietto 52
  Trinità dei Monti 116
Klima 168
Kochkurse 71
Kolosseum & Kaiserforen
  7, 10, **26f**, 48, 64, 125
Komforthotels mit Stil
  173f
Königsgräber 18

Konstantin I., Kaiser 46,
  49, 130, 131, 132, 155
  Reiterstandbild 17
  Statue 30
Konstantinsbogen 27
Kosmatenarbeiten
  51, 125, 126
Kostenlose Attraktionen
  82f
Kranker Bacchus
  (Caravaggio) 25
Kreditkarten 168
  Notruf bei Verlust 169
Kreuzabnahme
  (Caravaggio) 13, 56
Kreuzabnahme (Raffael)
  25
*Kreuzigung des Apostels
  Petrus* (Caravaggio) 38
Krypta der Kapuziner
  & Museum 138f
Krypten
  Crypta Balbi 34, 49, 64f
  Krypta der Kapuziner
    138f
  Petersdom 17, 64, 83
  Santa Cecilia in
    Trastevere 144, 145
  Santa Maria della
    Concezione 65
Kryptoportikus 22
Kunstsammlungen
  siehe Museen &
  Sammlungen
Kybele-Tempel 22

L

La Dolce Vita (Film)
  79, 115
la dolce vita (Lebens-
  gefühl) 111, 115, 138,
  140
Landsitze **60f**
Largo di Torre Argentina
  107
Lateran *siehe* Esquilin
  & Lateran 130–135
Leo I. (der Große), Papst
  47
Leo X., Papst 91, 97
Löwensarkophag 40
Ludovisi-Sarkophag 36
Ludovisischer Thron
  36, 37

M

Machtergreifung
  Mussolinis 47
MACRO (Museo d'Arte
  Contemporanea Roma)
  55, 83, 127
Maecenas, Gaius 68f
Mamertinischer Kerker
  26, 65
Marforio 29, 90
Mark Aurel, Kaiser 49
  Säule 37, 49, 98
  Statue 28, 31
Mark-Aurel-Säule 49, 98
Märkte 81
Maskenmosaik 28
Mattatoio 127
Mausoleo di Santa
  Costanza 69
Mausoleum des
  Augustuns 98f
Maxentiusbasilika 20, 30
MAXXI (Museo delle Arti
  dei XXI secolo)
  55, 70, 83, 156f
Mehrwertsteuer 169
Meisterwerke **56f**
Mercati 81
Metro 162
Michelangelo 12, 16, 24,
  47, 56, 60, 90, 116, 143
  Auferstandener Christus
    (Santa Maria sopra
    Minerva) 82, 97
  Moses (San Pietro in
    Vincoli) 57, 83, 131
  Palazzo Farnese 60, 110
  Petersdom, Kuppel
    16, 69
  Piazza del Campidoglio
    28, 54, 60
  Porta del Popolo 118
  Römische Pietà 16, 56
  Santa Maria degli
    Angeli 131
  Sixtinische Kapelle
    14f, 56f
Milvische Brücke 17, 46
Mithräum
  Ostia Antica 42
  San Clemente 98
  Santa Prisca 65
  Santo Stefano Rotondo
    132

Mobiltelefone & WLAN 168
Moderne Architektur 83
Monti 80
Moravia, Alberto 58
Moses (Michelangelo) 57
Museen & Sammlungen **54f**, 82, 83, 168f
 Casa di Goethe 118
 Centrale Montemartini 156
 Galleria Borghese 10, **24f**, 54, 115, 116
 Galleria Colonna 118
 Galleria Corsini 146
 Galleria Doria Pamphilj 54f, 60f, 97
 Galleria Nazionale d'Arte Antica 54
 Galleria Nazionale d'Arte Moderna 55, 117, 118
 Gregorianisch-Ägyptisches Museum 13
 Gregorianisch-Etruskisches Museum 12
 Jüdisches Museum 110
 Kapuzinermuseum 138f
 Keats-Shelley-Haus 116
 MACRO 55, 83, 127
 Mattatoio 127
 MAXXI 55, 70, 156f
 Musei Capitolini 11, **28–31**, 54, 125
 Museo Carlo Bilotti 117, 118
 Museo d'Arte Contemporanea Roma *siehe* MACRO
 Museo dell'Ara Pacis 98
 Museo delle Anime del Purgatorio 68
 Museo delle Mura 69
 Museo di Roma in Trastevere 146
 Museo di Scultura Antica Giovanni Barracco 110
 Museo Napoleonico 92
 Museo Nazionale di Castel Sant'Angelo 71, 144
 Museo Nazionale Etrusco *siehe* Villa Giulia
 Museo Nazionale Romano 11, **34–37**, 54, 132, 137
 Museo Pio Clementino 12
 Ostia-Antica-Museum 42
 Palatin-Museum 22
 Vatikanische Museen 12–15, 54
 Villa Giulia 11, **40f**, 55, 61, 117
Musik
 Auditorium Parco della Musica 156
 Festivals & Veranstaltungen 84f
Mussolini, Benito 47, 60, 154, 155
 Foro Italico & Stadio dei Marmi 82, 157

N
Nekropolen 158
Nemi-Schiffe 34
Nero, Kaiser 38, 49, 52
 Domus Aurea 26, 46, 67, 133
Niedergang des Kaiserreichs 46
Notfälle 167

O
Obelisco della Minerva 99
Öffnungszeiten 168f
Opaion 18
Opernfestival 84
Orto Botanico 66f, 146
Osterias, Trattorias & Pizzerias **76f**
 siehe auch Restaurants
Ostia Antica 11, **42f**, 155
Ovid 25, 59, 143

P
Palatin 20, 22, 48, 125
Palatin-Museum 22
Palazzi & Landsitze **60f**
 Galleria Doria Pamphilj 54f, 60f, 66, 97
 Hadriansvilla 158
 Palazzi an der Piazza del Campidoglio 60
 Palazzo Altemps (Museo Nazionale Romano) 35, 36, 90
 Palazzo Barberini (Galleria Nazionale d'Arte Antica) 54, 60, 137
 Palazzo Borghese 100
 Palazzo Braschi 92
 Palazzo Corsini (Galleria Nazionale d'Arte Antica) 54, 66, 146
 Palazzo dei Conservatori (Musei Capitolini) 28, 30f, 107, 125
 Palazzo del Quirinale 138
 Palazzo della Cancelleria 61, 110
 Palazzo di Montecitorio 100
 Palazzo Farnese 60, 63, 110
 Palazzo Madama 91
 Palazzo Massimo alle Colonne 91
 Palazzo Massimo alle Terme (Museo Nazionale Romano) 34f, 132
 Palazzo Nuovo (Musei Capitolini) 28f, 107
 Palazzo Pamphilj 92
 Palazzo Senatorio 60, 107
 Palazzo Valentini (Domus Romane) 27, 49, 64
 Palazzo Venezia 61, 110
 Villa d'Este 158
 Villa Farnesina 60, 143
 Villa Giulia 11, **40f**, 55, 61, 117
 Villa Medici 116
 Villa Poniatowski 68
 Villa Torlonia 60
Palestrina 158
Pantheon 7, 10, **18f**, 48, 82, 97

184 » Textregister

Päpste 47
  Alexander VI. 13, 47, 53
  Bonifatius IV. 18
  Bonifatius VIII. 47
  Clemens IV. 145
  Clemens VII. 47, 97
  Clemens IX. 145
  Gregor I. (der Große) 47, 144
  Innozenz III. 47
  Innozenz X. 53, 92
    Büste 97
    Porträt 54, 61
  Johannes Paul II. 47
    Grab 17
  Julius II. 12, 39, 47, 131
    Grabmal 57
  Julius III. 40, 55, 61, 117
  Leo I. (der Große) 47
  Leo X. 91, 97
  Paschalis II. 39
  Paul III. 47, 60
    Grabmal 17
  Paul IV. 108
  Paul V. 25
  Petrus 47 *siehe auch* Petrus, heiliger
  Pius IV. 18
  Pius IX. 47
  Sixtus IV. 15, 17, 28, 30, 90
  Sixtus V. 47, 62, 98, 116, 131
  Urban VIII. 17, 53, 60, 63
    Grabmal 16
Parks & Gärten **66f**
  Aventin 67
  Bioparco (Zoo) 70
  Farnesinische Gärten 22
  Orto Botanico 66f, 146
  Parco del Colle Oppio 67
  Parco della Caffarella 67
  Parco Savello (Aventin) 67
  Pincio 65, 66
  Rosengarten (Aventin) 67
  Trastevere & Prati 150, 151
  Vatikanische Gärten 144f
  Villa Ada 67
  Villa Borghese 24, 66, 70, 165
  Villa Celimontana 66
  Villa Sciarra 67
Paschalis II., Papst 39
Paul III., Papst 47, 60
  Grabmal 17
Paul IV., Papst 108
Paul V., Papst 25
Pauline Borghese (Canova) 24
Paulus, heiliger 26, 131
  Bekehrung des Apostels Paulus (Caravaggio) 38
  Grabstätte 155
  Mamertinischer Kerker 26, 65
  Statuen 49, 98, 145
Perugino, Pietro 15, 38
  Schlüsselübergabe 14
Peruzzi, Baldassare 19, 90, 91, 92, 143
Petersdom 16f, 50, 83, 126, 143
Petersplatz *siehe* Piazza San Pietro
Petronius 59
Petrus, heiliger 15, 17, 47, 157
  Grab 64
  Kreuzigung des Apostels Petrus (Caravaggio) 38
  Kreuzigungsort 53, 156
  Mamertinischer Kerker 26, 65
  Statuen 17, 145
  Stuhl 16
Pferdesport 84
Phokas, Kaiser 18
Piazza Barberini 63, 138
Piazza dei Cavalieri di Malta 126
Piazza del Campidoglio 31, 60, 65, 107
Piazza del Popolo 62, 79, 116f
Piazza della Rotonda 99
Piazza di Montecitorio 100
Piazza di Sant'Ignazio 99
Piazza di Spagna 63, 80, 115
Piazza Farnese 63
Piazza Mincio 68
Piazza Navona 62, 89
Piazza Pasquino 90
Piazza San Pietro (Petersplatz) 16, 63, 85
Piazza Santa Maria in Trastevere 63
Piazza Sant'Eustachio 100
Piazza Venezia 61
Pie' di Marmo 100
Pilgerherbergen 176
Pincio 65, 66
Pinturicchio 12, 15
  Anbetung 38
  Appartamento Borgia 13
  Chorgewölbe, Santa Maria del Popolo 39
Pius IV., Papst 18
Pius IX., Papst 47
Pizzerias **76f**
  siehe auch Restaurants
Platz der Korporationen 42
Plätze & Brunnen **62f**
  Campo de' Fiori 62, 107
  Petersplatz *siehe* Piazza San Pietro
  Piazza Barberini 63, 138
  Piazza dei Cavalieri di Malta 126
  Piazza del Campidoglio 31, 60, 65, 107
  Piazza del Popolo 62, 116f
  Piazza della Rotonda 99
  Piazza di Montecitorio 100
  Piazza di Sant'Ignazio 99
  Piazza di Spagna 63, 80, 115
  Piazza Farnese 63
  Piazza Mincio 68
  Piazza Navona 62, 89
  Piazza Pasquino 90
  Piazza San Pietro 16, 63
  Piazza Santa Maria in Trastevere 63
  Piazza Sant'Eustachio 100

Piazza Venezia 61
Platz der Korporationen 42
Plautus 59
Plinius 59
Plünderung Roms 47
Polizei 167
Pompeiustheater *siehe* Theatrum Pompeium
Pompeji 59, 158
Ponte Rotto 146
Ponte Sant'Angelo 145
Porta del Popolo 118
Porta San Sebastiano 69
Portico d'Ottavia 110
Post 168
Pozzo, Andrea
  Sant'Ignazio di Loyola 98
Praktische Hinweise **166–169**
Prati *siehe* Trastevere & Prati 142–153
Preiswert reisen
  Hostels 176
  Hotels 175
  Kostenlose Attraktionen 82f
  Rom für wenig Geld 83
Preiswerte Hotels 175
Protestantischer Friedhof 127
Puppentheater 71

Q

Quartiere Coppedè 68
Quattro-Aurighe-Mosaik 35
Quirinal & Via Veneto **136–141**
  Cafés & Bars 140
  Restaurants 141
  Spaziergang 139

R

Raffael 90, 143
  Capella Chigi 38
  Grab 19
  Kreuzabnahme 25
  Der Prophet Jesaja (Sant'Agostino) 90
  Santa Maria della Pace, Kapelle 53
  Die Schule von Athen (Stanzen) 12, 56
  Stanzen 12, 54
  Triumph der Galatea (Sant'Agostino) 143
  Verklärung Christi 12, 56
Raub der Proserpina (Bernini) 24
Raub der Sabinerinnen 46
Raub der Sabinerinnen, Der (da Cortona) 31
Reise- & Sicherheitshinweise 166
Reisende mit besonderen Bedürfnissen 167
Reiseversicherung 166
Religiöse Feierlichkeiten 85
Renaissance- & Barockkirchen **52f**
Restaurants **74f**, 76f
  Antikes Rom 129
  Außerhalb der Stadtmauern 159
  Esquilin & Lateran 135
  Quirinal & Via Veneto 141
  Rund um die Piazza Navona 95
  Rund ums Pantheon 103
  Spanische Treppe & Villa Borghese 123
  Trastevere & Prati 152, 153
  Vom Campo de' Fiori bis zum Kapitol 113
Ritter von Rhodos 27
Rom entdecken **6f**
Roma Pass 83, 169
Romantische Hotels 171f
Römische Bäder
  Caracalla-Thermen 49, 125
  Diokletiansthermen 34, 137
  Thermen der Sieben Weisen 43
  Thermen des Neptun 43
Römische Kaiser 49
Römische Pietà (Michelangelo) 16, 56
Römische Schreiber 59
Romulus und Remus 30, 46, 126
  Hütten des Romulus 22
Rosengarten (Aventin) 67
Rote Mauer (Krypta, Petersdom) 17, 64
Ruhender Satyr 28
Rund um die Piazza Navona **88–95**
  Cafés & Bars 94
  Restaurants 95
  Shopping 93
  Spaziergang 91
Rund ums Pantheon **96–103**
  Cafés, Eisdielen & Bars 102
  Restaurants 103
  Shopping 101
  Spaziergang 99

S

Sacro Cuore del Suffragio 68
San Carlo alle Quattro Fontane 53, 139
San Clemente 51, 64, 131
San Crisogno 146
San Francesco a Ripa 145
San Giovanni in Laterano 131
San Lorenzo in Lucina 100
San Luigi dei Francesi 52, 89
San Paolo fuori le Mura 155
San Pietro in Montorio 52f, 146
San Pietro in Vincoli 131
San Saba 126
San Salvatore in Lauro 92
San Teodoro al Palatino 68
Sansovino, Jacopo
  Grabmäler (Santa Maria del Popolo) 38
  Madonna del Parto (Sant'Agostino) 52, 90
Santa Cecilia in Trastevere 50f, 144
Santa Costanza 157

Santa Maria degli Angeli 137
Santa Maria dei Miracoli 118
Santa Maria del Popolo 11, **38f**, 52, 115
Santa Maria del Priorato 65, 126
Santa Maria dell'Anima 92
Santa Maria della Concezione 65
Santa Maria della Pace 52, 90
Santa Maria della Scala 146
Santa Maria della Vittoria 53, 137
Santa Maria in Campitelli 110
Santa Maria in Cosmedin 51, 108
Santa Maria in Domnica 50
Santa Maria in Montesanto 118
Santa Maria in Trastevere 51, 143
Santa Maria in Via Lata 100
Santa Maria Maddalena 100
Santa Maria Maggiore 51, 131
Santa Maria sopra Minerva 51, 97
Santa Prassede 50, 83, 132
Santa Sabina 125
Sant'Agnese fuori le Mura 157
Sant'Agnese in Agone 92
Sant'Agostino 52, 90
Sant'Andrea al Quirinale 53, 139
Sant'Andrea delle Valle 109
Sant'Antonio (dei Portoghesi) in Campo Marzio 92
Santi Ambrogio e Carlo al Corso 118
Santi Apostoli 118
Santi Giovanni e Paolo 65, 133
Sant'Ignazio di Loyola 53, 98
Sant'Ivo alla Sapienza 53, 89
Santo Stefano Rotondo 132
Scala Santa 131
Schlacht an der Milvischen Brücke 17, 46
Schlafender Hermaphrodit 24
Schlüsselübergabe (Perugino) 14
Schriftsteller in Rom **58f**
Schule von Athen, Die (Raffael) 12, 56
Septimius Severus, Kaiser 20, 49, 51
Septimius-Severus-Bogen 20
Shelley, Mary 59
Shopping 80f
  Esquilin & Lateran 134
  Quirinal & Via Veneto 140
  Rund um die Piazza Navona 93
  Rund ums Pantheon 101
  Spanische Treppe & Villa Borghese 119, 120, 121
  Trastevere & Prati 147
  Vom Campo de' Fiori bis zum Kapitol 111
Shoppingmeilen **80f**
Sicherheit 166, 167
Sixtinische Kapelle 12, 14f, 56f
Sixtus IV., Papst 15, 17, 28, 30, 90
Sixtus V., Papst 47, 62, 98, 116, 131
Spanische Treppe & Villa Borghese **114–123**
  Cafés & Bars 122
  Restaurants 123
  Shopping 119, 120, 121
  Spaziergang 117
Spaziergänge 6f, 165
  Antikes Rom 127
  Außerhalb der Stadtmauern 157
  Esquilin & Lateran 133
  Quirinal & Via Veneto 139
  Rund um die Piazza Navona 91
  Rund ums Pantheon 99
  Spanische Treppe & Villa Borghese 117
  Trastevere & Prati 145
  Vom Campo de' Fiori bis zum Kapitol 109
Spezialitäten **72f**
Spirituosen 73
Sprachführer **190f**
Sprechende Statuen 90
Stadio dei Marmi 82, 157
Stadion am Palatin 22
Stadion von Domitian 62, 91, 92
Statue parlanti (sprechende Statuen) 90
Sterbende Niobide 34
Sterbender Gallier 29
Strände 158
Streetfood 112
Strom 168
Suetonius 59

T

Tacitus 59
Tagesausflüge 158
Tarquinia, Nekropole 158
Taubenmosaik 29
Taxis 164
Teatro Argentina 107
Technotown 70
Tempel der Antike
  Hadrianeum 100
  Kybele-Tempel 22
  Marstempel (Augustusforum) 27
  Pantheon 7, 10, **18f**, 48, 82, 97
  Tempel der Dioskuren 20
  Tempel der Venus Genetrix (Caesarforum) 27
  Tempel der Vesta 20

Tempel des Antoninus
  Pius und der Faustina
  21
Tempel des Saturn 21
Vespasiantempel 21
Tempietto di Bramante
  52, 146
Theater der Antike
  Crypta Balbi 49, 64f
  Kolosseum 26, 48, 125
  Ostia Antica 42
  Theatrum Marcelli 107
  Theatrum Pompeium
    69, 107
Theater *siehe* Festivals
  & Veranstaltungen
Theatrum Marcelli 107
Theatrum Pompeium
  69, 107
Thermen der
  Sieben Weisen 43
Thermen des Neptun 43
Thermopolium 42
Tiberinsel 146
Time Elevator 71
Titusbogen 20
Tizian 54, 146
  *Heilige Liebe und
    profane Liebe* 24
  *Salome mit dem Haupt
    Johannes' des Täufers*
    (Galleria Doria
    Pamphilj) 97
Touristeninformation 169
Trajan, Kaiser 49
Trajansforum 26, 48, 125
Trajansmärkte 26, 48
Trajanssäule 26, 48, 125
Tramfahren 163
Trastevere & Prati
  142–153
  Cafés & Bars 150
  Plätze im Freien 151
  Restaurants 152, 153
  Shoppen 81, 147
  Spaziergang 145
Trattorias **76f** *siehe auch*
  Restaurants
Trinità dei Monti 116

Tritonenbrunnen *siehe*
  Fontana del Tritone
Trunkene Alte 29
Tullianum *siehe*
  Mamertinischer Kerker
Twain, Mark 58f

U
Umberto I., König 18
Unbekanntes Rom **68f**
Unterirdische
  Attraktionen **64f**
Urban VIII., Papst
  17, 53, 60, 63
  Grabmal 16

V
Vatikanische Gärten
  144f
Vatikanische Museen
  12–15, 54
Vatikanstadt
  10, **12–17**, 143
Velázquez, Diego
  Porträt von Innozenz X.
  (Galleria Doria
  Pamphilj) 54, 60f
Veranstaltungen **84f**
Verklärung Christi
  (Raffael) 12, 56
Versicherungen 166
*Verzückung der heiligen
  Theresa* (Bernini) 57
Vespasian, Kaiser 49
Vespasiantempel 21
Vesta 20
Vestalinnen 20
Via Appia Antica
  64, 155, 156
Via Appia Nuova 81
Via Cola di Rienzo 81
Via dei Condotti 118
Via dei Coronari 80, 92
Via del Corso 80
Via del Governo Vecchio
  80
Via Giulia 110
Via Nazionale 81
Via Sacra 21

Via Veneto 78, 138, 140
  siehe auch Quirinal &
  Via Veneto 136–141
Vidal, Gore 59
Villa Ada 67
Villa Borghese 24, 66, 70,
  117 *siehe auch*
  Spanische Treppe &
  Villa Borghese 114–123
Villa Celimontana 66
Villa d'Este 158
Villa di Livia 22
  Fresken 34
Villa Doria Pamphilj 66,
  146
Villa Farnesina 60, 143
Villa Giulia
  11, **40f**, 61, 117
Villa Medici 116
Villa Poniatowski 68
Villa Sciarra 67
Villa Torlonia 60
Virgil 59
Viterbo 158, 159
Vittorio Emanuele II.,
  König 18, 47
Vom Campo de' Fiori bis
  zum Kapitol **106–113**
  Cafés, Bars &
    Streetfood 112
  Restaurants 113
  Shopping 111
  Spaziergang 109

W
Wahrsagerin, Die
  (Caravaggio) 30f
Weine & Spirituosen 73
Wetter 168
Willkommen in Rom **5**
WLAN 168
Wohnungen 177

Z
Zeit 168
Zimmer mit Aussicht 172f
Zoll 166
Zoo Bioparco 70
Zugfahren 162

Bildnachweis & Impressum

Autoren

Reid Bramblett lebt seit Kindertagen immer wieder mal in Rom. Der US-Amerikaner schrieb Beiträge für eine Reihe von Reiseführern über Italien. Er ist auch Autor des *DK Eyewitness TOP10 Florence & Tuscany*.

Jeffrey Kennedy ist in den USA geboren, lebt aber schon lange in Rom. Er schreibt, produziert, ist Schauspieler und veröffentlichte in Italien bereits mehrere Museumsführer.

Mitautorin Ros Belford

DK London

Lektorat Georgina Dee, Vivien Antwi, Ankita Awasthi-Tröger, Michelle Crane, Rachel Fox, Fíodhna Ní Ghríofa, Freddie Marriage, Sally Schafer, Jackie Staddon, Anna Streiffert, Christine Stroyan, Solveig Steinhardt, Arianna Vatteroni, Kathryn O'Donoghue

Überarbeitete Neuauflage Avanika, Hansa Babra, Parnika Bagla, Marta Bescos, Dipika Dasgupta, Alice Fewery, Rebecca Flynn, Nayan Keshan, Sumita Khatwani, Shikha Kulkarni, Daniel Mosseri, Vagisha Pushp, Rada Radojicic, Rohit Rojal, Anuroop Sanwalia, Ankita Sharma, Payal Sharotri, Anupama Shukla, Rituraj Singh, Akanksha Siwach, Jackie Staddon, Manjari Thakur, Priyanka Thakur, Stuti Tiwari, Vaishali Vashisht, Åsa Westerlund, Tanveer Zaidi

Gestaltung und Bildredaktion Phil Ormerod, Marisa Renzullo, Jason Little, George Nimmo, Azeem Siddiqui, Joanna Stenlake, Phoebe Lowndes, Susie Peachey, Ellen Root, Oran Tarjan

Umschlaggestaltung Maxine Pedliham, Vinita Venugopal

Kartografie Simonetta Giori, Mohammad Hassan, Suresh Kumar, Casper Morris

Herstellung Olivia Jeffries

Erstauflage Sargasso Media Ltd, London

Illustrationen Chris Orr & Associates

Zusätzliche Fotos Demetrio Carrasco, Mike Dunning, John Heseltine, Mockford and Bonetti, Stuart West, Rough Guides/Chris Hutty, Rough Guides/James McConnachie, Rough Guides/Roger d'Olivere Mapp, Rough Guides/Natascha Sturny, Kim Sayer, Deborah Soria

Bildnachweis

o = oben, u = unten, m = Mitte, l = links, r = rechts

DK bedankt sich bei folgenden Personen und Institutionen für die freundliche Erlaubnis zur Reproduktion ihrer Fotografien:

4Corners SIME/Luigi Vaccarella 3or, 160–61, SIME/Giovanni Simeone 4o.
Alamy Stock Photo Vito Arcomano 43mr; 131ul, 132ul, 139mlo; Marko Beric 81or; Carlo Bollo 26–27m; CFimages 94o, 120or; Tristan Deschamps 71mro; Adam Eastland 28ml; eye35.pix 44–45; PE Forsberg 67u; Granger, NYC. 69ml; Francesco Gustincich 84ol; Hemis 147ml; Hemis 80u; hemis.fr/SERRANO Anna 4u; imageBROKER/Stefan Auth 40ml; imageBROKER 78o; John Kellerman 98ol, 116ul; Gunter Kirsch 63ml; LaPresse/Marcella Gastini 81ml; Elio Lombardo 138mo; Valerio Mei 68ol, 128mlo; nagelestock.com 11ol; B. O'Kane 52ur; Stefano Paterna 58o; Danilo Poccia 110ul; Realy Easy Star/Tullio Valente 79mlu; Boaz Rottem 134mro; Kumar Sriskandan 109mlu; Fabrizio Troiani 67mro; Martyn Vickery 120ul; Alvaro German Vilela 113ml; Tim E. White 83or.
Alimentari Ruggeri 111or.
AWL Images Maurizio Rellini 1.
Babington's Tea Rooms 122u.
Caffè Sant'Eustachio 78ul.
Casina Valadier 123cra.
Cinecittà si Mostra 69um.
ColosseumSuperStock 38mlo, DeAgostini 12ml, Universal Images Group 29ul.
Corbis 35mru; Elena Aquila 127ol; C.E. Bolles 58mu; Demotix/eidon photographers 85or; Design Pics/Peter M. Wilson 4mr; dpa/Lars Halbauer 102mlo; Chris Hellier 23ol; Duncan James 72um; Andrea Jemolo 100ur; Bob Krist 60ur; Leemage 4mlu, 34mlu, 37mlu, 37u, 46or; Massimo Listri 29or; R. Ian Lloyd 89ur; Araldo de Luca 29mlo, 31o; Mauro Magliani 24mlu, 24mlu, 25mro; Masterfile/Siephoto 156o; Mario Matassa 72ml; National Geographic Society/Tino Soriano 2ol, 8–9; 136o, Vittoriano Rastelli 47ur; Paul Seheult 31um; Sylvain Sonnet 51or; Alessandra Benedetti 57o; Roger Wood 59ur; Marco Zeppetella 85ml.
Depositphotos Inc ChiccoDodiFC 84ur.
Dorling Kindersley (mit freundlicher Genehmigung der jeweiligen Einrichtung) Mike Dunning 30ol, 30mr, 30ml; John Heseltine 6mru, 10mru, Mockford & Bonetti 5u, 55u, 64ol, 83ul, 116mro.
Dreamstime.com 36189341 20–21, 32–33; 22tomtom 135ml; Adisa 131or; Ajafoto 79om; Alexirina27000 24ur; Anton Aleksenko 118ur; Alessandro0770 158mlo; Anitastudio 4mlo,

Bildnachweis & Impressum « 189

10or, 15mru; Antonyesse 141ul; Azurita 73ml; Yehuda Bernstein 146o; Maurizio Biso 137u; Goran Bogicevic/Boggy 26ol; Ciolca 130mlo; Danflcreativo 156ur; Dennis Dolkens 155or; Donyanedomam 144u; Pierre Jean Durieu 18ur; Ekaterinabelova 151mlo; Emicristea 26mlu, 144mlo; F11photo 143o; Gekaskr 151u; Nataliya Hora 7or, 10ul; Anna Hristova 107mr; Ilfede 14o; Inkwelldodo 117mlu; Mariusz Jurgielewicz 137or; Kacas 69or; Marcovarro 66mlu; Maurodp75 104–105; Salvatore Micillo 88mlo; Monkey Business Images 73mo; Luciano Mortula 7mr; Juan Moyano 89ol; Roland Nagy 115or; Nicknickko 48o; Anna Pakutina 42–43m; Dzmitry Paliakou 72or; Thomas Perkins 79ol; William Perry 11ul, 16ul; Perseomedusa 91ul; Phant 38–39; Photogolfer 55ol; Janusz Pieńkowski 133ul; Olimpiu Alexa-pop 92ul; Marek Poplawski 27mr, 125ul; Preisler 10mlo; Valerio Rosati 140o; Sborisov 18ml, 63mlo; Scaliger 17ul, 49mlo, 124mro, 148–149; Jozef Sedmak 52mlo, 53ol, 97ul, 132o; Olga Shtytlkova 2or; Sjankauskas 82um; Krzysztof Slusarczyk 48um; Dariusz Szwangruber 6mlo, 19om; Tasstock 100ol; Tinamou 34ur, 35ml; Tomas1111 97o; Stefano Valeri 108o; Yorgy67 16mro; Zerbor 73ur.

Explora Rome 70o.

Fiaschetteria Beltramme da Cesaretto 123ol.

Freni e Frizioni 150mlo.

Getty Images Gonzalo Azumendi 36ul, Paolo Cordelli 93mlo, Giorgio Cosulich 138ur, DEA/G. Nimatallah 56ml, Heritage Images 15um, Don Klein 82om, Digitaler Lumpensammler 12/13m, Mondadori 47mlu, Alberto Pizzoli 75mru, Stock Montage 59mlu, Slow Images 4mru, Universal Images Group/Hulton Fine Art 49or, Guy Vanderelst 4ml, Visions Of Our Land 3ol, 86/87.

Glass Hostaria 75o.

IDEARIA srl/Trapizzino Trilussa 152u.

Il Pagliaccio 74ul.

iStockphoto.com 8vFanl 126u; powerofforever 51mlu, 99mlo.

La Giara 141mr.

Leam Rome 134ul.

Photo Scala, Florence 11mo, 17om, 42ul, DeAgostini Picture Library 23mu, 36or, Fondo Edifici di Culto - Min. dell'Interno 38ur, Ministero Beni e Att. Culturali 11mu, 34mro, 40mru, 40ul, 41or, 41ml, 42mlo.

Polvere di Tempo 147ur.

Ristorante Antico Arco 153mlo.

Ristorante l'Archeologia 159ml.

Roscioli 76mlu.

Volpetti 129ul.

Umschlag
Vorderseite & Buchrücken:
iStockphoto.com StockByM.
Rückseite: **Alamy Stock Photo** Classic Image or, Iain Masterton ml; **Dreamstime.com** Ekatarinabelova ol, Olgacov ur.

Extrakarte
iStockphoto.com StockByM.

Alle anderen Bilder: © Dorling Kindersley.
Weitere Informationen unter
www.dkimages.com

Titel der englischen Originalausgabe
DK Eyewitness TOP10 Rome

© Dorling Kindersley Limited, London, 2002, 2022
Ein Unternehmen der
Penguin Random House Group
Alle Rechte vorbehalten

Text © Reid Bramblett & Jeffrey Kennedy

© der deutschsprachigen Ausgabe by Dorling Kindersley Verlag GmbH, München, 2007, 2022
Ein Unternehmen der
Penguin Random House Group
Alle deutschsprachigen Rechte vorbehalten

Aktualisierte Neuauflage 2023/2024

Jegliche – auch auszugsweise – Verwertung, Wiedergabe, Vervielfältigung oder Speicherung, ob elektronisch, mechanisch, durch Fotokopie oder Aufzeichnung, bedarf der vorherigen schriftlichen Genehmigung durch den Verlag.

Verlagsleitung Monika Schlitzer
Programmleitung Heike Faßbender
Redaktionsleitung Stefanie Franz
Herstellungskoordination Antonia Wiesmeier
Covergestaltung Sabine Hüttenkofer

Übersetzung Martina Bauer, Wien
Redaktion Bernhard Lück, Augsburg
Schlussredaktion Philip Anton, Köln

Satz & Produktion DK Verlag
Druck Vivar Printing, Malaysia

ISBN 978-3-7342-0703-7
12 13 14 15 25 24 23 22

www.dk-verlag.de

Sprachführer

Im Notfall

Hilfe!	Aiuto!
Stopp!	Ferma!
Rufen Sie einen Arzt!	Chiama un medico
Rufen Sie einen Krankenwagen!	Chiama un' ambulanza
Rufen Sie die Polizei!	Chiama la polizia
Rufen Sie die Feuerwehr!	Chiama i pompieri

Grundwortschatz

Ja	Si
Nein	No
Bitte	Per favore
Danke	Grazie
Entschuldigen Sie	Mi scusi
Guten Tag	Buon giorno
Auf Wiedersehen	Arrivederci
Guten Abend	Buona sera
Was?	Quale?
Wann?	Quando?
Warum?	Perchè?
Wo?	Dove?

Nützliche Redewendungen

Wie geht's?	Come sta?
Sehr gut, danke.	Molto bene, grazie.
Ich freue mich, Sie kennenzulernen.	Piacere di conoscerla.
In Ordnung.	Va bene.
Wo ist/sind …?	Dov'è/Dove sono …?
Wie komme ich nach …?	Come faccio per arrivare a …?
Sprechen Sie Deutsch?	Parla tedesco?
Sprechen Sie Englisch?	Parla inglese?
Ich verstehe nicht.	Non capisco.
Es tut mir leid.	Mi dispiace.

Shopping

Wie viel kostet das?	Quant'è, per favore?
Ich möchte …	Vorrei …
Haben Sie …?	Avete …?
Akzeptieren Sie Kreditkarten?	Accettate carte di credito?
Um wie viel Uhr öffnen/schließen Sie?	A che ora apre/chiude?
das hier	questo
teuer	caro
billig	a buon prezzo
Kleidergröße	la taglia
Schuhgröße	il numero
weiß	bianco
schwarz	nero
rot	rosso
gelb	giallo
grün	verde
blau	blu

Läden & Märkte

Bäckerei	il forno/il panificio
Bank	la banca
Buchladen	la libreria
Konditorei	la pasticceria
Apotheke	la farmacia
Feinkostladen	la salumeria
Kaufhaus	il grande magazzino
Lebensmittelgeschäft	alimentari
Friseur	il parrucchiere
Eisdiele	la gelateria
Markt	il mercato
Zeitungskiosk	l'edicola
Postamt	l'ufficio postale
Supermarkt	il supermercato
Tabakladen	il tabaccaio

Sightseeing

Kunstgalerie	la pinacoteca
Bushaltestelle	la fermata dell'autobus
Kirche	la chiesa/la basilica
wegen Ferien geschlossen	chiuso per ferie
Garten	il giardino
Museum	il museo
Bahnhof	la stazione
Tourismusbüro	l'ufficio del turismo
Reisebüro	l'agenzia di viaggi

Im Hotel

Haben Sie Zimmer frei?	Avete camere libere?
Doppelzimmer mit Doppelbett	una camera doppia con letto matrimoniale
Doppelzimmer mit zwei Betten	una camera con due letti
Einzelzimmer	una camera singola
Zimmer mit Bad/Dusche	una camera con bagno/doccia
Ich habe reserviert.	Ho fatto una prenotazione.

Im Restaurant

Haben Sie einen Tisch für …?	Avete un tavolo per …?
Ich möchte einen Tisch reservieren.	Vorrei riservare un tavolo.

Frühstück	colazione	il sale	Salz
Mittagessen	pranzo	la salsiccia	Wurst
Abendessen	cena	succo	Saft
Rechnung	il conto	succo d'arancia	Orangensaft
Kellnerin	cameriera	succo di limone	Zitronensaft
Kellner	cameriere	il tè	Tee
Tagesmenü (zum Festpreis)	il menù a prezzo fisso	la torta	Kuchen/Torte
Tagesgericht	piatto del giorno	l'uovo	Ei
Vorspeise	antipasto	vino bianco	Weißwein
Erster Gang	il primo	vino rosso	Rotwein
Hauptgericht	il secondo	le vongole	Muscheln
Beilagengemüse	contorni	lo zucchero	Zucker
Dessert	il dolce	la zuppa	Suppe
Gedeck	il coperto		
Weinkarte	la lista dei vini		
Glas	il bicchiere		
Flasche	la bottiglia		
Messer	il coltello		
Gabel	la forchetta		
Löffel	il cucchiaio		

Speisen & Getränke

l'acqua minerale	Mineralwasser
gassata/naturale	mit/ohne Kohlensäure
aglio	Knoblauch
agnello	Lamm
al forno	gebacken
alla griglia	gegrillt
la birra	Bier
la bistecca	Steak
il burro	Butter
il caffè	Kaffee
la carne	Fleisch
carne di maiale	Schweinefleisch
la cipolla	Zwiebel
fagioli	Bohnen
il formaggio	Käse
le fragole	Erdbeeren
il fritto misto	Meeresfrüchteteller
la frutta	Obst
frutti di mare	Meeresfrüchte
funghi	Pilze
gamberi	Krebse
il gelato	Eiscreme
l'insalata	Salat
il latte	Milch
il manzo	Rindfleisch
l'olio	Öl
il pane	Brot
le patate	Kartoffel
le patatine fritte	Pommes frites
il pepe	Pfeffer
il pesce	Fisch
il pollo	Huhn
il pomodoro	Tomate
il prosciutto	Schinken
cotto/crudo	gekocht/geräuchert
il riso	Reis

Zahlen

1	uno
2	due
3	tre
4	quattro
5	cinque
6	sei
7	sette
8	otto
9	nove
10	dieci
11	undici
12	dodici
13	tredici
14	quattordici
15	quindici
16	sedici
17	diciassette
18	diciotto
19	diciannove
20	venti
30	trenta
40	quaranta
50	cinquanta
60	sessanta
70	settanta
80	ottanta
90	novanta
100	cento
1000	mille
2000	duemila
1 000 000	un milione

Zeit

eine Minute	un minuto
eine Stunde	un'ora
ein Tag	un giorno
Montag	lunedì
Dienstag	martedì
Mittwoch	mercoledì
Donnerstag	giovedì
Freitag	venerdì
Samstag	sabato
Sonntag	domenica

Straßenverzeichnis

Alberto, Via Carlo	F3
Alessandrina, Via	P4
Angelico, Viale	B1
Appia Nuova, Via	G5
Arenula, Largo	M4
Arenula, Via	L5
Arnaldo da Brescia, Lungotevere	C1
Augusta, Lungotevere in	D2
Aurelia Antica, Via	A4
Aurelia, Via	A3
Aventino, Lungotevere	D5
Aventino, Viale	E5
Babuino, Via del	D2
Banchi Nuovi, Via dei	J2
Banchi Vecchi, Via dei	J3
Banco Santo Spirito, Via del	J2
Barberini, Piazza	Q1
Barberini, Via	Q1
Barletta, Via	B2
Belle Arti, Viale delle	D1
Biscione, Piazza del	L4
Bocca della Verità, Piazza	N6
Bologna, Vicolo del	K6
Borghese, Piazza	M1
Botteghe Oscure, Via delle	M4
Britannia, Via	G6
Cairoli, Piazza Benedetto	L5
Campidoglio, Piazza del	P5
Campitelli, Piazza	N5
Campo Marzio, Via di	M2
Cancelleria, Piazza della	L4
Capo di Ferro, Via	L4
Cappellari, Via dei	K4
Capranica, Piazza	M2
Castello, Lungotevere	K1
Cavalieri di Malta, Piazza dei	D5
Cavour, Piazza	C2
Cavour, Via	R4
Cenci, Lungotevere dei	M5
Cenci, Piazza	M5
Cerchi, Via dei	D5
Cernaia, Via	F2
Cesare, Viale Giulio	B2
Cestari, Via dei	M3
Chiavari, Via dei	L4
Chiesa Nuova, Piazza della	K3
Cinque Lune, Piazza delle	L2
Cinque, Vicolo del	K6
Circo Massimo, Via del	D5
Claudia, Via	E5
Clementino, Via di	M1
Cola di Rienzo, Via	C2
Collegio Romano, Via del	N3
Colonna, Piazza	N2
Colosseo, Piazza del	R6
Conciliazione, Via della	B3
Condotti, Via dei	D2
Consolazione, Piazza della	N6
Coppelle, Piazza	M2
Coppelle, Via	M2
Coronari, Via dei	K2
Corso, Via del	D2
Crescenzi, Salita de	M3
Crescenzio, Via	C2
Crispi, Via Francesco	P1
Croce, Via della	D2
Depretis, Via Agostino	E3
Doria, Via Andrea	A2
Due Macelli, Via	P1
Farnese, Piazza	K4
Farnesi, Via dei	K4
Farnesina, Lungotevere della	J4
Filiberto, Via Emanuele	F4
Fiori, Campo de'	L4
Firenze, Piazza	M1
Flaminia, Via	C1
Florida, Via	M4
Fontanella Borghese, Via	M1
Fori Imperiali, Via dei	P4
Fossa, Via della	K3
Galvani, Via	D6
Gambero, Via del	N1
Garibaldi, Piazza Giuseppe	B4
Garibaldi, Via Giuseppe	C4
Gesù, Piazza del	M4
Gesù, Via del	M3
Giolitti, Via Giovanni	F3
Giubbonari, Via dei	L4
Giulia, Via	J3
Governo Vecchio, Via del	K3
Grotte, Vicolo delle	L4
Italia, Corso d'	E2
IV Novembre, Via	P3
Lanza, Via Giovanni	E4
Leone IV, Via	B2
Librari, Largo dei	L4
Luce, Via della	M6
Lungara, Via della	J5
Lungaretta, Via della	K6
Maddalena, Via della	M2
Magnanapoli, Largo	Q4
Manara, Luciano Via	C5
Margutta, Via	D2
Mario de' Fiori, Via	D2
Marmorata, Via	D5
Marzio, Lungotevere	L1
Mattei, Piazza	M5
Mazzini, Viale Giuseppe	B1
Merulana, Via	F4
Minerva, Piazza della	M3
Monserrato, Via	K4
Monte Brianzo, Via di	L1
Monte dei Cenci, Via	M5
Monte di Pietà, Piazza del	L4
Monte Testaccio, Via	D6
Montecitorio, Piazza di	M2
Moro, Via del	K6
Muratte, Via della	N2
Muro Torto, Viale del	D2
Navicella, Via della	E5
Navona, Piazza	L2
Nazionale, Via	Q3
Nicola, Viale E. de	F3
Oratorio, Piazza d'	N2
Orfani, Via d'	M2
Orlando, Via V. Emanuele	E3
Ostiense, Via	D6
Ottaviano, Via	B2
Pace, Via della	K3
Panetteria, Via della	P2
Panisperna, Via	Q4
Paradiso, Piazza del	L4
Parlamento, Piazza del	M1
Parlamento, Via del	M1
Pastini, Via dei	M2
Pellegrino, Via del	K3
Piave, Via	F2
Piemonte, Via	E2
Pigna, Piazza della	M3
Pilotta, Piazza della	P3
Pilotta, Via della	P3
Pinciana, Via	E1
Pio XII, Piazza	B3
Pio, Borgo	B3
Piramide Cestia, Via della	D6
Plebiscito, Via del	N4
Polo, Viale Marco	D6
Popolo, Piazza del	D2
Porta Angelica, Via di	B2
Porta Cavalleggeri, Via	B3
Porta Maggiore, Via	G4
Portico d'Ottavia, Via	M5
Portuense, Via	C6
Prati, Lungotevere	L1
Pretorio, Viale Castro	F2
Quattro Fontane, Via delle	Q1
Quirinale, Piazza del	P2
Quirinale, Via del	Q2
Renzi, Piazza de'	K6
Repubblica, Piazza della	E3
Rinascimento, Corso del	L3
Ripa, Lungotevere	D5
Ripetta, Via di	D2
Risorgimento, Piazza del	B2
Rotonda, Piazza della	M3
Rotonda, Via della	M3
San Cosimato, Piazza	C5
San Francesco a Ripa, Via	C5
San G. in Laterano, Via di	F5
San Gregorio, Via di	E5
San Lorenzo in Lucina, Piazza	M1
San Marco, Piazza	N4
San Pancrazio, Via di	B5
San Pietro in Vincoli, Piazza	R5
San Pietro, Piazza	B3
San Salvatore in Lauro, Piazza	K2
San Silvestro, Piazza	N1
Sangallo, Lungotevere del	J3
Sannio, Via	F5
Sant'Agostino, Via di	L2
Sant'Apollinare, Piazza	L2
Sant'Eustachio, Piazza	M3
Sant'Ignazio, Piazza di	N3
Sant'Ignazio, Via	N3
Santa Dorotea, Via di	K5
Santa Maria dell' Anima, Via	L2
Santa Maria in Trastevere, Piazza	K6
Santa Sabina, Via di	D5
Santi Apostoli, Via dei	N3
Santo Spirito, Borgo	B3
Sanzio, Lungotevere Raffaello	L6
Savoia, Via Ludovico di	D2
Scala, Via della	K6
Scrofa, Via della	L1
Sistina, Via	Q1
Solferino, Via	F3
Spagna, Piazza di	D2
Spezia, Via la	G5
Stamperia, Via della	P2
Teatro di Marcello, Via del	N4
Terme di Caracalla, Viale delle	E5
Testaccio, Lungotevere	C6
Tiburtina, Via	G3
Tor di Nona, Lungotevere	K2
Tor Sanguigna, Piazza di	L2
Torre Argentina, Largo di	M4
Torre Argentina, Via di	M3
Trastevere, Viale de	C5
Trevi, Piazza di	P2
Tritone, Via del	P1
Vaticano, Lungotevere	J1
Veneto, Via Vittorio	E2
Venezia, Piazza	N4
Vidoni, Piazza	L4
Villa Pamphilj, Viale de	B5
Vittorio Emanuele II, Corso	L3
XX Settembre, Via	R1
XXIV Maggio, Via	Q3
Zanardelli, Via	L2